AF080576

www.ingramcontent.com/pod-product-compliance
Lightning Source LLC
LaVergne TN
LVHW020440070526
838199LV00063B/4800
9789358725087

علم دین کے روشن مینار

(مجلہ 'بحث و نظر' [حیدرآباد] کے شماروں سے منتخب شدہ مضامین)

مرتب:

خالد سیف اللہ رحمانی

© Taemeer Publications LLC

Ilm-e-Deen ke raushan Minar *(Essays)*
Edited by: Khalid Saifullah Rahmani
Edition: November '2023
Publisher :
Taemeer Publications LLC (Michigan, USA / Hyderabad, India)

ISBN 978-93-5872-508-7

مصنف یا ناشر کی پیشگی اجازت کے بغیر اس کتاب کا کوئی بھی حصہ کسی بھی شکل میں بشمول ویب سائٹ پر اَپ لوڈنگ کے لیے استعمال نہ کیا جائے۔ نیز اس کتاب پر کسی بھی قسم کے تنازع کو نمٹانے کا اختیار صرف حیدرآباد (تلنگانہ) کی عدلیہ کو ہو گا۔

© تعمیر پبلی کیشنز

کتاب	:	**علم دین کے روشن مینار**
مرتب	:	**خالد سیف اللہ رحمانی**
صنف	:	مذہب
ناشر	:	تعمیر پبلی کیشنز (حیدرآباد، انڈیا)
سالِ اشاعت	:	۲۰۲۳ء
صفحات	:	۱۳۶
سرورق ڈیزائن	:	تعمیر ویب ڈیزائن

فہرست

(۱)	امام مالک اور ان کا فقہی منہج	محمد زکریا سنبھلی	7
(۲)	امام احمد بن حنبل اور ان کی فقہی بصیرت	راشد حسین ندوی	13
(۳)	مولانا سید ابوالحسن علی حسنی ندوی کی فقہی بصیرت	منور سلطان ندوی	21
(۴)	فقیہ عالم اسلام ڈاکٹر وہبہ زحیلی	خالد سیف اللہ رحمانی	33
(۵)	امام عیسیٰ بن ابان: حیات و خدمات	عبید اختر رحمانی	42
(۶)	مولانا مفتی اشرف علی باقوی	خالد سیف اللہ رحمانی	64
(۷)	واصل بن عطا: شخصیت اور افکار	عبید اختر رحمانی	81
(۸)	مولانا سید محمد علی مونگیری کی فقہی خدمات	عبید اختر رحمانی	100
(۹)	پیکرِ اخلاق مولانا قاضی محمد قاسم مظفرپوری	خالد سیف اللہ رحمانی	130

پیش لفظ

علمِ دین کی تبلیغ و ترویج میں مشغول متقدمین و متاخرین معزز و مکرم شخصیات جہاں تبلیغ و اشاعتِ دین کا ایک بڑا ذریعہ ہیں وہیں وہ رشد و ہدایت کے سرچشمے بھی ہیں۔ یہی وہ شخصیات ہیں جنہوں نے اسلام کے تحفظ اور اس کی بقا میں اہم کردار ادا کیا ہے۔ دین کے نام پر رواج پانے والی بدعات کو ختم کرنے کے علاوہ علمائے کرام و پیشوایانِ مذہب نے معاشرے کی فلاح و بہبود کی طرف بھی موثر توجہ فرمائی ہے۔

اسلام نے تعلیماتِ قرآنی اور سیرتِ رسولؐ کی روشنی میں ایسے اقدامات تجویز کیے ہیں، جو شخصیت سازی میں انتہائی اہم ہیں، جن پر عمل پیرا ہو کر ایک بہترین فرد کا وجود عمل میں آتا ہے اور ایسا فرد ایک صالح اور مثالی معاشرے کے لیے بہت ضروری ہے۔ ایسے ہی افراد کی تعمیر و تشکیل کے لیے ضروری ہے کہ علمی و دینی شخصیات کی سوانح اور خدمات سے عوام کو آگاہ کیا جائے۔

سہ ماہی علمی و دینی مجلہ 'بحث و نظر' [حیدرآباد، انڈیا] کے شماروں میں ممتاز و نامور شخصیات کے سوانحی حالات و خدمات پر مختص مضامین کی اشاعت عمل میں آتی رہی ہے۔ یہ کتاب ایسے ہی چند مضامین کے ایک یادگار انتخاب پر مشتمل ہے۔

امام مالکؒ اور ان کا فقہی منہج — چند قابل اتباع پہلو

مولانا محمد زکریا سنبھلی◆

اس مختصر تحریر میں امام مالک اور ان کے فقہی منہج کے چند ایسے پہلوؤں کا ذکر مقصود ہے، جو ہمارے عہد و ماحول میں رہنما بصیرت کے حامل ہیں، ائمہ سلف میں امام مالکؒ کی ایک خاص شان ہے، وہ حدیث وفقہ اور اثر ورائے کی جامعیت کا ایک خوبصورت نمونہ تھے، ان کا فقہی طرز فکر اور علمی منہج اہل علم کے لئے ایک قابل تقلید اُسوہ اور روشن راستہ ہے۔

امام مالکؒ کی پیدائش مشہور قول کے مطابق ۹۳ھ میں ہوئی، جیسا کہ معروف ہے ان کا سارا علمی و ذہنی نشوونما مدینہ طیبہ میں ہوا، مدینہ علم و دین کا مرکز تھا، یہ مدینہ کی تاریخ کا عہد رسول کے بعد کا زریں دور تھا، صحابۂ کرام کی قندیلیں تو بجھ چکی تھیں؛ لیکن ان کی زندگیوں کی روشنی اور ان کے نفوس قدسیہ کی گرمی باقی تھی، علمی مجلسیں ان کے تذکروں، روایات اور فتاویٰ سے آباد تھیں، خلفاء راشدین خصوصاً حضرت عمرؓ کا علم و تدبر مدینے کے علماء کی خاص امانت تھی۔

امام مالک کا گھرانہ علم و دین کا گھر تھا، دادا مالک بن ابی عامر کبار تابعین میں سے تھے اور حضرت عمر، حضرت عثمان اور حضرت عائشہ رضی اللہ عنہا سے روایت کرتے تھے، امام مالکؒ نے اہل مدینہ کا علم جمع کیا، آثارِ صحابہ اور فقہ وفتویٰ کا علم مدینے کے عالم ابن ہرمزؒ سے اس طرح حاصل کیا کہ سالوں ان کی مجلس میں حاضری دی، اس کے علاوہ حضرت عبداللہ ابن عمرؓ کے آزاد کردہ غلام اور علمی وارث امام نافع سے سالوں علمی فیض حاصل کیا، خود کہتے ہیں کہ میں تپتی دھوپ میں نافع کے گھر کے باہر کھڑا انتظار کرتا تھا، جب وہ نکلتے تو پوچھتا: اس مسئلے میں عبداللہ ابن عمرؓ کا کیا فتویٰ ہے؟

(۱) امام مالکؒ کی ایک خاص قابل تقلید چیز حدیث واثر اور فقہ ورائے کا متوازن اجتماع ہے، متأخرین فقہاء کے دور سے اس کی ضرورت کا شدید احساس اہل نظر کو ہوتا آیا ہے، یہ ذوق اصلاً کبار صحابہ خصوصاً حضرت عمرؓ کا اُسوہ ہے۔

◆ صدر شعبۂ علوم الشرعیہ دار العلوم ندوۃ العلماء لکھنؤ۔

ابتدا میں علم شریعت کی تقسیم نہیں تھی ،فنی نزاکتوں اور معلومات کی کثرت نے حدیث اور فقہ کے دائروں میں تقسیم پیدا کردی ،مگر امام مالکؒ نے اپنے علمی رُسوخ سے دونوں دریاؤں کو پایاب کیا ،ایک طرف وہ احادیث کے بڑے امام وراوی ہیں ،نصوص کے الفاظ کے احترام وہیبت کا ان کو اگرچہ احساس ہے ،مگر ساتھ ہی دوسری طرف حکمت ومصلحت پر بھی ان کی نظر ہے ،شریعت کی جزئیات کو وہ اس کی کلیات کے تابع رکھتے ہیں۔

امام ابن قتیبہ دینوری نے اپنی کتاب ''المعارف'' میں امام مالکؒ کا شمار فقہ الرائے کے ائمہ میں امام ابوحنیفہؒ، امام ابویوسفؒ، امام محمد ابن الحسنؒ اور امام ابن ابی لیلیٰؒ کے ساتھ کیا ہے ،امام مالکؒ کے یہاں فہم نصوص کا یہ طرز واضح طور پر ملتا ہے کہ شریعت کے کلی قواعد اور مقاصد سے جزوی نصوص خصوصاً اخبار آحاد کو ٹکرانے نہ دیا جائے ؛ بلکہ ان کو قطعی قواعد کی روشنی میں ہی سمجھا جائے : ''البیعان بالخیار مالم یتفرقا'' اس روایت کے بارے میں امام مالکؒ یہ کہتے ہیں کہ مجلس کی کوئی حد اور مقدار طے نہیں ہے اور شرعی اُصول یہ ہے کہ کوئی خیار کسی عقد میں غیر متعین مدت تک نہیں ہوتا: ''لیس لھذا عندنا حد معروف ولا أمر معمول به فیه'' اس طرز کی متعدد مثالیں امام مالکؒ کے فقہی مسلک سے پیش کی جاسکتی ہیں۔

(۲) یہاں ایک خاص بات کی طرف توجہ دلانی مناسب معلوم ہوتی ہے ،وہ یہ کہ امام مالکؒ اور دیگر ائمہ کے یہاں بھی یہ بات ملتی ہے کہ روایات آحاد اگر شریعت کے کلی قطعی قواعد کے خلاف ہوں تو یہ دیکھنے کی ضرورت ہے کہ ان میں ائمۂ صحابہ کا موقف کیا ہے؟ امام مالک کے یہاں جو اہل مدینہ کے تعامل کو فیصلہ کن درجہ حاصل ہے ،وہ اسی بنیاد پر ہے کہ مدینہ دین وعلم کا مرکز رہا ہے ،خلفاء راشدین کی براہ راست نگرانی میں یہاں کی علمی روایت پروان چڑھی ہے ،یہی امام مالکؒ کا نقطۂ نظر ہے ،یہاں انھوں نے خیارِ مجلس کے بارے میں اپنی رائے کی ایک بنیاد یہ بھی بتلائی کہ سلف کے یہاں اس کے مطابق عمل بھی نہیں ہے۔

ان کو اپنے شیخ ربیعۃ الرائے اور دیگر مشائخ مدینہ کے واسطے سے حضرت عمرؓ اور دیگر ائمۂ صحابہ کے فتاویٰ کی جو میراث ملی تھی ،اس نے رائے ونظر کا یہ رجحان پیدا کرنے میں خاص کردار ادا کیا تھا ،امام مالکؒ اپنے درس میں علمی گفتگوؤں میں ائمۂ صحابہ کے اس اجتہادی منہج کا تذکرہ کرتے ہوئے نظر آتے ہیں ،امام لیث ابن سعدؒ کے ساتھ کچھ علمی مسائل میں ان کی جو مراسلت معروف ہے ،اس میں انھوں نے اس نقطۂ نظر کا واضح اظہار کیا ہے ،امام مالکؒ نے اس میں اس بات پر زور دیا ہے کہ چوں کہ مدینے میں کبار صحابہ (السابقون الاولون) اور خلفاء راشدین رہے ہیں ، اس لئے اہل مدینہ کے یہاں جو فقہی طریقہ ومسلک رائج ہے ،اس کی مخالفت صحیح نہیں ہے ،امام مالک کے نزدیک اس کی وجہ یہی ہے کہ یہاں کبار صحابہ کا طریقہ رائج رہا ہے ،امام لیث بن سعدؒ نے اپنے جواب میں اُصولی طور پر ائمۂ صحابہ کے اس مقام کو تسلیم کیا ہے ،بس اس طرف توجہ دلائی ہے کہ فتوحات کے بعد بہت سے علماء صحابہ دیگر

علاقوں میں قیام پذیر ہو گئے تھے؛ لہٰذا کبار صحابہ کے فقہی مسلک کی ترجیح کو تسلیم کرنے کے باوجود وہ عمل اہل مدینہ کے حرف آخر ہونے کے بارے میں تحفظ رکھتے ہیں۔

اخبار آحاد اور ظواہر نصوص کے مقابلے میں ائمۂ صحابہ کے مسلک وفتویٰ کی جو ترجیح ہمیں امام مالکؒ کے یہاں ملتی ہے، امام لیث بھی اس سے اُصولی طور پر متفق ہیں اور اُصولاً یہی نقطۂ نظر امام ابوحنیفہؒ اور اہل الرائے کے عراقی مکتب فکر کا ہے، دین میں صحابہ کا مقام تو رسول اللہ ﷺ نے اسی وقت بیان فرما دیا تھا، جب افتراق اُمت کی پیشین گوئی والی حدیث میں آپ نے ''ما انا علیه واصحابی'' کہہ کر طائفۂ ناجیہ کی علامت صرف اپنی اتباع نہیں بتلائی؛ بلکہ صحابہ کی موافقت بھی بتلائی، فقہ واجتہاد میں صحابہ کے مسلک کی اہمیت پر حنفی، مالکی اور حنبلی مسلک متحد ہیں، امام لیث ابن سعد اور دیگر ائمۂ سلف کا یہی موقف رہا ہے، بہت سے مسئلوں میں یہ حضرات صحابہ کے فتویٰ کے حق میں قیاس کے مقتضیٰ کو چھوڑ دیتے ہیں؛ بلکہ بہت سی روایات میں اس لئے تاویل کر لیتے ہیں کہ ائمۂ صحابہ کی ہی بات زیادہ صحیح ہو سکتی ہے، اس لئے کہ انھوں نے طویل مدت تک رسول اللہ ﷺ کی صحبت اُٹھائی اور آپ ﷺ سے سب سے زیادہ حدیثیں سنی ہیں، اس کے بالمقابل جو روایت ہم تک پہنچی ہے ہو سکتا ہے وہ کسی خاص موقع اور پس منظر کے ساتھ خاص ہو اور راوی بالمعنی روایت کرنے میں ان سب کو بیان نہ کر سکا ہو؛ چنانچہ آپ کو حیرت ہوگی کہ صحابہ کے فتاویٰ کی حجیت واہمیت کے بارے میں ابن القیمؒ نے بڑی واضح گفتگو اعلام الموقعین میں کی ہے۔

فقہ الرائے کے عراقی مرکز کی طرح فقہی فروع کو فرض کر کر کے ان کے شرعی حکم کو دریافت کرنے اور لکھوانے کا طریقہ اگرچہ امام مالک کے یہاں نہیں تھا؛ لیکن مدینے میں ہونے اور عالم اسلام کے ہر خطے سے حجاج وزائرین کی مستقل آمد و رفت کی وجہ سے امام مالک تک ہر علاقے کے مسائل پہنچتے تھے، یہی وجہ ہے کہ امام مالک کے یہاں ہمیں فقہی جزئیات بکثرت ملتے ہیں۔

(۳) حضرات گرامی! یہ تو مالکی اجتہاد کا وہ پہلو ہے، جو رائے سے متعلق تھا، اُمت اس وقت جس مسلکی تشدد اور فقہی تنگ نظری میں جھونکی جا رہی ہے، اس کے پیش نظر آپ امام مالکؒ کے اُسوہ پر نظر ڈالئے، یہ وسعت نظر ہمارے لئے نمونہ ہے:

عباسی حکومت نے چاہا کہ آپ کی کتاب مؤطا پر سارے لوگوں کو متحد کر دیا جائے، اس کتاب کو اسلامی فوجی مراکز اور شہروں کو اس حکم کے ساتھ بھیج دیا جائے کہ اس کے خلاف نہ کیا جائے، مگر امام مالکؒ نے اس تجویز کو قبول نہیں کیا اور کہا یہ ٹھیک نہیں ہے، اس کی وجہ یہ ہے کہ رسول اللہ ﷺ کے بعد حضرت عمرؓ کے زمانہ میں بڑے بڑے علاقے فتح ہوئے، انھوں نے ہر علاقے میں علماء صحابہ کو معلم ومفتی بنا کر بھیجا، اس کی بنا پر ہر علاقے اور صوبے میں اس صحابی کا مسلک چل نکلا؛ لہٰذا ہر علاقے میں ان کا اپنا مسلک چلنے دیں۔

ذرا سوچئے! امام مالکؒ کے نزدیک یقیناً زیادہ صحیح فقہی احکام وہی تھے جو انھوں نے کتاب وسنت سے حاصل کر کے اپنی کتابوں میں لکھے تھے، پھر بھی آپ نے ارشاد فرمایا: امیر المومنین مغرب کے ممالک یعنی (مصر، مراکش، تیونس، الجزائر، اندلس وغیرہ) میں تو میرا ہی مسلک چلتا ہے، مگر شام میں امام اوزاعی ہیں اور ان کا مسلک رائج ہے، اہل عراق تو اہل عراق ہیں ہی، یعنی ان کا الگ معروف مسلک ہے۔

(۴) فقہ مالکی کی امتیازی خصوصیت اخذ واستنباط احکام کا وہ سہل طریقہ ہے، جسے استصلاح کا نام دیا گیا ہے، امام مالکؒ کے یہاں امام ابوحنیفہؒ کا سا قیاس کا نظام کم تھا، جن جگہوں پر کوئی منصوص حکم نہیں ملتا تھا، وہ دین و مال اور جان وآبرو کی حفاظت، عدل، نفس انسانی کا تزکیہ، امن عامہ کا قیام، اسلامی ریاست کی ترقی وغیرہ جیسے مصالح شرعیہ کی بنیاد پر حکم بیان فرماتے تھے، یہ طریقہ اپنی اصل میں ایک بلند پایہ اور دقیق ملکۂ اجتہاد پر قائم تھا، امام مالکؒ نے دیکھا تھا کہ صحابۂ کرام نے نئے حالات اور مسائل میں ان ہی مصالح پر عمل کیا تھا، قرآن مجید کو ایک مصحف میں جمع کرنے کا نہ رسول اللہ صلی اللہ علیہ وسلم نے حکم دیا تھا اور نہ اس کی کوئی قابل قیاس نظیر موجود تھی، مگر دین کی حفاظت جب اس پر منحصر نظر آئی تو صحابہ نے یہ کام کیا، آنحضرت صلی اللہ علیہ وسلم کے زمانے میں شراب پینے والے کی کوئی خاص سزا متعین نہیں تھی، مگر دینی مصالح کی بنا پر حضرت عمرؓ نے حضرت علیؓ کے مشورے سے اسّی کوڑے سزا متعین کی، احناف کے یہاں بھی استحسان کے عنوان کے تحت بکثرت مصلحت کا استعمال ہے، پھر بعد میں امام شاطبی نے اس کو مقاصد شریعت کے ذریعے اس طریقۂ اجتہاد کا ایک مکمل نظام بنادیا۔

مصلحت مرسلہ یا مقاصد شریعت کو احکام کی بنیاد بنانا حقیقت یہ ہے کہ اس میں فقہ مالکی کی سبقت قابل اعتراف ہے، اس طرز فکر کا نتیجہ یہ بھی ہونا چاہئے کہ شرعی احکام کو اپنے مبنیٰ ومقصد سے لازماً جوڑا جائے، اگر کہیں حکم کی شکل اور ظاہری اسباب موجود ہوں؛ لیکن وہ اصلاً جن مصالح کے لئے مشروع ہوا تھا، وہ مصالح ومقاصد اب اس سے پورے نہ ہوتے ہوں تو اب اس پر شرعی مقاصد ومصالح کی روشنی میں ازسرنو غور کرنا چاہئے، اس کے نظائر ہم کو حضرت عمر کے احکام میں کثرت سے ملیں گے، قرآن مجید نے زکوٰۃ کا ایک مصرف مؤلفۃ القلوب کو قرار دیا تھا، رسول اللہ صلی اللہ علیہ وسلم نے اس مد میں عیینہ ابن الحصن کو مال دیا تھا، مگر جب عرب سرداروں کی تالیف قلب کی ضرورت نہیں رہی تو حضرت عمرؓ نے اس سلسلے کو روک دیا، عیینہ کہتے رہے کہ ہم کو تو رسول اللہ صلی اللہ علیہ وسلم کے دور سے لگاتار دیا جاتا رہا ہے اور قرآن مجید میں مؤلفۃ القلوب کا سہم بیان کیا گیا ہے، مگر حضرت عمرؓ کا موقف یہ تھا کہ اس حکم کا مقصد یہ تھا کہ اسلام کو عیینہ جیسے سرداران قبائل کی تالیف قلب کی ضرورت تھی، اب اسلام طاقتور ہو چکا ہے، اب وہ مقصد ومبنیٰ باقی نہیں ہے؛ لہٰذا حکم بھی باقی نہیں رہے گا۔

اس دور میں جب کہ معاملات ومسائل کی شکلیں بہت بدلتی جارہی ہیں، کہیں اگر شکلیں باقی ہیں تو حقائق بدل گئے ہیں، ایسی صورت حال میں احکام کے مقاصد اور دین کے کلی مصالح کی رعایت ضروری ہے، ہمارے فقہاء کی اس اُصول پر نظر رہی ہے، مثلاً جو عقود ومعاملات غرر اور تنازع کے اندیشے کی وجہ سے ممنوع قرار دیئے گئے تھے، جب عرف میں وہ رائج ہونے لگے تو ان میں غرر کا یا نزاع کا خطرہ نہیں رہا، اس پر نظر کر کے فقہاء نے پھر ان کے جواز کا فتویٰ دیا، مثلاً احناف بیع مع الشرط کو فاسد قرار دیتے ہیں، مگر جب کوئی شرط عرف میں آجاتی ہے تو وہ اس کو جائز قرار دیتے ہیں۔

(۵) حضرات! ائمۂ اربعہ کے فقہی مسالک کی حیثیت کسی ایک ہی سرچشمے سے نکلنے والے متعدد دریاؤں کی سی ہے، ائمۂ سلف نے ان کو اللہ تعالیٰ کی دَین اور اُمت کے لئے رحمت ووسعت سمجھا اور بتلایا تھا اور یوں سمجھا تھا کہ کسی ضرورت ومشقت کے موقعے پر دوسری رائے پر عمل کی گنجائش ہوگی، حضرت عمر بن عبد العزیزؒ فرماتے تھے: میں یہ نہیں تمنا کرتا کہ صحابہ میں اختلاف نہ ہوتا، اس لئے کہ اگر یک ہی قول ہوتا تو لوگوں کو تنگی ہوتی، صحابہ ایسے ائمہ ہیں جن کی اقتداء کی جائے؛ لہٰذا اگر ان میں سے کسی کے بھی قول پر عمل کرلیا جائے، تو اس کی گنجائش ہے:

> ما احب ان اصحاب رسول الله صلى الله عليه وسلم لم يختلفوا لانهم لو كانوا قولا واحدا كان الناس فى ضيق ، وانهم ائمة يقتدىٰ بهم ۔ (۱)

مگر یہاں ایک بات میں اپنے نوجوان ذی علم عزیزوں سے کہنا چاہوں گا، رخصت ووسعت کی تلاش میں بات حد سے گذر نہ جائے، خوب جان لیجئے کہ اللہ کی شریعت کی بجائے طبیعت خواہشاتِ نفس قبول کرنے کی طرف ہوگئی تو پھر یہ دین وشریعت کی روح کا قتل ہے۔

آپ جانتے ہیں کہ ہم کیسے دور سے گزر رہے ہیں، ہم پر دباؤ ہے کہ ہم اسلامی شریعت کے ان تمام امتیازی احکام سے تنازل اختیار کریں جو اُمت مسلمہ کو مغربی تہذیب وطرز زندگی کے سیلاب میں بہنے سے روک رہے ہیں، سود کو جائز قرار دیں، بے حیائی وبے پردگی کو گلے لگائیں، قمار کی معیشت کو سند جواز دیں اور آزاد خیالی کے نام پر ذہنی آوارگی کو فروغ دیں، اس پس منظر میں امام مالک کا ایک واقعہ سن لیجئے: مدینے کے گورنر کا امام مالکؒ پر اصرار تھا کہ فلاں خاص مسئلے میں اپنا فتویٰ بدلے، حکومت چاہتی تھی کہ امام مالکؒ اہل کوفہ کے مسلک کے مطابق طلاق مکرہ کے وقوع کا فتویٰ دیں، غور کر لیجئے، کہ فقہی اختلافی مسائل میں دوسرے مسلک پر عمل کی گنجائش تھی، مگر امام مالکؒ فتویٰ کو

(۱) جامع بیان العلم: ۲/ ۸۰۔

اس طرح حکومتوں کی غلامی میں دینے کے لئے تیار نہیں ہوئے ،سیر اعلام النبلاء میں امام ذہبیؒ نے نقل کیا ہے کہ حاکم نے ان کو گرفتار کیا ،سرمنڈوایا ،ایک اونٹ پر بٹھا کر مدینے میں گھمایا اور امام مالکؒ مدینے کے راستوں پر اعلان کرتے جاتے تھے : جو مجھے جانتا ہے وہ جانتا ہے اور جو نہیں جانتا وہ جان لے کہ میں مالک بن انس ہوں ،اور میرا فتویٰ ہے کہ طلاق مکرہ کی کوئی حیثیت نہیں ۔

اللہ تعالیٰ ہم کو اپنے پسندیدہ بندوں کے راستے پر چلنے کی توفیق عطا فرمائے ۔آمین

o o o

امام احمد بن حنبلؒ اور ان کی فقہی بصیرت

مولانا راشد حسین ندوی ◆

اسلام کو اللہ تعالیٰ نے ابدی اور عالمگیر دین کی حیثیت سے منتخب فرمالیا ہے، صاف اعلان کر دیا گیا کہ اسلام کے بعد اب کوئی دوسرا دین آنے والا نہیں ہے؛ لیکن بقول حضرت مولانا سید ابوالحسن علی ندویؒ :

> یہ دین چوں کہ آخری دین ہے اور یہ اُمت آخری اور عالمگیر اُمت ہے، اس لئے یہ بالکل قدرتی بات ہے کہ دنیا کے مختلف انسانوں اور مختلف زمانوں سے اس اُمت کا واسطہ رہے گا اور ایسی کشمکش کا اس کو مقابلہ کرنا ہوگا جو کسی دوسری اُمت کو دنیا کی تاریخ میں پیش نہیں آئی، اس اُمت کو جو زمانہ دیا گیا ہے، وہ سب سے زیادہ پُر از تغیرات اور پُر از انقلابات ہے اور اس کے حالات میں جتنا تنوع ہے وہ تاریخ کے کسی گزشتہ دور میں نظر نہیں آتا۔
>
> ماحول کے اثرات کا مقابلہ کرنے کے لئے اور مکان و زمان کی تبدیلیوں سے عہدہ برآ ہونے کے لئے اللہ تعالیٰ نے اس اُمت کے لئے دو انتظامات فرمائے ہیں، ایک: تو یہ کہ اس نے جناب رسول اللہ ﷺ کو ایسی کامل و مکمل اور زندہ تعلیمات عطا فرمائی ہیں جو ہر کشمکش اور ہر تبدیلی کا بآسانی مقابلہ کرسکتی ہیں اور ان میں ہر زمانہ کے مسائل و مشکلات کو حل کرنے کی پوری صلاحیت ہے، دوسرے اس نے اس کا ذمہ لیا ہے (اور اس وقت تک کی تاریخ اس کی شہادت دیتی ہے) کہ وہ اس دین کو ہر دور میں ایسے زندہ اشخاص عطا فرماتا رہے گا، جو ان تعلیمات کو زندگی میں منتقل کرتے رہیں گے اور مجموعاً یا انفراداً اس دین کو تازہ اور اس اُمت کو سرگرم عمل رکھیں گے۔(۱)

◆ استاذ : مدرسہ ضیاء العلوم رائے بریلی، یوپی۔

(۱) تاریخ دعوت وعزیمت: ۱/ ۱۸۔

چنانچہ جب اسلام دنیا کے مختلف علاقوں میں پھیل گیا، اس کا واسطہ دنیا کی متمدن اور ترقی یافتہ قوموں اور ملکوں سے پڑا، نئے نئے مسائل سامنے آئے تو اللہ تعالیٰ نے اسی وعدہ کے پیش نظر مجتہدین اور ائمہ فقہ کی ایک پوری جماعت پیدا فرمائی، جنھوں نے ہر طرح کے سوالات کا جواب کتاب وسنت کی روشنی میں مدون فرمادیا، ان حضرات نے اپنی پوری زندگی اور ساری قابلیتیں اس بلند مقصد اور اس اہم خدمت کے لئے وقف کردی تھیں اور اُمت کو اس میدان میں بے نیاز کردیا تھا، ان میں خاص طور سے ائمہ اربعہ —— امام ابوحنیفہؒ، امام مالکؒ، امام شافعیؒ اور امام احمد ابن حنبلؒ —— کو اللہ تعالیٰ نے خاص امتیاز عطا فرمایا اور پوری دنیا میں ان کی فقہ کو مقبولیت عطا فرمائی، (۱) ہم اس مختصر تحریر میں انھیں چاروں میں سے ایک امام احمد ابن حنبلؒ کی زندگی اور فقہی بصیرت پر مختصر روشنی ڈالنا چاہتے ہیں۔

ابتدائی حالات

آپ کا نام ہے احمد ابن محمد ابن حنبل شیبانی مَروزی، کنیت ابوعبداللہ، آپ خالص عربی النسل اور قبیلہ شیبان میں سے تھے، امام احمدؒ کی والدہ مَرو سے بغداد آئیں تو آپ پیٹ میں تھے اور بغداد ہی میں آپ کی پیدائش ربیع الاول ۱۶۴ھ میں ہوئی، آپ کے والد محمد کا انتقال ۳۰ سال کی عمر میں عین نوجوانی میں ہوگیا تھا، اس وقت آپ بچہ تھے؛ چنانچہ آپ کی تعلیم وتربیت کی ذمہ داری آپ کی والدہ کے کندھوں پر آگئی۔ (۲)

آپ نے قرآن مجید بچپن ہی میں حفظ کرلیا تھا، پھر جب آپ نے علم حدیث کی تحصیل شروع کی تو سب سے پہلے امام ابویوسفؒ کی خدمت میں حاضر ہوکر ان سے حدیثیں لکھیں، پھر چار برس تک بغداد میں امام حدیث ہشیم ابن بشیرؒ سے استفادہ کرتے رہے، اس اثناء میں بغداد کے دیگر محدثین سے بھی استفادہ کیا، بغداد سے فارغ ہوکر کوفہ، بصرہ، مکہ، یمن، شام اور جزیرہ کا سفر کیا، (۳) علامہ ذہبیؒ نے ''سیر اعلام النبلاء'' میں آپ کے شیوخ کی طویل فہرست نقل کی ہے، اس فہرست میں سفیان ابن عیینہ ہلالیؒ، قاضی ابویوسفؒ، یوسف ابن ماجشونؒ اور امام شافعیؒ جیسے نابغہ روزگار ائمہ بھی ہیں، اپنی مسند میں آپ نے ۲۸۰ رشیوخ سے روایت نقل کی ہے، ظاہر ہے اس سے بھی زیادہ اساتذہ رہے ہوں گے، اسی طرح آپ کے تلامذہ کی فہرست بھی خاصی طویل ہے، جن میں بخاری، مسلم، ابوداود اور آپ کے دونوں جلیل القدر صاحبزادگان صالح اور عبداللہ جیسے پائے کے ائمہ بھی شامل ہیں۔ (۴)

---

(۱) تفصیل کیلئے دیکھئے: حجۃ اللہ البالغہ، باب اسباب اختلاف الصحابہ والتابعین: ۱؍۴۰۴، ۴۰۷، اُصول الافتاء وآدابہ، مولانا تقی عثمانی: ۵۹، ۶۱۔

(۲) تہذیب الکمال: ۱؍۴۴۵، وفیات الاعیان: ۱؍۶۳، ۶۴۔

(۳) محدثین عظام اوران کے علمی کارنامے: ۹۸، بحوالہ مناقب الامام احمد لابن الجوزی: ۲۲، ۲۳، صفات الشافعۃ الکبریٰ: ۱؍۲۰۱۔

(۴) سیر اعلام النبلاء: ۱؍۱۸۰، ۱۸۱۔

امام صاحب کی وفات ۱۲/ربیع الاول ۲۴۱ھ کو بروز جمعہ بوقت چاشت بغداد میں ۷۷ سال کی عمر میں ہوئی اور آپ کی تدفین مقبرہ باب حرب میں عمل میں آئی، آپ کے جنازہ میں تقریباً آٹھ لاکھ مردوں اور ستر ہزار عورتوں نے شرکت کی۔(۱)

تصانیف

آپ کی کئی تصانیف کا ذکر کیا جاتا ہے، جن میں سے ''کتاب الصلاۃ، کتاب الزہد، کتاب السنۃ'' موجود ہیں، جب کہ اکثر کتابیں معدوم ہیں؛ لیکن آپ کی کتابوں میں سب سے زیادہ مشہور آپ کی مسند ہے، جو موجودہ مسانید میں سب سے زیادہ مقبول اور متداول ہے۔(۲)

امام احمدؒ اور فتنہ خلق قرآن

امام صاحب کی اصل شہرت فتنہ خلق قرآن کے وقت ان کی ثابت قدمی اور استقامت کی وجہ سے ہوئی، اس واقعہ نے ان کی جرأت ایمانی اور غیرت اسلامی کو ضرب المثل بنادیا؛ چنانچہ ابن المدینی فرماتے ہیں:

> ان اللہ اعز الاسلام برجلین لیس لھما ثالث، ابی بکر یوم الردۃ، ابن حنبل یوم المحنہ۔(۳)

امام احمدؒ کی فقہی بصیرت

امام احمدؒ کا اصل میدان علم حدیث تھا، آپ کو یہ پسند نہیں تھا کہ احادیث کے ساتھ آپ کا کلام لکھا جائے، اس پر آپ سختی کیا کرتے تھے، یہ الگ بات ہے کہ ضرورت پڑنے پر اس کی اجازت بھی آپ سے ثابت ہے؛ لیکن بقول علامہ ابن القیمؒ یہ اللہ کی شان اور امام صاحب کی حسن نیت کا کرشمہ ہی کہا جائے گا کہ آپ کے فتاویٰ اور اقوالِ فقہیہ کو ۳۰/جلدوں میں مرتب کیا گیا اور ان کی حفاظت کے اسباب بھی مہیا کئے گئے۔(۴)

مولانا خالد سیف اللہ رحمانی فرماتے ہیں:

> امام احمد ابن حنبلؒ اپنے ورع وتقویٰ کی وجہ سے اظہار رائے میں بہت احتیاط سے کام لیتے تھے، اسی لئے بعض دفعہ ایسا بھی ہوتا ہے کہ مختلف اوقات میں جو حدیث علم میں آئی، اس کے مطابق فتویٰ دیتے، اسی لئے آپ کے یہاں بہت سے مسائل میں

(۱) وفیات الاعیان: ۱/۶۵۔ (۲) تذکرۃ المحدثین: ۱/۱۶۹، ۱۷۰۔

(۳) تاریخ بغداد: ۴/۴۱۸، محدثین عظام: ۱۰۲۔ (۴) اعلام الموقعین: ۱/۲۸، تذکرۃ المحدثین: ۱/۱۶۳۔

ایک سے زیادہ بلکہ متضاد رائیں ملتی ہیں، اسی احتیاط کی وجہ سے آپ کو اپنے فتاویٰ کا جمع کرنا پسند نہیں تھا، اسی لئے آپ کے علوم آپ کے شاگردوں کے ذریعہ شائع ہوئے، جن میں آپ کے دونوں صاحبزادے صالح ابن احمد اور عبداللہ ابن احمد کا نام سرفہرست ہے، ان کے علاوہ احمد ابن محمد ابوبکر اثرم، عبدالملک میمونی اور ابوبکر مروزی خاص طور سے قابل ذکر ہیں۔(۱)

غالباً اسی وجہ سے کئی جلیل القدر علماء نے آپ کا ذکر (بجائے مجتہدین اور فقہاء میں کرنے کے) محدثین میں کیا ہے، ان علماء میں ابن جریر طبری، ابن قتیبہ اور علامہ ابن عبدالبر اندلسی جیسے محققین بھی ہیں، علامہ ابن البرؒ نے فقہاء مجتہدین پر اپنی مشہور اور معرکۃ الآراء کتاب کا نام ہی رکھا ''الانتقاء فی فضائل الائمة الثلاثة الفقهاء'' ان تین فقہاء میں امام ابوحنیفہؒ، امام مالکؒ اور امام شافعیؒ کا ذکر ہے؛ لیکن امام احمدؒ کا مستقل ذکر نہیں ہے (۲) البتہ علماء متاخرین نے آپ کو ایک مستقل مکتب فکر کا بانی قرار دیا اور اس سلسلہ میں کئے جانے والے اشکالات کو دور کر کے آپ کا بھرپور دفاع کیا، اس سلسلہ میں خاص طور پر شیخ ابوزہرہ اور علامہ شام شیخ عبدالفتاح ابوغدہ کا نام لینا کافی ہے۔(۳)

آپ کے مجتہد ہونے کی سب سے بڑی شہادت آپ کے محبوب استاذ اور عالم اسلام کے مسلمہ مجتہد امام شافعیؒ نے ان الفاظ سے دی ہے:

خرجت من بغداد وما خلقت بها أتقى ولا أفقه من ابن حنبل۔ (۴)

علامہ ابن عبدالبرؒ نے اگرچہ ''الانتقاء'' میں مستقل صاحبِ مکتب فکر کی حیثیت سے آپ کا ذکر نہیں کیا ہے؛ لیکن امام شافعیؒ کے اصحاب میں ذکر کرتے ہوئے آپ کی مجتہدانہ بصیرت کو ان الفاظ میں خراج عقیدت پیش کیا ہے:

وكان اعلم الناس بحديث الرسول صلى الله عليه وسلم وله اختيار فى الفقه على مذهب اهل الحديث وهو امامهم ولم يحرر للشافعى۔ (۵)

بہرحال اس بحث کا ذکر تو ہم نے ایک تاریخی حقیقت کے طور پر کر دیا؛ ورنہ اب تو فقہ حنبلی کا مستقل دبستانِ فقہ ہونا ایک مسلمہ حقیقت ہے، خصوصاً جو شخص آپ کے طرز فکر کے حاملین مثلاً علامہ ابن تیمیہؒ اور علامہ ابن القیمؒ کی

---

(۱) قاموس الفقہ: ۱/ ۳۸۸۔

(۲) ابن حنبل للاستاذ أبي زہرہ: ۱۵۴، ۱۵۵، نیز دیکھئے: ابن عبدالبر کی کتاب الانتقاء۔

(۳) مقدمۃ الانتقاء، شیخ عبدالفتاح أبي غدہ: ۱۔

(۴) وفیات الاعیان: ۱/ ۶۴، تہذیب الکمال: ۱/ ۴۵۱۔ (۵) الانتقاء: ۱۶۶۔

مجتہدانہ تحریریں دیکھے گا اور ابن قدامہ کی فقہ حنبلی پر لکھی جانے والی معرکۃ الآراء کتاب ''المغنی'' کا مطالعہ کرے گا، جو بلاشبہ صرف فقہ حنبلی ہی نہیں، فقہ اسلامی کے عظیم الشان کتب خانہ میں بھی اپنی انفرادی شان رکھتی ہے، تو اس کی غلط فہمی یقیناً دور ہو جائے گی۔

فقہ حنبلی کے اُصول

علامہ ابن القیمؒ فرماتے ہیں کہ امام احمد ابن حنبلؒ کے فتاویٰ کا مدار پانچ اُصولوں پر ہے :

(۱) نصوص؛ چنانچہ جب آپ کو نص مل جائے تو اسی کے مطابق فتویٰ دیتے ہیں اور اس کی مخالفت کرنے والے دلائل اور شخصیات کی طرف توجہ بھی نہیں کرتے، خواہ کوئی بھی ہو۔

(۲) صحابہ کے فتاویٰ: چنانچہ اگر کسی صحابی کا فتویٰ مل جائے جس کا کوئی مخالف معلوم نہ ہو تو دوسری رائے کی طرف نہیں جاتے۔

(۳) جب صحابہ کے اقوال میں اختلاف ہو تو ان میں سے جس کا قول کتاب وسنت سے زیادہ قریب ہو اس کو اختیار کرتے ہیں اور ان کے اقوال سے باہر نہیں نکلتے اور اگر کسی قول کی موافقت ظاہر نہ ہو تو اس میں اختلاف ذکر کر دیتے ہیں اور حتمی بات نہیں کہتے۔

(۴) اس صورت میں حدیث مرسل اور حدیث ضعیف اختیار کر لیتے ہیں، جب مسئلہ میں اس کا رد کرنے والی کوئی نص نہ ہو اور اس کو قیاس پر ترجیح دیتے ہیں، اس اصل میں دوسرے ائمہ بھی ان کے مؤید ہیں۔

(۵) ضرورت کے وقت قیاس: چنانچہ جب امام احمدؒ کے پاس مسئلہ سے متعلق کوئی نص نہ ہو، نہ صحابہ یا ان میں سے کسی ایک کا قول، نہ اثر مرسل یا ضعیف تو پانچویں اُصول یعنی قیاس کا رُخ کرتے ہیں اور ضرورتاً اس کا استعمال کرتے ہیں۔(۱)

ان پانچ اُصولوں میں اجماع کا ذکر نہیں آیا، امام احمدؒ کے بعض اقوال سے ایسا معلوم ہوتا ہے کہ نزدیک اجماع کا وقوع ممکن ہی نہیں ہے؛ لیکن قاضی ابویعلیٰؒ نے صراحت کی ہے کہ ان کے نزدیک اجماع بھی حجت ہے،(۲) اسی طرح ڈاکٹر عبدالوہاب زاہد حلبی ندوی نے لکھا ہے کہ امام احمدؒ کے یہاں استصحاب بھی حجت ہے،(۳) اور مولانا خالد سیف اللہ رحمانی صاحب نے اس کے ساتھ سد ذرائع، مصالح مرسلہ اور استحسان کا بھی ذکر کیا ہے۔(۴)

---

(۱) اعلام الموقعین: ۱/ ۲۹، ۳۰۔
(۲) العمدۃ: ۲/ ۱۰۵، چار فقہی مسالک: ۱۱۱۔
(۳) حیاۃ الائمۃ الاربعۃ: ۱۸۱۔
(۴) چار فقہی مسالک: ۱۱۴-۱۱۶۔

فقہ حنبلی کا امتیاز اور خصوصیات

یہاں ہم فقہ حنبلی کی چند خصوصیات کا ذکر کرتے ہیں، جن سے نہ صرف یہ کہ امام احمدؒ کی فقہی بصیرت کا پتہ چلتا ہے؛ بلکہ آج کے پیدا شدہ نت نئے مسائل کے حل میں ان سے بڑی مدد ملتی ہے اور ان کی روشنی میں نئے مسائل کا حل پیش کرنا آسان ہوگیا ہے۔

(۱) فقہ حنبلی کا امتیازی وصف یہ ہے کہ اس کا دار و مدار تمام تر حدیث و روایت اور نقل و اثر پر ہے، امام صاحب مقدور بھر احادیث سے انحراف اور بے تعلقی پسند نہیں کرتے تھے اور احادیث و آثار پر وسعت نظر کی بنا پر ان کو رائے و قیاس سے بہت کم کام لینا پڑتا تھا، عبدالوہاب وراقؒ کا بیان ہے کہ امام احمدؒ نے ستر ہزار مسائل کا ''اخبرنا وحدثنا'' کہہ کر جواب دیا، (۱) مولانا خالد سیف اللہ رحمانی صاحب اس خصوصیت کو واضح کرتے ہوئے فرماتے ہیں :

> فقہ حنبلی کی سب سے امتیازی شان اور اس کے علو مرتبت کا نشان تورع و احتیاط، نصوص سے غایت اعتناء اور سنت سے شغف خاص ہے، فقہ الحدیث کی کسی کتاب پر اور اس کے کسی باب پر نظر ڈالی جائے تو ایسی بہت سی مثالیں ملیں گی، جن میں ائمہ اربعہ میں امام احمدؒ ہی نے اس حدیث کو متبادر معنی کے اعتبار سے معمول بنایا ہوگا اور اس حدیث کے ظاہر پر پورا پورا عمل کیا ہوگا، مثلاً وضو ہی کے احکام میں دیکھئے، امام احمدؒ کے یہاں اونٹ کا گوشت کھانا ناقص وضو ہے، کتے کے جھوٹے کو دھونا ہی کافی نہیں، مَلنا بھی ضروری ہے، رات میں سو کر اُٹھے تو پانی میں ہاتھ ڈالنے سے پہلے ہاتھوں کا دھونا ضروری ہے، مجوسی اور مشرکین کے برتنوں کا دھونا واجب ہے، یہ اور اس طرح کے متعدد مسائل ہیں جن میں حدیث کے ظاہر پر صرف امام احمدؒ نے عمل کیا ہے، دوسروں نے توجیہ و تاویل کی راہ اختیار کی ہے۔ (۲)

(۲) دوسری خصوصیت یہ ہے کہ فقہ حنبلی میں حیل و مخارج کا وجود نہیں ہے۔ (۳)

(۳) تیسری خصوصیت یہ ہے کہ اس فقہ میں وعدہ، شرط اور عہد و پیمان کے ایفاء کو واجب قرار دیا گیا ہے؛ چنانچہ امام احمدؒ نے نکاح اور مہر میں لگائی جانے والی تمام شرائط کو معتبر قرار دیا ہے، یہاں تک کہ شوہر نے اگر اس شرط پر نکاح کیا کہ وہ اس کی موجودگی میں دوسرا نکاح نہیں کرے گا، تو یہ شرط بھی واجب التکمیل ہوگی اور شوہر دوسرا نکاح

(۱) تذکرۃ المحدثین: ۱/ ۱۶۲۔ (۲) چار فقہی مسالک: ۱۱۷۔

(۳) تذکرۃ المحدثین: ۱/ ۱۶۲۔

کر لے تو عورت کو مطالبہ تفریق کا حق حاصل ہوگا،(۱) اسی طرح بیع عربون بھی امام احمدؒ کے یہاں جائز ہے جس میں مشتری کچھ رقم بائع کو دیتا ہے اور اس میں یہ شرط ہوتی ہے کہ مشتری نے اگر سامان لیا تو بیعانہ کی یہ رقم ثمن کا جزو بن جائے گی اور بیع کا نفاذ نہیں کیا تو بائع اس کا مالک بن جائے گا۔(۲)

(۴) چوتھی خصوصیت یہ کہ بعض حیثیتوں سے فقہ حنبلی میں بڑی وسعت اور لچک بھی پائی جاتی ہے؛ کیوں کہ امام صاحبؒ کے نزدیک عبادات اور ان مسائل اور معاملات کو چھوڑ کر جن کی حلت وحرمت کی تصریح موجود ہے، اشیاء میں اصل اباحت ہے، اس اصل کو تسلیم کرنے کے نتیجہ میں حنبلی فقہ کے اندر بڑی لچک اور کشادگی پیدا ہوگئی ہے،(۳) مولانا خالد سیف اللہ رحمانی صاب فرماتے ہیں :

> اس اصل کی وجہ سے معاملات کے باب میں فقہاء حنابلہ کے یہاں جو سہولت پہنچی ہے، وہ محتاجِ اظہار نہیں اور حقیقت یہ ہے کہ متعدد جدید پیش آمدہ مسائل ایسے ہیں، جن کا حل فقہ حنبلی کے ذریعہ بسہولت نکالا جاسکتا ہے، مثلاً اعضاء کی پیوندکاری کا جواز کہ حنابلہ کے ہاں اضطرار کی حالت میں میت کا گوشت کھانا جائز ہے، جہاں دودھ بینک ضرورت ہوگئی ہو، وہاں انسانی دودھ کی خرید وفروخت، کہ امام احمدؒ کے یہاں جزو انسانی کی خرید وفروخت جائز ہے، جانوروں کی بٹائی جس کا کثرت سے رواج ہے، فقہ حنبلی اس کو جائز رکھتی ہے۔(۴)

عصر خاصر کے پیچیدہ مسائل کے حل میں علماء نے امام صاحبؒ کی آراء سے استفادہ کیا ہے اور ان کی روشنی میں کئی مشکلات کا حل پیش کیا ہے، اس کی صرف دو مثالیں پیش کر کے ہم اپنی تحریر ختم کر رہے ہیں :

(۱) حضرت مولانا اشرف علی تھانویؒ سے جانور کو بٹائی یا اَدھیا پر دینے سے متعلق سوال کیا گیا تو آپ نے جواب دیا :

> كتب الىّ بعض الاصحاب من فتاوىٰ ابن تيمية كتاب الاختيارات ماتصهٗ : ولو دفع دابته أو نخلة الى من يقوم به وله جزء من ثمانية ، صح وهو رواية عن احمد ـ

(۱) چار فقہی مسالک: ۱۱۸، از: مولانا خالد سیف اللہ رحمانی صاحب۔

(۲) اسلام اور جدید معاشی مسائل: ۱۵۸-۱۶۲۔

(۳) تذکرۃ المحدثین: ۱/۱۶۳۔

(۴) چار فقہی مسالک: ۱۱۹۔

پس حنفیہ کے قواعد پر تو یہ عقد ناجائز ہے ''کمانقل فی السوال عن عالمگیریۃ''،لیکن بنابر نقل بعض اصحاب،امام احمدؒ کے نزدیک اس میں جواز کی گنجائش ہے، پس تحرزاحوط ہے اور جہاں ابتلاء شدید ہو توسع کیا جاسکتا ہے۔(۱)

(۲) مولانا تقی عثمانی صاحب بیع عربون یا بیعانہ کی تفصیلات بیان کرنے کے بعد لکھتے ہیں :
ایسی صورت میں بائع اگر عربون کی شرط لگالے ؛ تا کہ مشتری پابند ہو جائے تو اس کی بھی گنجائش معلوم ہوتی ہے کہ اس صورت میں امام احمدؒ کے قول پر عمل کیا جائے۔(۲)

•••

―――――――――

(۱) امداد الفتاویٰ : ۳؍ ۳۴۳، جدید فقہی مسائل : ۱؍ ۴۱۱-۴۱۲۔

(۲) اسلام اور جدید معاشی مسائل : ۴؍ ۱۶۲۔

حضرت مولانا سید ابوالحسن علی حسنی ندویؒ کی فقہی بصیرت

مولانا منور سلطان ندوی ◆

مفکر اسلام حضرت مولانا سید ابوالحسن علی ندویؒ بلاشبہ گذشتہ صدی کی ایک عبقری شخصیت تھے، علمی اور تصنیفی میدان میں آپ کی شناخت سیرت نگار، مؤرخ اور ادیب کی حیثیت سے ہے، اور یہی موضوعات آپ کے قلم کی اصل جولان گاہ ہیں؛ لیکن اسی کے ساتھ قرآنیات، کلام، حدیث، فقہ اسلامی، اور جدید افکار ونظریات کا دامن بھی آپ کے نوک قلم سے مالا مال ہے، آپ معروف معنوں میں نہ فقیہ تھے اور نہ فقہ اسلامی آپ کا موضوع رہا؛ لیکن اللہ تعالیٰ آپ کو جو بصیرت عطا فرمائی تھی، عصری تقاضوں کا جس طرح ادراک تھا اور ملت کو درپیش خطرات کو سمجھنے کی جو صلاحیت ملی تھی، ان سب کی روشنی میں آپ نے اس میدان میں بھی دیرپا اور دُوررس اثرات کے حامل نقوش چھوڑے ہیں۔

فقہ اسلامی میں آپ کی توجہ کا مرکز فقہی مسائل اور فقہی جزئیات نہیں؛ بلکہ اُصول وکلیات ہیں، آپ نے اُصولی اور فکری مباحث پر توجہ فرمائی اور اُمت کی رہنمائی کا فریضہ انجام دیا، یہاں آپ کی حیثیت معروف معنوں میں مفتی اور فقیہ کی نہیں بلکہ اس میدان کے راہ رو کے لئے خضرِ طریق کی ہے، آپ نے تمدنی انقلاب کے تناظر میں پیش آنے والے مسائل کے حل پر علماء اور اہل فن کو متوجہ کیا، اجتہاد کے متوازن طریقہ کی رہنمائی کی، اجتہاد اور عمل اجتہاد سے متعلق رہنما اُصول پیش کر کے عمل اجتہاد کو صحیح رُخ دینے کی کوشش کی، آپ نے اجتماعی اجتہاد کی صدا بلند کی اور عملی طور پر خود بھی ایسی کوششوں میں شریک رہے؛ بلکہ ان کوششوں کی سرپرستی فرماتے رہے۔

جدید مسائل کے حل کی مؤثر آواز

بیسویں صدی کے نصف میں تمدنی اور صنعتی انقلاب کے نتیجہ میں جونت نئے مسائل ومشکلات پیش آرہے تھے، ان کا آپ کو پورا ادراک تھا، آپ صاف طور پر دیکھ رہے تھے کہ اگر بروقت ان مسائل کو حل نہ کیا گیا تو اس کے نتائج کتنے تلخ برآمد ہوں گے؛ چنانچہ آپ نے طاقتور اور مؤثر اُسلوب میں علماء کو اس کی طرف متوجہ کیا، آپ کے

◆ رفیق علمی دارالافتاء: دارالعلوم ندوۃ العلماء، لکھنؤ۔

نزدیک اگر اُمت کے یہ مسائل بروقت حل نہ کئے گئے تو اس وجہ سے علماء کو بے توجہی اور اپنے فرائض سے پہلو تہی کا طعنہ دیا جائے گا اور اس سے بڑھ کر بعض لوگ نفس شریعت پر زبان طعن دراز کریں گے اور کہیں گے کہ نعوذ باللہ دین میں زمانہ کا ساتھ دینے کی صلاحیت نہیں ہے۔

آپؒ فرماتے ہیں :

> ......بعض غیر محتاط، علماء سے آگے بڑھ کر نفس دین و شریعت پر زبان طعن دراز کرنے لگتے ہیں اور اس بات کا اظہار کرتے ہیں کہ اس میں جدید حالات، زمانہ کی تبدیلیوں اور نئے وسائل وایجادات کی موجودگی میں رہنمائی اور زمانہ کا ساتھ دینے کی صلاحیت نہیں، یہ بات اور بھی خطرناک اور دینی نقطۂ نظر سے سنگین ہے، اس مسئلہ میں شریعت اسلامی کی صحیح ترجمانی اور فقہ کے معتدل نقطۂ نظر پیش کرنے میں تاخیر کرنے سے ان عظیم مفاسد کا دروازہ کھل رہا ہے، جس کی طرف توجہ کرنا علماء کا اولین فرض اور دین کی عظیم ترین خدمت ہے، مذاہب وملل کی تاریخ بتاتی ہے کہ ایسے موقعہ پر جب کبھی حاملین شریعت اور ماہرین فن نے سستی وکاہلی اور لیت ولعل سے کام لیا ہے تو تشکک والحاد اور دینی واخلاقی فوضویت (انارکی) کا دروازہ کھل گیا ہے، اور لوگوں نے علماء کے فیصلہ کا انتظار کئے بغیر اپنا کام شروع کردیا ہے، پھر تاریخ یہ بھی بتاتی ہے کہ پھر دوبارہ ان کو جادۂ شریعت پر لانا ممکن نہیں رہا ہے۔(۱)

جدید مسائل کے حل کی صدا آپ نے اس وقت بلند کی جب مسلم ممالک میں بھی سوائے مصر کے کہیں بھی جدید مسائل کے حل کی باضابطہ کوشش شروع نہیں ہوئی تھی، ہندوستان میں حضرت تھانویؒ اور دیگر علماء نے حالات کی اس نزاکت کو محسوس کیا اور بعض مسائل خصوصاً زوجہ مفقود الخبر سے متعلق بڑی کوششیں فرمائیں، جس کے نتائج سامنے آئے ؛لیکن یہ سلسلہ آگے جاری نہ رہ سکا، ۱۹۶۱ء میں حضرت مولاناؒ نے ہندوستان کے سرکردہ علماء اور مختلف مکاتبِ فکر کے نمائندگان کی ایک مجلس بلائی اور حالات ومسائل کی تبدیلی کے حوالہ سے اپنے دل کی تڑپ ان کے سامنے رکھی، آپ نے مسلم ممالک میں الاحوال الشخصیۃ (پرسنل لا) کے موضوع پر ہونے والی کوششوں کا بے لاگ تجزیہ پیش کیا، اور پرسنل لا کے اس علمی رُخ پر کام کرنے کے تئیں علماء کو متوجہ کیا، واضح رہے کہ مسلم پرسنل لا بورڈ کا قیام اس کے بعد ۱۹۷۳ء میں عمل میں آیا، اس مجلس میں آپ نے جو مقالہ پیش کیا، اس میں مصر، شام، ترکی، لبنان،

---

(۱) تدوین فقہ اور چند اہم فقہی مباحث، از: مولانا سید ابوالحسن علی حسنی ندویؒ: ۶۱۔

عراق، تیونس اور پاکستان وغیرہ مسلم ممالک میں پرسنل لا بورڈ میں تصرف وترمیم کا جائزہ لیتے ہوئے دوٹوک الفاظ میں وہ بات کہی، جو آپ جیسا کوئی نبض شناش حکیم ہی کہہ سکتا ہے، آپؒ نے فرمایا :

◆ ہم اس حقیقت کا بھی برملا اظہار کرنا چاہتے ہیں کہ ہمارے لئے کوئی مسلم ملک قطعی وکلی طور پر واجب الاتباع اور واجب التقلید نہیں، اور نہ کسی ملک کے جدید رجانات، نئے قوانین اور حکومت کے فیصلے ہمارے اوپر حجت بن سکتے ہیں، کہ یہ کوئی شرعی اور فقہی دلیل نہیں، قانون اسلامی کے ماخذ اور اس کی بنیادیں کتاب وسنت، اجماع وقیاس عالمگیر ودائمی ماخذ ہیں اور ان ہی کی روشنی میں کام ہوا ہے اور آئندہ ہوگا، ایک مسلمان کے لئے کسی دوسرے مسلمان کا عمل یا رجحان حجت نہیں بن سکتا، حجت صرف اللہ کی کتاب ہے، کتاب اللہ اور اس کے رسول کی سنتِ صحیحہ، استنباط کے وہ ماخذ اور سرچشمے ہیں جن پر کسی ملک یا قوم کی اجارہ داری نہیں، اور امام احمد بن حنبلؒ کی زبان سے نکلا ہوا یہ فقرہ اب بھی فضا میں گونج رہا ہے اور قیامت تک گونجتا رہے گا کہ:
''ائتونی بشئی من کتاب اللہ وسنۃ رسول اللہ حتیٰ اقول بہ''۔

◆ اس لئے کسی ایسے مسئلہ میں جس میں غلط تجدد، مغربی افکار واقدار سے مرعوبیت، قانون سازی میں سطحیت وعجلت صاف جھلکتی ہو اور شرعی اُصول اس کی تائید نہ کرتے ہوں، ہمارے لئے کسی بڑے سے بڑا مسلمان یا عرب ملک کا کوئی فیصلہ یا قانون حجت نہیں بن سکتا، اگر سارا عالم اسلام کسی غلط چیز پر اتفاق کرے اور سارے مسلمان اور وہاں کے علماء کوئی غلط فیصلہ کرلیں یا اپنے حدود سے تجاوز کرلیں تو بھی ہم ہندوستانی مسلمان شریعتِ اسلامیہ کو اپنے سینے سے لگائے رکھنے اور خدا کے قانون کو آخری قانون سمجھتے رہنے کا فیصلہ کر چکے ہیں اور اگر خدانخواستہ سارا عالم اسلام بھی دین وشریعت سے انحراف کرے تو بھی کسی چھوٹی سے چھوٹی اقلیت کے لئے بھی یہ انحراف حجت اور وجہ جواز نہ ہوگا۔(۱)

حضرت مولاناؒ کے نزدیک تمدنی اور صنعتی انقلاب کے زیر اثر پیدا شدہ مسائل کے حل سے مراد فقہ اسلامی کی تدوین جدید اور توسیع کا عظیم کام تھا، آپ تحریر فرماتے ہیں :

---

(۱) یہ مقالہ پہلے ہفت روزہ ندائے ملت میں ۱۳ر ستمبر ۱۹۶۳ء میں شائع ہوا، اس کے بعد مختلف مواقع پر تعمیر حیات کے متعدد شماروں میں شائع ہوا ہے۔

عالم اسلام میں ایک ایسی طاقتور عالمگیر علمی تحریک کی کمی برابر محسوس کی جارہی ہے جو جدید طبقہ کا اسلام کے علمی ذخیرہ سے رشتہ ورابطہ قائم کرسکے، اسلامی علوم میں نئی روح پھونک سکے، اور اس حقیقت کو ثابت کرسکے کہ اسلامی قانون اور فقہ نہایت وسیع اور ترقی پذیر قانون ہے، اور وہ ایسے ابدی اُصولوں پر قائم ہے جو کبھی فرسودہ اور از کارِ رفتہ نہیں ہوسکتے، جس میں زندگی کے تغیرات وترقیات کا ساتھ دینے کی پوری صلاحیت ہے، اور جس کی موجودگی میں کسی وضعی وانسانی قانون کی پناہ لینے کی ضرورت نہیں، یہی عصر حاضر کا وہ ضروری کام ہے جو اسلامی ملکوں اور موجودہ اسلامی معاشرہ کو ذہنی ومعاشرتی ارتداد سے بچاسکتا ہے اور مغرب زدگی اور تجدد کے اس تیز دھارے کو روک سکتا ہے جو عالم اسلام میں اس وقت اپنی پوری طغیانی پر ہے۔(۱)

فقہ کی جدید تدوین اور توسیع کا مطلب نئی فقہ یا کسی نئے دبستانِ فقہ کی بنیاد رکھنا نہیں تھا؛ بلکہ مطلب یہ تھا کہ قرآن وحدیث اور فقہ اسلامی کے عظیم سرمایہ کی روشنی میں ان حکیمانہ اُصول وکلیات سے نئی جزئیات کا استنباط کیا جائے اور ان سے موجودہ زندگی کی ضروریات اور تبدیلیوں میں رہنمائی حاصل کی جائے، اس عظیم کام کے لئے روایتی تعلیم کافی نہیں تھا؛ بلکہ علم میں رُسوخ، عمیق نظر، موجودہ دور کے تقاضوں سے واقفیت، عرف واستحسان اور مصالح مرسلہ سے آگاہی ضروری تھی، حضرت مولانا نے ان مسائل کے حل کے لئے جس بلند آہنگی کے ساتھ آواز لگائی اسی قوت وطاقت کے ساتھ یہ واضح کیا کہ یہ تجدیدی کام کون کرسکتے ہیں، اس کام کے لئے کیا صلاحیتیں درکار ہیں اور اس فن کی نزاکتیں کیا ہیں؟ متعدد مواقع پر آپ نے اجتہاد کے موضوع پر اظہار خیال فرمایا اور اس سلسلہ میں رہنما اُصول بیان کئے، چند اقتباسات سے اس کا اندازہ کیا جاسکتا ہے۔

آپؒ تحریر فرماتے ہیں :

◆ کوئی دین، کوئی اُمت، کوئی تمدن اور کوئی نظام زندگی محض ماضی کی کاوشوں اور کمالات اور تاریخی وعلمی سرمایہ پر زندہ نہیں رہ سکتا، اور نہ زمانہ کے نئے نئے مسائل ومشکلات سے عہدہ برآ ہوسکتا ہے، اس کے لئے ہر عہد اور ہر قطعہ زمین پر اگر اجتہادِ مطلق نہیں تو کم سے کم قیاس واستنباط، فہم عمیق، کتاب وسنت پر گہری نظر، اُصولِ فقہ وآثار شریعت سے گہری واقفیت اور ان سے فائدہ اُٹھانے اور روشنی حاصل کرنے کی ضرورت ہے، اور علماءِ پیشیں نے ہر دور اور ہر ملک وماحول میں اس سے کام لیا ہے۔(۲)

---

(۱) تدوین فقہ اور چند اہم فقہی مباحث: ۱۷۔ (۲) چند اہم فقہی مباحث: ۶۲۔

◆ اس نازک اور اہم کام کے لئے جس میں ذرا سی غلطی یا بیجا رعایت و آزادی سے بڑا دینی نقصان پہنچنے کا ہر وقت اندیشہ رہتا ہے اور جواز و اباحت کے حدود سے نکل کر معصیت اور حرمت تک کے ارتکاب کا خطرہ ہے، دین قوی، علم راسخ، نظر عمیق اور احتیاط بلیغ کی ضرورت تھی، نیز اس کی بھی کہ علوم شرع اور فقہ واُصولِ فقہ سے سطحی اور ذیلی واقفیت نہ ہو، اور ان علوم میں مفتی اور مجیب اور محقق کا درجہ 'متطفل' (طفیلی) کا نہ ہو؛ بلکہ اس نے باقاعدہ ماہرین فن سے اس کی تعلیم پائی ہو، اور تعلیم و افتاء کے ماحول میں معتد بہ وقت گزارا ہو، پھر وہ 'چلو تم ادھر کو ہوا ہو جدھر کی' کی تقلید کے عیب سے پاک ہو، وہ کتاب وسنت، فقہ واُصولِ فقہ کی روشنی میں اور ان کی دی ہوئی گنجائشوں کے مطابق صحیح و بے لاگ فیصلہ کرے، اور اس کو امکانی حد تک عالمانہ محققانہ انداز میں اس طرح پیش کرے کہ اس سے اعلیٰ تعلیم یافتہ اور حقیقت پسند افراد کی بھی نہ صرف تشفی ہو؛ بلکہ وہ شریعت کی وسعت وابدیت کا قائل ہو جائے۔(۱)

◆ ان فرائض اور دینی مناصب میں سب سے زیادہ وسیع و دقیق، نازک اور پیچیدہ کام جس کے لئے صرف علم و ذہانت، مطالعہ کی وسعت، صلاح وتقویٰ، امانت و دیانت اور ذکاوت و ذہانت ہی کی ضرورت نہیں، اس موضوع سے گہری مناسبت، رسوخ فی العلم ورُسوخ فی الدین، کتاب وسنت، فقہ واُصولِ فقہ میں اختصاصی مہارت کی ہی ضرورت نہیں بلکہ طبع سلیم، فہم مستقیم، فطرتِ صحیحہ جس کو حقائق تک بلا کد و کاوش رسائی ہو جاتی ہو، اور جس میں اعتدال وتوازن کا مادہ ودیعت کیا گیا ہو، پھر قدیم علمی ذخیرہ پر اطلاع و واقفیت کے ساتھ اہل زمانہ کی طبائع سے بھی واقفیت، عرف سے باخبری جس کو فقہاء نے بڑی اہمیت دی ہے، اور اس کا لحاظ کیا ہے، تیسیر کے حدود کی نگہداشت اور عموم بلویٰ کی صحیح تعریف اور اس کے لحاظ سے فقہی شرائط سے آگاہی، اپنے زمانہ کے معاملات وعقود، تعلقات کی نوعیت، نوایجاد چیزوں کی شرعی حیثیت، تغیرات زمانہ اور ان کے شرعی احکام سے واقفیت، اور ان کے لحاظ کے حدود سے آگاہی، اور سب سے بڑھ کر مقاصد شریعت، اور حکمت تشریع کا علم بھی ضروری ہے،

---

(۱) چند اہم فقہی مباحث: ۶۳۔

جو استنباط مسائل کی روح، قیاس واستحسان اور مصالح مرسلہ کی نگہبان اور پاسبان ہے، یہ علم جس کے لئے اتنی صفات وشرائط درکار ہیں اور جس کا کام اتنا نازک اور پیچیدہ ہے، علم افتاء وقضاء ہے۔(۱)

◆ بحث وتحقیق کے ساتھ مناسب مقدار میں تقویٰ کا ہونا ضروری ہے؛ کیوں کہ یہ مسئلہ اسلامی علوم کا ہے جس کا دین سے گہرا ربط ہے؛ لہٰذا ان دینی اُصول کو بحث وتحقیق کے لئے اس طرح نہیں پیش کر سکتے جس طرح کسی لاش کو پوسٹ مارٹم کے لئے پیش کیا جاتا ہے، جی ہاں! انصاف کا تقاضہ یہ نہیں ہے کہ ایسا ہو، اس لئے یہ بھی ضروری ہے کہ بحث نقد واعتراض، استہزاء، تمسخر اور تحقیر وتذلیل سے خالی ہو، جن حضرات کو بحث وتحقیق کی ذمہ داریوں کا شعور اور افکار ونظریات کی تبدیلی کا احساس ہے، انھیں چاہیے کہ اپنی آراء واحکام کو قطعی اور یقینی شکل میں پیش نہ کریں، اور نہ اپنے کسی نظریہ کی توجیہ اس انداز میں کریں کہ گویا وہ اس موضوع پر حرف آخر ہو، اور مزید غور وفکر کی اس میں مطلق کوئی گنجائش موجود نہ ہو؛ بلکہ ان کا موقف اور پیش کرنے کا انداز ایسا ہو جیسے کوئی کسی نتیجہ تک پہنچا ہے، اور اس وقت ایسا محسوس ہو رہا ہے کہ وہ صحیح ہے، ہمارے لئے یہ بھی ضروری ہے کہ ہم غور وفکر اور بحث ومباحثے میں صبر وتحمل کا اُصول اختیار کریں، اور علم اور ان حاملین کا اعتراف کرنا سیکھیں، جنھوں نے اپنی زندگی اور اپنی تمام تر طاقتیں اور صلاحتیں اس راہ میں صرف کردی ہیں۔(۲)

◆ ...... یہ سارے پہلو عرصہ سے مستحق تھے کہ ان کے لئے کتاب وسنت کے نصوص واشارات، استنباط واستخراج مسائل اور قیاس کے ان حکیمانہ اور لچکدار اُصول (جس کی نظیر کسی دوسرے مذہب میں نہیں ملتی، اور جس کو عام طور پر اُصولِ فقہ کے نام سے یاد کیا جاتا ہے) اور مذاہبِ اربعہ کے وسیع فقہی ذخیرہ کا جائزہ لیا جائے اور اگر ان ایجادات ووسائل کی ایسی نظیریں ملتی ہیں جن پر ان کو قیاس کیا جا سکے تو ان سے فائدہ اُٹھایا جائے، یا پھر استحسان ومصالح مرسلہ کے اُصول سے استفادہ کیا جائے جن سے

(۱) چند اہم فقہی مباحث: ۱۰۶۔

(۲) خطبہ صدارت: تیسرا فقہی سیمینار اسلامک فقہ اکیڈمی انڈیا، بحوالہ اجتماعی اجتہاد، از: مولانا سید ابوالحسن علی حسنی ندویؒ: ۳۵۔

فقہاء نے ہر دور میں کام لیا ہے، یا پھر کسی اجتماعی اجتہاد (نہ کہ انفرادی اجتہاد) سے کتاب وسنت کے عام اُصول وکلیات کے ماتحت کسی نتیجہ پر پہنچنے کی کوشش کی جائے، اور بلا تاخیر وتساہل ان نتائج کو سامنے لایا جائے؛ تاکہ وہ انتشار سے محفوظ رہیں جو تقریباً ثلث صدی سے بہت واضح طریقہ پر اس تحتی برِ اعظم میں پایا جاتا ہے۔(۱)

ان اقتباسات کو پڑھئے تو صاف اندازہ ہوتا ہے کہ کوئی فقیہ وقت یا ماہر فن یا نباض زمانہ اس فن کے خوشہ چینوں کو دورِ حاضر کے تقاضوں سے واقف کرا رہا ہے، آپ جہاں علماء اور اصحابِ تحقیق کو اس میدان میں آگے بڑھنے کے لئے مہمیز کرتے ہیں، وہیں انھیں اس راہ کی دشواریوں اور نزاکتوں سے بھی باخبر کرتے ہیں، ان تحریروں میں جہاں بے پناہ قوت وتاثیر ہے جو قارئین کے ذہن ودماغ کو اپیل کرتی ہے، وہیں ان میں دل سوزی اور خلوص کا جذبہ فراواں بھی ہے، جو قارئین کے مضرابِ دل کو چھیڑتی ہے اور انھیں تحقیق کی جاں گسل محنت کے بعد خدمت دین کی نئی لذت سے آشنا کرتی ہے۔

حضرت مولاناؒ نے عمل اجتہاد سے متعلق جو رہنما اُصول اور جو صفات بیان فرمائے ہیں، ان میں بنیادی طور پر وہ تمام باتیں آگئی ہیں جو اس دور کے لحاظ سے ضروری تھیں، حضرت مولاناؒ نے ان فقہی اور فکری ہدایات کو فقہی انداز کے بجائے اپنے خاص اُسلوب میں پوری دردمندی اور علمی وقار کے ساتھ تحریر فرمایا ہے، مذکورہ تحریروں کی روشنی میں قارئین صاف محسوس کرسکتے ہیں کہ آپ کے نزدیک شریعت کے بنیادی سرچشموں قرآن وحدیث کو بنیادی حیثیت حاصل ہے؛ لیکن اسی کے ساتھ آپ مقاصد شریعت سے واقفیت بھی ضروری قرار دیتے ہیں، فقہ میں قیاس واستحسان اور مصالح مرسلہ کو بڑی اہمیت حاصل ہے، اور ان سے مسائل کے حل میں بڑی مدد ملتی ہے؛ لیکن بسا اوقات صرف ان پر انحصار کرنے سے شریعت کے مقصد سے دور ہونے کا احساس ہوتا ہے، آپ نے اس کے تدارک کے لئے مقاصد شریعت کو قیاس واستحسان اور مصالح مرسلہ کا نگہبان قرار دینے کی نہایت حکیمانہ بات کہی ہے، آپ دورِ حاضر کے تقاضوں سے واقف ہونا جہاں مفتی اور فقیہ کے لئے ضروری سمجھتے ہیں، وہیں انھیں 'چلو تم ادھر کو ہوا ہو جدھر کی' سے باز رہنے کی بھی تلقین کرتے ہیں، تیسیر اور عموم بلویٰ دو ایسے اُصول ہیں جن کا صحیح استعمال نہ ہو تو بڑے خطرناک نتائج سامنے آسکتے ہیں، ان ہی اُصولوں کو ڈھال بنا کر تجدد پسند طبقہ کی طرف سے عجیب وغریب مشورے اور اجتہادات سامنے آتے رہتے ہیں، اس تناظر میں 'تیسیر کے حدود کی نگہداشت، اور عموم بلویٰ کی صحیح تعریف' کے ذریعہ آپ نے جن باتوں کی طرف اشارہ کیا ہے، وہ بڑی معنویت رکھتی ہیں۔

(۱) مقدمہ رؤیت ہلال کا مسئلہ، از: مولانا محمد برہان الدین سنبھلی: ۱۵۔

ان تحریروں میں دو پہلو اور بھی بہت اہم ہیں، جن کی طرف حضرت مولاناؒ نے توجہ دلائی ہے، ایک جدید مسائل کے حل کے لئے پورے فقہی سرمایہ سے استفادہ کرنا چاہئے، آپ نے متعدد مواقع پر فقہ حنفی کے علمی ورثہ کو عظیم الشان کارنامہ قرار دیا ہے، اسی طرح آپ اس دور انتشار میں ایک دبستانِ فقہ سے وابستگی کو ضروری خیال کرتے ہیں؛ لیکن اسی کے ساتھ جدید مسائل کے حل کے سلسلہ میں کسی ایک دبستانِ فقہ کی پابندی کے بجائے چاروں دبستانِ فقہ سے فائدہ اُٹھانے کا مشورہ دیتے ہیں، دوسری بات یہ کہ آپ نے بار بار یہ ذکر فرمایا ہے کہ مسائل کے حل کی یہ کوششیں ملکی یا حکومتی دباؤ سے آزاد ہو، مغربی افکار سے مرعوبیت کے بغیر ہو، مرعوبیت یا دباؤ کے ساتھ ظاہر ہے کہ شریعت کے تقاضوں کو پورا کرنا ممکن نہیں ہے، اور اس طرح صحیح حل سامنے نہیں آسکے گا، یہ دونوں باتیں نہایت دُوررس نتائج کی حامل ہیں۔

اجتماعی اجتہاد کی دعوت

اجتہاد کے بارے میں حضرت مولاناؒ کی رائے یہ تھی کہ یہ کام جتنا اہم اور ضروری ہے اتنا ہی نازک بھی ہے، اس کے لئے ایک طرف فقہ و اُصولِ فقہ میں مہارت کے ساتھ شریعت کے مقاصد سے واقفیت، اور شریعت کے اصل سرچشموں سے براہ راست استفادہ کی صلاحیت ضروری ہے، وہیں دوسری طرف ورع وتقویٰ اور حد درجہ احتیاط ضروری ہے، اس تناظر میں آپ انفرادی بحث وتحقیق کے ساتھ اجتماعی غور وفکر کو زیادہ بہتر سمجھتے تھے، کہ علماء محققین اور ماہرین فن کی پوری جماعت کی موجودگی میں غلطی کا امکان کم سے کم رہے گا، آپ نے مختلف مواقع پر علماء کو اجتماعی اجتہاد کی دعوت دی، اسلامک فقہ اکیڈمی انڈیا کے پہلے سیمینار میں خطبۂ صدارت پیش کرتے ہوئے فرماتے ہیں:

> اب اگر اجتہاد کا دروازہ کھولنا ہی ضروری ہے تو ضرور کھولا جائے؛ لیکن اُصولِ فقہ کی کتابوں میں اس کے لئے جو شرائط بیان کی گئی ہیں ان کا لحاظ ضروری ہے، بہتر تو یہ ہے کہ انفرادی طور پر اجتہاد کے بجائے اجتماعی طور پر اجتہاد کیا جائے، وہ اس طرح کہ شریعت کے ماہرین کی ایک اکیڈمی ہو جس میں کسی مسئلہ پر طویل غور وفکر، بحث ومباحثہ اور تبادلہ آراء اور قرآن وسنت اور فقہ واُصولِ فقہ کے پورے ذخیرہ کے بھرپور جائزہ کے بعد فیصلہ کیا جائے؛ تاکہ اس میں کسی سازش یا کسی سیاسی قوت یا استبدادی حکومت کا عکس نہ پڑنے پائے۔(۱)

---

(۱) خطبۂ صدارت: پہلا فقہی سیمینار اسلامک فقہ اکیڈمی انڈیا، بحوالہ اجتماعی اجتہاد: ۲۳۔

آپ نے اجتماعی اجتہاد کی نہ صرف پرزور دعوت دی؛ بلکہ اس کو عملاً برتنے کی کوشش بھی فرمائی، ستمبر ۱۹۶۱ء میں آپ نے جدید مسائل کے حل کے لئے ہندوستان کے بلند پایہ علماء اور فقہاء کی نشست بلائی، اور آپ کی تحریک پر ’مجلس تحقیقات شرعیہ ندوۃ العلماء‘ کا قیام عمل میں آیا، جس میں پورے ملک کے منتخب علماء شریک تھے، اس مجلس کی کوششوں سے متعدد موضوعات پر غور ہوا، اور یہ مسائل اجتماعی غور وفکر سے حل ہوئے، یہی فکر بعد میں حضرت مولانا قاضی مجاہد الاسلام قاسمیؒ کی کوششوں سے زیادہ وسعت کے ساتھ اور منظم شکل میں اسلامک فقہ اکیڈمی انڈیا کی شکل میں نمودار ہوئی، جو ممتاز علماء اور ماہرین شریعت کی نگرانی میں ترقیوں کے منازل طے کر رہی ہے۔

اجتہاد کے نام پر شریعت میں تحریف پر نکیر

حضرت مولانا کے ذہن میں ثوابت ومتغیرات پوری طرح واضح تھے، آپ نے جہاں اجتہاد کی حوصلہ افزائی فرمائی، علماء اور اربابِ افتاء کو اس اہم کام کے لئے مہمیز کیا، وہیں آپ ایسے لوگوں پر سخت نکیر فرماتے ہیں، جو اجتہاد کے نام پر پوری شریعت کو بدلنا چاہتے ہیں، جو مصالح کے نام پر منصوص مسائل میں بھی رائے زنی کی جسارت کرتے ہیں، آپ نے ایسے طبقہ پر دوٹوک انداز میں فہمائش کی ہے، آپ فرماتے ہیں :

> اس دور میں اجتہاد کی باتیں بہت ہو رہی ہیں اور یہ نعرہ لگایا جا رہا ہے کہ اس زمانہ میں اجتہاد کی ضرورت ہے؛ چنانچہ اجتہاد کا نعرہ لگانا ایک طرح سے ترقی پسندی کی علامت بن گیا ہے، اس میں کوئی شک نہیں کہ اجتہاد اس زمانہ کی حاجت اور اس دین کی ضرورت ہے جو زندگی کے قافلے کی رہنمائی اور قیادت کرتا ہے...... لیکن شرعی مسائل اور جدید عصری ایجادات کے بارے میں جو لوگ اجتہاد کا نعرہ لگاتے ہیں وہ اسلامی دنیا کے وہ قائدین ومفکرین اور مغربی دانش گاہوں کے فضلاء ہیں، جنھوں نے خود مغربی تہذیب وتمدن کا سامنا پورے عزم وارادے اور ایمان ویقین سے کرنے میں اپنی مہارت اور ذہانت وذکاوت کا ثبوت نہیں دیا ہے؛ حالاں کہ ان کا فرض تھا کہ مغربی تہذیب وتمدن اور اس کی سائنسی ایجادات اور ترقی، اس کی خوبیوں اور خامیوں کے درمیان تمیز کر کے وہی چیزیں لیتے جو مشرقی قوموں اور ان کے دین ومذہب اور تہذیب ومزاج سے میل کھائیں، اور ان قوموں کو بھی روشنی دیکھاتے جو مادیت کا شکار ہو چکی ہیں، وہ مغرب سے جو کچھ حاصل کرنے سے پہلے اس سے غبار کو جھاڑ

دیتے، جو قرون مظلمہ سے ہی ان کا جز بن گیا ہے، اور اب بھی اس کی وجہ سے نفسیاتی کشمکش اور اعصابی تناؤ میں مبتلاء ہیں، مغربی دانش گاہوں کے ان فضلاء کو اس کا کوئی حق نہیں پہنچتا کہ اس دور میں وہ ان علوم سے فائدہ اُٹھائیں اس لئے کہ جن میدانوں میں انھوں نے تخصص کیا ہے اور جو ان کا خاص موضوع رہا ہے، اس میں انھوں نے اپنے رول کو ادا نہیں کیا اور نہ ہی نظام تعلیم وتربیت کو آزاد اسلامی نظام تعلیم کے سانچے میں انھوں نے ڈھالنے کی کوشش کی؛ حالاں کہ یہ کام بھی اجتہاد ہی کی طرح ہے؛ لیکن انسان کی ہمیشہ سے یہ خصوصیت رہی ہے کہ وہ خود کچھ نہیں کر پاتا تو دوسروں کو مورد الزام ٹھہراتا ہے اور اس سے مطالبہ کر بیٹھتا ہے۔(۱)

چنانچہ آپ نے اجتہاد کے حدود بتائے، اور اس کے میدان کی تحدید کی، آپ نے فرمایا:

جدید طبقہ کے لوگ اجتہاد کی دعوت دیتے ہیں اور خصوصاً عصری دانش گاہوں کے پرجوش جذباتی نوجوان اور اسلامی ملکوں کے بعض سربراہان، ان کی دعوت سے ایسا محسوس ہوتا ہے کہ جیسے وہ ہر مسئلہ میں اجتہاد مطلق کی دعوت دے رہے ہیں، وہ مغربی اقدار و قیم اور عصری پیمانوں کو جوں کا توں لینے پر مصر ہیں، گویا کہ زمانہ پہلے اسلامی دور کی طرح ہو گیا ہے جب اسلام نیا نیا آیا تھا اور انسانی سوسائٹی مکمل طور پر انقلاب سے دوچار ہو گئی تھی، اور گذشتہ دور میں فقہاء اور مجتہدین نے جو نتائج نکالے تھے اور علم و تحقیق اور مطالعہ کے بعد جو اُصول انھوں نے بنائے تھے، وہ اپنی قیمت کھو چکے ہیں، اور اب موجودہ زمانہ اور قوموں کے مزاج سے وہ ہم آہنگ نہیں، اس میں زیادہ سطحیت، نام نہاد ترقی پسندانہ ادب کے پھیلائے ہوئے پروپیگنڈے کا اثر ہے، اس ادب نے نوجوانوں کے سامنے زمانہ کی ایسی تصویر کھینچی ہے جیسے یہ دور بالکل نیا ہے اور گذشتہ زمانہ سے یہ دور کسی طرح بھی ہم آہنگ نہیں، واقعہ کہ یہ ہے یہ تصویر تخیلات پر مبنی ہے، اور اس میں ذرہ برابر حقیقت نہیں، واقعیت اور منطقیت سے زیادہ اس میں جذباتیت سے کام لیا گیا ہے۔(۲)

(۱) خطبہ صدارت: فقہی سیمینار اسلامک فقہ اکیڈمی انڈیا، بحوالہ اجتماعی اجتہاد:۲۱،۲۲۔

(۲) خطبہ صدارت: فقہی سیمینار اسلامک فقہ اکیڈمی انڈیا، بحوالہ اجتماعی اجتہاد:۲۱،۲۲۔

اجتہاد اور تقلید کے درمیان نقطۂ اعتدال

اجتہاد و تقلید ایک خالص فقہی بحث ہے، اس موضوع پر ہر دور میں خاصا لکھا گیا ہے، حضرت مولاناؒ نے موجودہ دور کے تقاضوں اور لوگوں کے مزاج میں افراط و تفریط اور معاشرہ میں اس کے بُرے اثرات کو دیکھتے ہوئے اس سلسلہ میں معتدل اور متوازن راہ کی نشاندہی فرمائی، اور اُمت کو جزوی مسائل میں اختلاف کی بنیاد پر انتشار سے باز رہنے کی تلقین کی، آپ نے ان موضوعات پر تاریخ دعوت و عزیمت میں حضرت شاہ ولی اللہؒ، علامہ ابن تیمیہؒ کے تعارف میں تفصیل سے بحث کی ہے، آپ نے دونوں رجحانات کے درمیان وہ نقطۂ اعتدال پیش فرمایا جو مقاصد شریعت اور فطرتِ انسانی سے پوری طرح ہم آہنگ ہے، تفصیل کے لئے مذکورہ بحثوں کو دیکھا جاسکتا ہے۔ (۱)

اسلامی قوانین اور معاصر قوانین کے درمیان موازنہ کی ضرورت

اجتہاد سے متعلق ان مباحث کے ساتھ حضرت مولانا نے علماء اور فقہاء اُمت کے سامنے ایک تجویز اور پیش کی تھی، وہ تجویز یہ تھی کہ اسلامی قانون اور معاصر قوانین کے درمیان موازنہ کیا جائے اور اس طرح معاصر قوانین پر اسلام کا تفوق و امتیاز اور حقانیت ثابت کی جائے، افسوس کہ اس سمت میں خاطر خواہ توجہ نہ ہوسکی، یہی فکر علامہ اقبالؒ نے بھی پیش فرمائی تھی اور اس عظیم کام کو تجدید اور اس عمل کے انجام دینے والے کو زمانہ کا مجدد قرار دیا تھا، حضرت مولاناؒ تحریر فرماتے ہیں:

> اقوام و ملل اور افکار و اقدار دونوں کی تاریخ کا مسلسل تجربہ ہے کہ جب کوئی غلط یا صحیح سوال سامنے آجائے یا ذہنوں میں کوئی خلش پیدا ہوجائے یا کردی جائے یا کسی حقیقت کو چیلنج کیا جائے تو اس کو محض جذبات کے اظہار، درد و کرب کی بڑی سے بڑی مقدار، خطابت کی شعلہ بیانیوں اور احتجاج کے بلند آہنگوں سے نہیں روکا جاسکتا، اس کے لئے علمی مورچے کی ضرورت ہوتی ہے، جہاں ترکی بہ ترکی نہیں علمی دلائل کی سنجیدگی اور فکر و نظر کے وقار کے ساتھ جواب دیا جائے، اور دماغوں کی تشفی اور طالب حق ذہنوں کے اطمینان و تسلی کا انتظام کیا جائے، اگر دماغ کی سلوٹوں میں واقعی کوئی پھانس رہ گئی ہو یا کوئی گرہ پڑ گئی ہو تو اس کو زور دستی نہیں؛ بلکہ سبک دستی اور کسی قدر چابک دستی کے ساتھ نکالنے کی کوشش کی جائے، اس کے لئے جوش کے بجائے ہوش،

---

(۱) راقم نے فقہ سے متعلق حضرت مولانا کی تحریروں کو 'تدوین فقہ اور چند اہم فقہی مباحث' نامی کتاب میں جمع کیا ہے، وہاں یہ تحریریں دیکھی جاسکتی ہیں۔

خطابت وانشاء پردازی کے بجائے دل سوزی و دیدہ ریزی اور جگر کاوی کی ضرورت ہے، اس کے لئے شریعتِ اسلامی، کتاب وسنت، تفسیر وحدیث، فقہ واُصولِ فقہ سے مستند و گہری واقفیت کے ساتھ دوسری قوموں اور فرقوں کے عائلی قوانین پر بھی اجمالی نظر کی ضرورت ہے، اس کے بغیر اسلام کے عائلی قوانین کا تفوق وامتیاز واضح نہیں کیا جاسکتا۔(۱)

اس مختصر تجزیہ سے آپ کی فقہی بصیرت، اس فن کی بنیادوں سے پوری واقفیت، اس کی باریکیوں پر گہری نظر کا اندازہ لگایا جاسکتا ہے، آپ نے جس بالغ نظری اور دوراندیشی کے ساتھ فقہ کی تدوین جدید کے لئے علماء کومہمیز کیا اور زمانہ کے تقاضوں کو پیش نظر رکھ کر رہنما اُصول کی نشاندہی فرمائی، وہ دراصل آپ جیسے عبقری شخصیت اور صحیح معنی میں نباض زمانہ ہی کر سکتے ہیں، ضرورت اس بات کی ہے کہ حضرت مولانا نے جن جن محاذوں پر اُمت کی رہنمائی فرمائی، جن شعبوں اور موضوعات سے رہنما اُصول کی نشاندہی کی، اپنے وسیع مطالعہ، اور طویل تجربات کی روشنی میں جو نتائج اخذ کئے، ان افکار و نظریات اور نتائج کا تجزیہ ہونا؛ تاکہ زمانی ومکانی قید کے بغیر ان سے فائدہ اُٹھایا جاسکے۔

• • •

(۱) تدوین فقہ اور چند اہم فقہی مباحث: ۶۸۔

فقیہ عالم اسلام ڈاکٹر وہبہ زحیلیؒ

خالد سیف اللہ رحمانی

قرآن وحدیث میں متعدد مقامات پر شام کی فضیلت آئی ہے، سورۂ بنی اسرائیل میں اللہ تبارک وتعالیٰ کے ارشاد: ''اَلَّذِیْ بَارَکْنَا حَوْلَہٗ'' کی تفسیر میں بعض مفسرین نے لکھا ہے کہ اس سے شام کا خطہ مراد ہے، (۱) اسی طرح: ''وَاٰوَیْنٰھُمَآ اِلٰی رَبْوَۃٍ ذَاتِ قَرَارٍ وَّمَعِیْنٍ'' (۲) کی تفسیر میں بھی آپ ﷺ سے منقول ہے کہ اس آیت میں جس مقام کا ذکر ہے، وہ شام ہے، جس کا ایک شہر دمشق ہے، جو شام کے شہروں میں سب سے بہتر شہر ہے، یزید بن شجرہ سے منقول ہے کہ دمشق ہی 'ربوہ مبارکہ' ہے، ایک اور روایت میں ہے کہ اللہ تعالیٰ نے حضرت عیسیٰ علیہ السلام اور ان کی والدہ کو دمشق ہی میں قیام وسکونت کا حکم دیا تھا۔ (۳)

احادیث میں بھی شام اور دمشق کی متعدد فضیلتیں منقول ہیں، جیسے: حدیث قدسی کہ اللہ تعالیٰ نے تمام شہروں میں سے شام کو اپنے لئے خاص کیا ہے اور اللہ کے مخلص بندوں کو شام میں سکونت کی توفیق ملتی ہے، (۴) حضرت انس بن مالکؓ سے مروی ہے کہ رسول اللہ ﷺ سے لوگوں نے سوال کیا: قیامت میں لوگ کہاں جمع ہوں گے؟ آپ نے فرمایا: اللہ کی بہترین اور محبوب سرزمین شام میں، (۵) اسی طرح متعدد احادیث میں قربِ قیامت میں حضرت عیسیٰ علیہ السلام کے دمشق کی جامع مسجد کے مینارہ پر آسمان سے نازل ہونے کا مضمون آیا ہے، یہ بات بھی آئی ہے کہ قرب قیامت میں مخلص مسلمان سمٹ سمٹا کر شام میں جمع ہوئیں گے۔ (۶)

شام کا ایک تاریخی شہر حلب ہے، حلب بھی دمشق ہی کی طرح ایک تاریخی شہر ہے، اور اس کی تاریخی قدامت کا سرا حضرت ابراہیم علیہ السلام سے جا ملتا ہے؛ چنانچہ حلب کی وجہ تسمیہ بیان کی گئی ہے کہ حضرت ابراہیم علیہ السلام جب یہاں اپنی بھیڑ بکریوں کے ساتھ آتے تھے تو اطراف واکناف کے لوگ حصول برکت کے لئے آجاتے تھے

---

(۱) دیکھئے: تفسیر قرطبی: ۱۰/۲۱۲۔
(۲) المومنون: ۵۰۔
(۳) دیکھئے: تاریخ دمشق: ۱/۸۷۔
(۴) تاریخ دمشق لابن عساکر: ۱/۸۷۔
(۵) حوالۂ سابق۔
(۶) تاریخ دمشق: ۱/۹۳ تا ۱۰۲۔

اور حضرت ابراہیم علیہ السلام تبرک کے طور پر ان کی بھیڑ بکریوں کا دودھ نکال کر دیتے تھے، اسی مناسبت سے اس شہر کا نام حلب پڑ گیا، (۱) اس شہر میں اسلامی تاریخ کی ابتداء خلافت فاروقیؓ سے ہوتی ہے، جب حضرت خالد بن الولیدؓ اور حضرت ابوعبیدہؓ کی سرکردگی میں یہ اسلامی قلمرو میں شامل ہوا، ولید بن عبدالملک کے زمانے میں کثرت سے لوگوں نے اسلام قبول کیا، (۲) اور یہاں بڑے بڑے علماء و مشائخ پیدا ہوئے، یہاں ہزاروں صحابہ آسودۂ خواب ہیں، جن میں اعلم الحلال والحرام حضرت معاذ بن جبلؓ، امین ہذہ الامۃ حضرت ابوعبیدہؓ اور حکیم الامۃ حضرت ابودرداءؓ خصوصیت سے قابل ذکر ہیں۔

بنواُمیہ کے دمشق کو دارالحکومت بنانے کی وجہ سے یہ شہر اہل علم ونظر کا مرکز بن گیا، اکابر محدثین وفقہاء اس کی خاک سے اُٹھے یا یہیں سپردخاک ہوئے، جن میں ایک بہت ہی نمایاں نام 'امام اوزاعی' کا ہے، جن کی فقہ پر ایک زمانے تک اُمت کے ایک بڑے گروہ کا عمل تھا، علوم اسلامیہ کی ترویج و اشاعت میں ہمیشہ ہی اس شہر کا نمایاں کردار رہا ہے۔ (۳)

جن اہل علم کا فیضان یہاں سے جاری ہوا، ان میں چند اہم نام یہ ہیں :

(۱) علم حدیث وفقہ میں متعدد کتابوں کے مصنف: ابراہیم بن محمد سبط ابن العجمی (م:۸۴۱ھ)۔

(۲) ممتاز حنفی فقیہ اور ملتقی الابحر کے مؤلف: ابراہیم بن محمد برہان الدین (م:۹۵۶ھ)۔

(۳) 'انسان العیون فی سیرۃ الامین والمامون' کے مصنف: علی بن ابراہیم شافعی (م:۱۰۴۴ھ)۔

(۴) حافظ حدیث: احمد بن محمد جمال الدین ابن الظاہری (م:۶۹۶ھ)۔

(۵) احمد بن عبدالحی حلبی شافعی (م:۱۱۲۰ھ)۔

(۶) معروف حنفی فقیہ احمد بن یحییٰ بن زہیر عقیلی حلبی (م:۴۴۴ھ)، جن کی تصنیف ''الخلاف بین ابی حنیفۃ واصحابہ وما انفرد بہ عنہم'' ہے۔

(۷) قرأت وتجوید کے امام: طاہر بن عبدالمنعم ابن غلبون (م:۳۹۹ھ)۔

(۸) حافظ عبدالکریم بن عبدالنور القطب الحلبی (م:۷۳۵ھ)۔

(۹) متعدد کتابوں کے مصنف حنفی فقیہ محمد بن محمد ابن الشحنہ (م:۸۱۵ھ)۔

(۱۰) شارح بخاری: محمد عمر السفیری (م:۹۵۶ھ)۔

---

(۱) الیواقیت والضرب فی تاریخ حلب:۱/۱۔ (۲) نہر الذہب فی تاریخ حلب:۳/۱۴۔

(۳) تفصیل کے لئے دیکھئے: فضائل الشام والدمشق لعلی بن محمد الربعی:۱/۱۷۔

اس خطہ میں اہل علم کا جو تسلسل رہا ہے، وہ نہایت حیرت انگیز ہے، موجودہ دور میں بھی علم حدیث کے نابغۂ روزگار عبقری علماء شیخ عبد الفتاح ابو غدہؒ، ڈاکٹر نور الدین عترؒ، شیخ محمد بن محمد عوامہ حفظہ اللہ کا تعلق یہیں سے ہے، اور انھوں نے جو بیش قیمت اور گرانقدر خدمات انجام دی ہیں، وہ محتاج اظہار نہیں ہیں، اسی طرح فقہ کے میدان میں بھی علماء شام کا اور بالخصوص دمشق اور حلب کے علماء کا بڑا حصہ رہا ہے، خاص کر گذشتہ تین صدیوں سے شام میں ایسی فقہی شخصیتیں پیدا ہوتی رہی ہیں، جن کو پورے عالم اسلام میں امامت کا درجہ حاصل تھا، بارہویں ہجری میں علامہ ابن عابدین پیدا ہوئے، جن کی کتاب ''ردالمحتار'' فقہ کے ذخیرے میں ایک بے مثال کتاب ہے، آج کوئی بھی شخص موجودہ دور کے مسائل پر قلم اُٹھائے تو وہ اس کتاب سے مستغنی نہیں ہوسکتا، ابن عابدین کے ساتھ ان کے وطن کی نسبت کچھ اس طرح لگی ہوئی ہے کہ ان کی یہ کتاب ہی فتاویٰ شامیہ، یا شامی کے نام سے معروف ہوگئی، ان کی دوسری کتاب تنقیح الفتاوی الحامدیہ اور رسائل ابن عابدین وغیرہ بھی بڑی ہی بلند پایہ کتابیں ہیں، پھر تیرھویں چودھویں صدی ہجری میں شیخ مصطفیٰ زرقا کے علم وتفقہ کا سورج روشن ہوا اور پورے عالم اسلام میں ان کی عظمت کو تسلیم کیا گیا، انھوں نے خاص کر قواعد فقہ کی بحث کو ایک نئی جہت دی اور جن مسائل کا دنیا کے مروجہ قوانین میں بطور اُصول ذکر کیا جاتا ہے، جیسے: حق کا تصور، مال، عقد اور ملکیت وغیرہ کی حقیقت، ان پر اسلامی نقطۂ نظر سے ایسی بحث پیش کی کہ اس نے عصر حاضر کے فقہاء کے لئے غور وفکر کا ایک نیا دروازہ کھولا۔

اسی طرح چودہویں، پندرہویں صدی ہجری میں عالم اسلام کے سب سے بڑے فقیہ کی حیثیت سے جن کا نام اُبھرا اور جن کو ان کی گرانقدر تالیفات اور فکری اعتدال کی وجہ سے پوری دنیا میں شہرت اور پذیرائی حاصل ہوئی، وہ ڈاکٹر وہبہ مصطفیٰ زحیلیؒ ہیں، وہ فقہ اسلامی کی مملکت کے بے تاج بادشاہ تھے اور دنیا بھر میں فقہ کے موضوع پر منعقد ہونے والی کوئی بھی مجلس بجا طور پر ان کے بغیر نامکمل اور ناتمام سمجھی جاتی تھی۔

ان کا نام نامی زمانۂ طالب علمی سے سن رہا تھا اور تدریس کے ابتدائی دور ہی سے ان کی کتابوں سے استفادہ کی سعادت حاصل ہونے لگی، ان کی کتابیں دیکھ کر میرے لئے ان کی ملاقات ایک سنہرے اور خوبصورت خواب سے کم درجہ نہیں رکھتی تھی، یہ خواب اس وقت شرمندہ تعبیر ہوا جب اسلامک فقہ اکیڈمی انڈیا کا گیارہواں سیمینار امارت شرعیہ پھلواری شریف پٹنہ میں منعقد ہوا، سیمینار کی مجلسوں کے علاوہ ان کا زیادہ وقت حضرت مولانا قاضی مجاہد الاسلام قاسمیؒ کی نشست گاہ میں گذرتا تھا، ملک بھر سے آئے ہوئے چیدہ اور چنندہ علماء قاضی صاحبؒ کے پاس آتے، قاضی صاحبؒ شیخ سے ان کے کاموں اور اداروں کا تعارف کراتے اور وہ ہندوستان جیسے مسلم اقلیت ملک میں ان خدمات کو حیرت کے کانوں سے سنتے اور بار بار تحسین اور حوصلہ افزائی کے کلمات کہتے، میری کتاب ''جدید فقہی مسائل'' کا

عربی ترجمہ ہو چکا تھا، میری بہت خواہش تھی کہ شیخ اس پر پیش لفظ لکھ دیں؛ تاکہ یہ مجھ جیسے کوتاہ علم کے لئے سند ہو جائے؛ چنانچہ حضرت قاضی صاحب کے واسطہ سے میں نے ان سے گذارش کی اور انھوں نے بڑی خوشی سے نہ صرف اسے قبول فرمایا؛ بلکہ سیمینار کے درمیان ہی مسودہ دیکھ کر پیش لفظ تحریر کر کے میرے حوالہ کر دیا اور میرے بارے میں میری حیثیت سے اونچے کلمات لکھے؛ حالاں کہ مجھے اتنی جلدی اس کام کی تکمیل کی اُمید نہیں تھی۔

یہ ان سے اس حقیر کی پہلی ملاقات تھی، ان کا حلیہ بھی بڑا باوقار اور دل آویز تھا، اونچا قد، متوسط سے کچھ زیادہ جسامت، کھلا ہوا رنگ، سر پر عمامہ سے مزین ازہری ٹوپی، مسکراتا ہوا تبسم ریز چہرہ، آنکھوں سے ذہانت آشکار، ازہری علماء کے عام طریقہ کے مطابق اندر سے پینٹ شرٹ اور اوپر سے جبہ میں ملبوس، خلیق، متواضع، ہر چھوٹے بڑے کے ساتھ محبت سے ملنے والے، گفتگو کچھ اس طرح کرتے کہ آنے والے کو اجنبیت کا احساس نہیں ہوتا، بلا کا حافظہ، علمی استحضار ایسا کہ جس موضوع پر بولتے، ایسا لگتا کہ ابھی اس موضوع پر تازہ تازہ مطالعہ کیا ہے، دُور دُور تک بڑائی اور عہدہ و منصب کی نخوت کا نام نہیں؛ اسی لئے جو ایک بار ملتا، بار بار ملنے کا آرزومند ہوتا۔

اس کے بعد وہ اکیڈمی کے متعدد سیمیناروں میں شرکت کرتے رہے؛ بلکہ ہم لوگ ان کو عالم عرب کا مستقل نمائندہ تصور کرتے، دوسرے علماء تو کبھی آتے، اور کبھی نہیں آتے؛ لیکن وہ پابندی سے آتے، ہر نشست میں شروع سے اخیر تک شریک رہتے، بحث میں حصہ لیتے، زیر بحث موضوع پر اپنا موقف پیش کرتے، جو تجویزیں منظور ہوتی ان کے بارے میں بھی مشورے دیتے اور تجاویز کا جب عربی ترجمہ کیا جاتا، اس میں حسبِ ضرورت لفظی ترمیم بھی کرتے، افسوس کہ بعد میں ویزا نہ ملنے کی وجہ سے ان کی شرکت نہیں ہو پائی، ایک بار رابطہ عالم اسلامی کے اجلاس میں ان سے شکایت کی کہ اکیڈمی کا سیمینار آپ کے فیضان سے محروم رہتا ہے تو کہنے لگے: میں ہندوستان کی فقہ اکیڈمی کے پروگرام میں شرکت کا بہت مشتاق رہتا ہوں اور علماء ہند سے ان کے علم کے ساتھ ساتھ ورع وتقویٰ کی وجہ سے بہت محبت کرتا ہوں: ''واللہ انی لأحب علماء الهند لعلمهم و لو رعهم'' لیکن ہندوستان کا سفارت خانہ ویزا دینے میں بہت بخیل ہے، اور ایسا بھی نہیں ہوتا کہ سفارت خانہ شروع ہی میں ویزا دینے سے انکار کر دے؛ تاکہ میں آپ لوگوں سے رُجوع کروں اور آپ حضرات اندرون ملک سے اس کی کوشش کریں؛ بلکہ بار بار بلاتا اور ٹالتا رہتا ہے اور بالکل آخری مرحلہ میں جب کسی کوشش کا وقت باقی نہیں رہتا، ویزا دینے سے انکار کر دیتا ہے — لیکن سیمینار میں شریک نہ ہونے کے باوجود وہ اکثر و بیشتر سیمینار کے موضوع سے متعلق اپنی مطبوعہ یا تازہ تحریر بھیجا کرتے تھے اور اس سے مسائل کے حل میں بڑی مدد ملتی تھی۔

اکتوبر ۱۹۹۸ء میں انٹرنیشنل اسلامی یونیورسٹی اسلام آباد (پاکستان) نے امام ابوحنیفہؒ کی شخصیت

اور کارناموں پر ایک بین الاقوامی سیمینار منعقد کیا تھا، جس میں منتخب اصحابِ علم اور اہل قلم نے شرکت کی تھی، اسلامک فقہ اکیڈمی انڈیا کے وفد نے بھی سیمینار میں شرکت کی، جو جناب محمد عبدالرحیم قریشی مرحوم، مولانا عتیق احمد بستوی، مولانا فہیم اختر ندوی اور اس حقیر پر مشتمل تھا، ہم سبھوں نے مقررہ عنوانات پر مقالات بھی پیش کئے اور بحث میں بھرپور حصہ بھی لیا، ڈاکٹر وہبہ زحیلی اس پروگرام کے اہم شرکاء میں تھے، اس موقع پر ان سے خوب ملاقاتیں رہیں، میں نے ان کی بے تکلفی کو دیکھتے ہوئے ایک سوال جو بہت دنوں سے ذہن میں تھا، کرہی ڈالا، کہ آپ کسی خاص مذہب فقہی کے متبع ہیں یا خلیجی ممالک کے علماء کی طرح کسی خاص مذہب کے پیرو نہیں ہیں؟ انھوں نے کہا: میں مسلکاً شافعی ہوں، میں نے عرض کیا: لیکن آپ کی کتاب ''الفقہ الاسلامی وادلتہ'' میں آپ نے اس اعتدال کے ساتھ تمام مذاہب فقہ کو پیش کیا ہے اور انصاف کے ساتھ ان کے دلائل ذکر کئے ہیں کہ کوئی شخص اس کتاب کو پڑھ کر یہ نہیں سمجھ سکتا کہ آپ مسلکاً شافعی ہیں، ہماری اس بات پر بہت خوش ہوئے اور کہنے لگے: میں تمام ائمہ کے احترام کو واجب سمجھتا ہوں اور یہی علماء سلف کی شان رہی ہے، یہ مسلکی توسع ان کی کتابوں سے بھی ظاہر ہے۔

بلکہ بعض دفعہ یہ توسع حد اعتدال سے بڑھ جاتا، جیسے یہ حقیر مئی ۲۰۰۳ء میں حکومت ایران کی دعوت پر تہران گیا، وہاں ''اسلام اور گلوبلائزیشن'' کے موضوع پر سیمینار تھا، مختلف عرب علماء سیمینار میں شریک تھے، جن میں ڈاکٹر وہبہ زحیلی بھی تھے، سیمینار کی نشستیں مکمل ہونے پر ظہر وعصر کی نمازیں جمع تاخیر کے ساتھ ڈاکٹر وہبہ زحیلی کی امامت میں ادا کی گئیں، میں بھی جماعت میں شریک ہوگیا؛ کیوں کہ مسافر کے لئے جمہور فقہاء اہل سنت کے نزدیک جمع بین الصلاتین کی گنجائش ہے اور بعض فقہاء احناف کا بھی اس کے جواز کے طرف رجحان ہے اور ظاہر ہے کہ ڈاکٹر زحیلی مسافر تھے؛ لیکن اگلے وقت نماز کی امامت کے لئے ایک مقامی شیعہ عالم کے نام کا اعلان ہوا، میں نے وہاں نماز پڑھنے سے گریز کیا اور اوپر اپنے کمرے میں جا کر نماز ادا کی، میرے پاس اس تاخیر کا عذر بھی تھا کہ مجھے استنجاء اور وضوء کی حاجت تھی؛ لیکن شیخ زحیلی بے تکلف جماعت میں شریک ہوئے، میں نے بعد میں تنہائی میں عرض کیا کہ روافض کو چاہے عملاً صراحتاً کافر نہ کہیں؛ لیکن بعض قطعیات دین کے انکار یا اس کی رکیک تاویلات کی وجہ سے ان کے کفر کا شبہ ضرور موجود ہے، ایسی صورت حال میں چاہیں ہم ان کے ساتھ مروت ورواداری کا تعلق رکھیں؛ لیکن کیا ہمارے لئے یہ بات جائز ہوگی کہ ہم ان کی اقتداء میں نماز ادا کریں؟ شیخ نے کوئی واضح جواب نہیں دیا، صرف اتنا کہا کہ ایسا کرنا پڑتا ہے، میں نے محسوس کیا کہ شام میں چوں کہ اہل سنت اور اہل تشیع کی ملی جلی آبادی ہے اور حکومت شیعہ حضرات کی ہے، بہت سی مسجدوں میں شیعہ امام ہیں، شاید اس لئے شیخ کے ذہن میں یہ نرم پہلو ہو، جو ہندوستان کے علماء کے نزدیک قابل قبول نہیں ہے۔

شیخ بڑے شفیق اور خورد نواز تھے، ان کی خورد نوازی اور حوصلہ افزائی کی ایک مثال یہ ہے کہ ایک سفر میں انھوں نے خود ہی ''نوازل فقہیہ معاصرہ'' (جدید فقہی مسائل) کے بارے میں دریافت کیا کہ کیا وہ کتاب طبع ہوگئی ہے؟ میں نے نفی میں جواب دیا، کہنے لگے: میں نے اس کتاب میں دیکھا کہ نئے مسائل کا احاطہ کرنے کی کامیاب کوشش کی گئی ہے، آپ اسے جلد طبع کرائیے اور جب طبع ہو جائے تو مجھے بھی بھیجئے، اس کے بعد مکہ مکرمہ میں ایک سیمینار میں حاضری ہوئی جس میں شیخ بھی شریک تھے، نوازل فقہیہ کی دونوں جلدوں کی کمپوزنگ ہو چکی تھی، میں نے کمپیوٹر سے اس کی تین چار کاپیاں مع ٹائٹل تیار کر لی تھیں اور ان کو ساتھ رکھا تھا، اس میں سے ایک کاپی انھیں پیش کی، انھوں نے خوشی کا اظہار کیا اور خوب دُعائیں دی، میرے لئے اس میں سبق ہے کہ اتنے بڑے عالم نے ایک چھوٹے سے طالب علم کو یاد رکھا، یہ یقیناً ان کی بڑائی اور وسیع الظرفی کی بات ہے۔

جب مجھے 'مجمع الفقہ الاسلامی مکہ مکرمہ' کا رکن منتخب کیا گیا اور وہاں ان سے ملاقات ہوئی تو بڑی خوشی کا اظہار کیا اور کہنے لگے: مولانا مجاہد صاحبؒ کی وفات ہی سے میرا احساس تھا کہ ہندوستان کی فقہ اکیڈمی سے کوئی ممبر ہونا چاہئے اور خاص کر آپ کو ہونا چاہئے؛ کیوں کہ آپ ان کے علمی وارث ہونے کے ساتھ ساتھ نسبی وارث بھی ہیں، مجمع الفقہ الاسلامی مکہ مکرمہ کی نشستوں میں بھی ان کی گفتگو بڑی توجہ سے سنی جاتی تھی اور تجویز کمیٹی میں بھی وہ شامل ہوا کرتے تھے۔

شیخ زحیلیؒ سے آخری ملاقات رابطہ کے اجلاس میں ہوئی، جس کا عنوان تھا ''العالم الاسلامی، مشکلات وحلول'' اس وقت بہارِ عرب اپنے شباب پر تھی اور شام میں ہونے والی جنگ ایسا لگتا تھا کہ بہت جلد بشار الاسد کے زوال اور ملک کی آزادی پر ختم ہوگی، شیخ زحیلیؒ کے بارے میں لوگوں کی شکایت تھی کہ ان کا جھکاؤ حکومت کی طرف ہے اور وہ اپوزیشن کی حمایت میں نہیں ہیں؛ اسی لئے لوگ ان سے کسی قدر کٹے ہوئے تھے، پروگرام میں جو تقریریں ہوئیں، ان میں بھی اشارہ اور کنایہ میں بعض مقررین نے ایسی باتیں کہیں، مجھے بھی شیخ کے بارے میں بتائے گئے اس رویہ پر افسوس ہوا، اور ایک دفعہ تنہائی میں جرأت رندانہ کا مظاہرہ کرتے ہوئے میں نے اس سلسلہ میں دبے لفظوں میں پوچھ ہی لیا، ان کے چہرے پر غم، افسردگی اور تأسف کی کیفیت طاری ہوگئی اور کہنے لگے کہ یہ مسلمانوں کی خونریزی اور مسلم ملکوں کی تقسیم در تقسیم کی بڑی سازش ہے، حقیقت یہ ہے کہ روس شروع سے بشار الاسد کا زبردست حامی ہے، اسرائیل نے تحریک آزادی شروع ہوتے ہی موجودہ شامی حکومت کی تعریف کرتے ہوئے کہا ہے کہ یہ ایک ایسا ملک ہے جو ہمارے لئے بہت ہی مفید اور بے ضرر ہے اور گذشتہ چالیس سالوں سے اس ملک سے ایک پتھر بھی اسرائیل کی طرف نہیں پھینکا گیا؛ اس لئے ہمیں بہر حال اس حکومت کو برقرار رکھنا چاہئے اور یہ بات

ظاہر ہے کہ اسرائیل جس کا دوست ہو، امریکہ ضرور اس کا دوست ہوگا، تو جب دنیا کی دو بڑی طاقتیں اور مشرق وسطیٰ کی سب سے بڑی خاموش نیوکلیر طاقت اس حکومت کے ساتھ ہے تو اس حکومت کو ہٹانا کیسے ممکن ہے؛ اس لئے اس کا نتیجہ مسلمانوں کی خونریزی کے سوا کچھ نہ ہوگا، اس وقت تو ان کی یہ بات مجھے سمجھ میں نہیں آئی؛ لیکن بعد کے حالات نے ثابت کر دیا ان کا تجزیہ صحیح تھا، افسوس کہ غلبۂ جوش اچھے خاصے سمجھ دار لوگوں کو بھی ہوش سے محروم کر دیتا ہے اور ان کے جذباتی فیصلے ایسا نقصان پہنچاتے ہیں کہ جس کی تلافی ممکن نہیں ہوتی، بہر حال یہی شیخ سے آخری ملاقات تھی، اس کے بعد پھر ملاقات کی نوبت نہیں آئی، یہاں تک کہ یہ بات سننے میں آئی کہ وہ شام کے حالات کی وجہ سے اپنے گاؤں منتقل ہو گئے ہیں اور بیمار بھی ہیں، بالآخر: ۲۳ رشوال ۱۴۳۶ھ، مطابق: ۸ راگست ۲۰۱۵ء میں وفات ہوگئی، اللہ تعالیٰ ان کی بال بال مغفرت فرمائے۔ آمین

شیخ زحیلیؒ ان عبقری علماء میں تھے، جو صدیوں میں پیدا ہوتے ہیں اور ان کی علمی وفکری رہنمائی مدتوں اُمت کے لئے مشعلِ راہ بنی رہتی ہے، وہ ۱۹۳۲ء میں دمشق کے قریب ''دیر عطیہ'' میں پیدا ہوئے، ان کے والد ایک دین دار کاشتکار اور تاجر تھے، اللہ نے انھیں حفظ قرآن کی دولت سے نوازا تھا اور اپنی عملی زندگی میں بڑے ہی متبع سنت تھے، ابتدائی تعلیم اپنے شہر میں حاصل کی، پھر دمشق منتقل ہوئے اور چھ سال تعلیم حاصل کرتے ہوئے ۱۹۵۲ء میں امتیازی اور اول درجہ سے کامیابی حاصل کی، اس کے بعد دمشق یونیورسٹی اور جامعہ ازہر میں قانون، شریعہ اور فقہ میں ماسٹر اور پی ایچ ڈی کی ڈگریاں حاصل کیں اور ہر امتحان میں کامیابی کے اوجِ کمال پر پہنچے۔

انھوں نے زندگی کا بڑا حصہ پیشۂ تدریس میں گزارا، جامعۃ الشارقہ میں ''کلیۃ الشریعہ والدراسات الاسلامیہ'' کے ڈین رہے، اس کے علاوہ دمشق یونیورسٹی، کویت یونیورسٹی، اُردن یونیورسٹی اور المعہد العالی للعلوم القانونیۃ والقضائیۃ وغیرہ میں تدریس کی خدمت انجام دی اور ہر جگہ بنیادی طور پر شریعہ اور قانون کے استاذ کے طور پر کام کیا۔

انھوں نے تصنیف وتالیف کی خدمت اس بڑے پیمانے پر انجام دی کہ ان کے معاصرین میں شاید ہی اس کی مثال مل سکے، غالباً ان کا تصنیفی سفر علامہ علاء الدین سمرقندی حنفی کی معروف کتاب ''تحفۃ الفقہاء'' کی احادیث کی تحقیق وتخریج سے شروع ہوا، ان کا زیادہ تر کام قرآن مجید اور فقہ پر ہے؛ لیکن تقریباً تمام ہی اسلامی علوم میں انھوں نے نمایاں خدمت انجام دی ہے، انھوں نے قرآن مجید کی ایک مختصر تفسیر ''التفسیر الوجیز'' کے نام سے لکھی ہے، دوسری مفصل تفسیر ''التفسیر المنیر فی العقیدہ والشریعۃ والمنہج'' ۳۰ جلدوں میں ہے، اس تفسیر کو ۱۹۹۵ء میں عالم اسلام کی سب سے بہتر کتاب کا ایوارڈ ملا ہے اور وہ واقعی اس لائق ہے، مضامین کے احاطہ، حسن ترتیب، حسن تعبیر اور مسائل فقہیہ کی وضاحت، سورتوں کی مضمون کے اعتبار سے مختلف حصوں میں تقسیم اور ہر حصہ پر

مناسب عنوان لگانے، نیز حل عبارات، اسبابِ نزول کی وضاحت اور حسبِ ضرورت نحو وصرف اور بلاغت کے مباحث کے تذکرہ، نیز قصص وواقعات کو تسلسل کے ساتھ پیش کرنے کے لحاظ سے اس کو اس عہد کی بہترین تفسیر کہا جاسکتا ہے، جو اساتذہ، طلبہ، واعظین ومقررین اور علمی وتحقیقی کام کرنے والوں کے لئے یکساں مفید ہے۔

فقہ ان کا اصل موضوع ہے؛ چنانچہ انھوں نے فقہ اسلامی کے مختلف پہلوؤں پر بڑی اہم کتابیں لکھی ہیں، قانون اور شریعت کے موازنہ پر نیز فقہ مقارن پر ان کی تصنیفات ہاتھوں ہاتھ لی گئیں؛ لیکن اس میدان میں ان کا سب سے بڑا کارنامہ ''الفقہ الاسلامی وادلتہ'' ہے، جس میں انھوں نے اہل سنت کے چاروں مذاہب کو بالتفصیل نقل کیا ہے، ہر مذہب کی رائے اس کی معتبر کتابوں سے لی گئی ہے، نیز پورے انصاف کے ساتھ ہر نقطۂ نظر کی دلیل بھی بیان کی گئی ہے، حقیقت یہ ہے کہ یہ کتاب مذاہب فقہیہ کی آراء کی ایک انسائیکلو پیڈیا ہے۔

انھوں نے عصر حاضر میں پیش آنے والے مسائل پر بھی بہت لکھا ہے اور جو کچھ لکھا ہے خوب لکھا ہے، انھوں نے اپنی ان تحریروں کو ''موسوعۃ القضایا المعاصرۃ'' کے عنوان سے جمع کر دیا ہے، جو ۷ رجلدوں میں ہے اور واقعی عصر حاضر کے مسائل کی انسائیکلو پیڈیا کہلانے کی مستحق ہے، وہ ان مسائل پر بھی اس طرح قلم اُٹھاتے ہیں کہ موضوع کے تمام پہلوؤں کا احاطہ ہو جائے، کتاب وسنت کی نصوص بھی سامنے آجائیں، فقہاء کے نقاط نظر بھی، مختلف مذاہب کی کتب فقہیہ کے مناسب حال اقتباسات بھی نقل کرتے ہیں، فقہی اُصول وقواعد کو بھی سامنے رکھتے ہیں، پھر شریعت کے مقاصد ومصالح اور دلائل کو سامنے رکھتے ہوئے کسی رائے کو ترجیح دیتے ہیں، جو اکثر اعتدال اور میانہ روی پر مبنی ہوتی ہے۔

اُصولِ فقہ پر بھی ان کی خدمات بہت نمایاں ہیں، نظریۂ ضرورت، نظریۂ رُخصت اور احکام شرعیہ میں آسان پہلو کو لینے کے ضوابط، نیز سد ذریعہ وغیرہ پر بہت تفصیل سے لکھا ہے اور ان کی یہ تحریریں نہایت ہی چشم کشا اور مسافران علم وتحقیق کے لئے خضر طریق کا درجہ رکھتی ہیں، اس کے علاوہ اُصولِ فقہ پر ان کی مختصر، متوسط اور ضخیم تین کتابیں ہیں'' الوجیز فی أصول الفقہ، الوسیط فی أصول الفقہ الاسلامی، اور اُصول الفقہ الاسلامی کے نام سے دوجلدوں میں یہ تفصیلی کتاب اُصولِ فقہ کے موضوع پر ویسی ہی کتاب ہے، جیسی فقہ پر'' الفقہ الاسلامی وادلتہ'' اس میں مذاہب اربعہ کے اُصول علامہ ابن ہمام کی ترتیب پر مرتب کئے گئے ہیں، نظائر اور مثالوں سے ان کو واضح کیا گیا ہے اور شیخ کی دوسری کتابوں کی طرح اس میں بھی زبان وبیان کا حسن پوری آب وتاب کے ساتھ جلوہ فگن ہے۔

تفسیر، فقہ اور اُصولِ فقہ تو شیخ کا اصل موضوع ہے، جس سے ان کی شناخت قائم ہوئی؛ لیکن اس کے علاوہ دوسرے اسلامی علوم میں بھی ان کا بڑا تحریری ذخیرہ موجود ہے، جیسے حدیث میں ابن رجب حنبلی کی معروف کتاب

''جامع العلوم والحکم'' کی احادیث وآثار کی تخریج وتحقیق اور اس پر تعلیق، محی السنہ بغویؒ کی 'الانوار فی شمائل النبی المختار' کی تلخیص اور تخریج وتحقیق، شخصیات پر حضرت عبادہ بن صامتؓ، حضرت اسامہ بن زیدؓ، حضرت عمر بن عبدالعزیزؒ، امام سعید بن المسیبؒ اور امام شافعیؒ کے تذکرے، جو حسن بیان کا شاہکار ہیں، اسی طرح فضائل اخلاق اور رذائل اخلاق پر بھی دو ضخیم جلدوں میں آپ کی کتابیں بڑی اہم ہیں، جو خاص کر واعظین اور خطباء کے لئے سرمہ چشم بنانے کے لائق ہیں۔

اللہ تعالیٰ نے شیخ کے اندر فطری ذہانت اور جد وجہد کا بے پایاں جذبہ تو عطا فرمایا ہی تھا؛ لیکن اس کے ساتھ ساتھ انھیں اپنے عہد کے اکابر اساتذہ سے استفادہ کا موقع بھی ملا اور وہ اپنی صلاحیت اور صالحیت کی وجہ سے ان کے مرکز توجہ بنے رہے؛ چنانچہ انھوں نے دمشق میں حدیث: شیخ محمود یاسین سے، عقائد: شیخ محمود رنکوسی سے، فرائض: شیخ حسن شطی سے، فقہ شافعی: ہاشم خطیب سے، اُصولِ فقہ اور اُصولِ حدیث: شیخ لطفی فیومی سے، تجوید: شیخ احمد سماق سے اور تلاوت کا علم: شیخ حمدی جویجاتی سے حاصل کیا، اسی طرح انھوں نے جامعہ ازہر میں شیخ الازہر شیخ محمود شلتوت، شیخ عیسیٰ منون اور شیخ جاد الرب رمضان سے استفادہ کیا۔

شیخ سے یوں تو ان کی تصنیفات کے واسطہ سے دنیا بھر کے علماء نے استفادہ کیا ہے؛ لیکن جن لوگوں نے براہ راست ان سے درسی فیض حاصل کیا ہے، ان میں بھی بڑی ممتاز شخصیتیں شامل ہیں، جن میں شیخ کے چھوٹے بھائی ڈاکٹر محمد زحیلی، شیخ محمد فاروق حمادہ، شیخ محمد نعیم یاسین، شیخ محمد عبدالستار ابوغدہ، شیخ عبداللطیف فرفور، شیخ محمد ابولیل، شیخ محمد عبدالسلام عبادی کے نام خاص طور پر قابل ذکر ہیں۔

شیخ زحیلیؒ اپنے خالق ومالک کی بارگاہ میں پہنچ گئے؛ لیکن یقیناً وہ اس حال میں دنیا سے رُخصت ہوئے ہوں گے کہ شام کے حالات پر ان کی چشم دل اشکبار ہوگی، یہ ایک حقیقت ہے کہ صدیوں ملت اسلامیہ کے علماء اور علوم اسلامی کے اساتذہ وطلبہ انھیں فراموش نہیں کرسکیں گے، ان کے کارنامے ان کو زندہ رکھیں گے اور ان کی یادوں کی خوشبو تادیر اہل علم کے مشام جان کو معطر کرتی رہے گی۔

اللّٰھم ارحمہ وتقبل حسناتہ وتجاوز عن سیاتہ.

•••

امام عیسیٰ بن ابانؒ — حیات وخدمات

مولانا عبید اختر رحمانی ☆

نام ونسب

نام عیسیٰ، والد کا نام ابان، اور دادا کا نام صدقہ ہے، پورا نسب نامہ یہ ہے: عیسیٰ بن ابان بن صدقة بن عدي بن مرادنشاہ، کنیت ابوموسی ہے، (۱) کنیت کے سلسلہ میں یہ بات قابل ذکر ہے کہ تقریباً سارے ترجمہ نگاروں نے جن میں قاضی وکیع، قاضی صیمری، خطیب بغدادی، ابن جوزی، حافظ ذہبی، حافظ عبدالقادر قرشی، حافظ قاسم بن قطلو بغا وغیرہ شامل ہیں، سبھی نے آپ کی کنیت ابوموسیٰ ذکر کی ہے، محض حافظ ابن حجر نے آپ کی کنیت ابومحمد ذکر کی ہے، (۲) اور کسی بھی تذکرہ نگار نے اس کی بھی صراحت نہیں کی ہے کہ آپ کی دو کنیت تھی، ہر ایک نے آپ کی محض ایک ہی کنیت 'ابوموسیٰ' کا ذکر کیا ہے، بادی النظر میں ایسا محسوس ہوتا ہے کہ شاید اس بارے میں حافظ ابن حجر سے کسی قسم کا ذہول ہوا ہے۔

خاندان

عیسیٰ بن ابان کے خاندان کے بارے میں کچھ بھی پتہ نہیں چلتا کہ ان کے بیٹے بیٹیاں کتنے تھے، اور دیگر رشتہ دار کون کون تھے، ایسا صرف عیسیٰ بن ابان کے ساتھ نہیں؛ بلکہ دیگر اکابرین کے ساتھ بھی ہوا ہے، عیسیٰ بن ابان کے حالات کی تلاش وتحقیق کے بعد ان کے دو رشتہ داروں کا پتہ چلتا ہے۔

ابوحمزہ بغدادی

آپ کا نام محمد، والد کا نام ابراہیم اور کنیت ابوحمزہ ہے، آپ کا شمار کبار صوفیاء میں ہوتا ہے، آپ نے اپنے عہد کے جلیل القدر محدثین سے علم حاصل کیا تھا، علم قرآت بالخصوص ابوعمرو کی قرات میں آپ ممتاز مقام کے مالک تھے،

☆ نگراں شعبۂ تحقیق : المعہد العالی الاسلامی حیدرآباد۔

(۱) الفہرست لابن الندیم: ۱/ ۲۵۵، دارالمعرفة بیروت، لبنان۔ (۲) لسان المیزان: ۶/ ۲۵۶۔

دنیا جہان کا سفر کیا تھا، آپ کا حلقہ ارادت ومحبت کافی وسیع تھا، ایک جانب جہاں آپ جنید بغدادیؒ، سری سقطیؒ اور بشر حافیؒ جیسے اکابر صوفیاء کے ہم نشیں تھے تو دوسری جانب امام احمد بن حنبلؒ کی مجلس کے بھی حاضر باش تھے اور بعض مسائل میں امام احمد بن حنبل بھی آپ کی رائے دریافت کرتے تھے، تذکرہ نگاروں میں سے بعض نے آپ کو عیسیٰ بن ابان کا 'مولیٰ' قرار دیا ہے، جب کہ بعض نے آپ کو عیسیٰ بن ابان کی اولاد میں شمار کیا ہے، اس بارے میں شاید قول فیصل ابن الاعرابی کا قول ہے، وہ کہتے ہیں کہ میں نے آپ کے بارے میں عیسیٰ بن ابان کی اولاد سے دریافت کیا تو انھوں نے اعتراف کیا کہ آپ کا سلسلہ نسب عیسیٰ بن ابان سے ہی ملتا ہے، (۱) آپ کا انتقال ۲۷۰ ہجری، مطابق ۸۸۳ء میں ہوا ہے۔ (۲)

نائل بن نجیح

نام اور کنیت ابوسہل ہے، نائل بن نجیح کو متعدد تذکرہ نگاروں نے عیسیٰ بن ابان کا ماموں قرار دیا ہے؛ لیکن مجھ کو اس وجہ سے توقف تھا کہ عیسیٰ بن ابان کے نام سے ایک اور راوی ہیں جو رقاشی ہیں، بظاہر بصرہ کا ہونے کی وجہ سے زیادہ احتمال یہی تھا کہ نائل عیسیٰ بن ابان حنفی کے ہی ماموں ہیں؛ لیکن کہیں اور اس کی وضاحت نہیں مل رہی تھی، تفتیش کے بعد یہ بات ملی کہ حافظ ابن کثیر نے وضاحت کی ہے کہ نائل بن نجیح، ابوسہل بصری اور جن کو بغدادی بھی کہا جاتا ہے، عیسیٰ بن ابان القاضی کے ماموں ہیں، قاضی کی وضاحت سے اس کی تعیین ہوگئی کہ نائل بن نجیح عیسیٰ صاحب تذکرہ عیسیٰ بن ابان کے ہی ماموں ہیں۔ (۳)

اساتذہ ومشائخ

آپ نے ابتداء میں کن سے تعلیم حاصل کی اور بعد ازاں کن شیوخ واساتذہ سے حدیث وفقہ کا حاصل کیا، اس بارے میں بہت کم معلومات ہیں، صرف اتنا تذکرہ ملتا ہے کہ ابتداء میں اصحاب حدیث میں تھے اور انھیں کے مسلک پر عمل پیرا تھے، بعد میں امام محمد سے رابطہ میں آنے پر حنفی فکر وفقہ سے متاثر ہوکر حنفی ہو گئے، ممتاز شافعی فقیہ ابواسحاق شیرازیؒ لکھتے ہیں :

> ومنهم أبو موسى عيسى بن أبان بن صدقة : وكان من أصحاب الحديث ثم غلب عليه الرأي ۔ (۴)

---

(۱) سیر اعلام النبلاء: ۱۳/ ۱۶۵، تاریخ دمشق: ۵۱/ ۲۵۲، ترجمہ نمبر: ۶۰۶۲۔ (۲) الاعلام للزرکلی: ۵/ ۲۹۴۔

(۳) التَّكْميل في الجَرْح والتَّعْدِيل ومَعْرِفة الثِّقَات والضُّعفاء والمجَاهِيل: ۱/ ۳۳۰۔

(۴) طبقات الفقہاء لابی اسحاق الشیرازی: ۵۰، مکتبہ مشکوۃ۔

اور ان میں سے (فقہاء حنفیہ) ایک عیسیٰ بن ابان بن صدقہ بھی ہیں وہ اصحاب حدیث میں تھے پھران پرفقہ غالب آ گئی۔

علم حدیث کی تحصیل انھوں نے اپنے عہد کے جلیل القدر محدثین سے کی، حافظ ذہبی اس بارے میں لکھتے ہیں :

وحدث عن : هشيم ، و إسماعيل بن جعفر ، ويحيى بن أبي زائدة . (۱)

ہشیم، اسماعیل بن جعفر اور یحییٰ بن ابی زائدہ سے انھوں نے روایت کیا ہے۔

امام عیسیٰ بن ابان کس طرح محدثین کی صف سے نقل کر اہل فقہ کی جماعت مین شامل ہوئے، اس تعلق سے ایک دلچسپ واقعہ خطیب بغدادی نے اپنی تاریخ میں نقل کیا ہے۔

محدثین کی صف سے نکل کر فقیہ بننے کا دلچسپ واقعہ

خطیب بغدادی نے تاریخ بغداد میں عیسیٰ بن ابان کے ترجمہ میں محمد بن سماعہ سے نقل کی ہے :

عیسیٰ بن ابان ہمارے ساتھ اسی مسجد میں نماز پڑھا کرتے تھے جس میں امام محمد بن حسن الشیبانی نماز پڑھتے تھے اور فقہ کی تدریس کے لئے بیٹھا کرتے تھے، میں (محمد بن سماعہ) عیسیٰ بن ابان کو محمد بن حسن الشیبانی کی مجلس فقہ میں شرکت کے لئے بلاتا رہتا تھا؛ لیکن وہ کہتے تھے کہ یہ لوگ احادیث کی مخالفت کرتے ہیں، اصل الفاظ ہیں: ''هولاء قوم يخالفون الحديث'' عیسیٰ بن ابان کو خاصی احادیث یاد تھیں، ایک دن ایسا ہوا کہ فجر کی نماز ہم نے ساتھ پڑھی، اس کے بعد میں نے عیسیٰ بن ابان کو اس وقت تک نہ چھوڑا، جب تک کہ امام محمد بن حسن کی مجلس فقہ نہ لگ گئی، پھر میں ان کے قریب ہوا اور کہا یہ آپ کے بھانجے ہیں! یہ ذہین ہیں اور ان کو حدیث کی معرفت بھی ہے، میں ان کو جب بھی آپ کی مجلس فقہ میں شرکت کی دعوت دیتا ہوں تو یہ کہتے ہیں کہ آپ حضرات حدیث کی مخالفت کرتے ہیں، امام محمد ان کی جانب متوجہ ہوئے اور فرمایا: اے میرے بیٹے! تم نے کس بناء پر یہ خیال کیا کہ ہم حدیث کی مخالف کرتے ہیں (یعنی ہمارے کونسے ایسے مسائل اور فتاویٰ ہیں، جس میں حدیث کی مخالفت کی جاتی ہے)، پھر اسی کے ساتھ امام محمد نے نصیحت بھی فرمائی: ''لا تشهد علينا حتى تسمع منا'' ہمارے بارے میں کوئی رائے تب تک قائم مت کرو جب تک ہمارا موقف نہ سن لو، عیسیٰ بن ابان نے امام محمد سے حدیث کے پچیس ابواب کے متعلق سوال کیا (جن کے بارے میں ان کو شبہ تھا کہ ائمہ احناف کے مسائل اس کے خلاف ہیں) امام محمد نے ان تمام پچیس ابواب حدیث کے متعلق جواب دیا اور ان احادیث میں سے جو منسوخ تھیں، اس کو بتایا اور اس پر

(۱) تاریخ الاسلام للذہبی: ۱۶/ ۳۱۲۔

دلائل اور شواہد پیش کئے، عیسیٰ بن ابان نے باہر نکلنے کے بعد مجھ سے کہا کہ میرے اور روشنی کے درمیان ایک پردہ حائل تھا جو اُٹھ گیا، میرا خیال ہے کہ اللہ کی زمین میں اس جیسا (صاحبِ فضل وکمال) کوئی دوسرا نہیں ہے، اس کے بعد انھوں نے امام محمد کی شاگردی اختیار کی۔(۱)

اس سند کے ایک راوی احمد بن مغلس الحمانی ہیں جن کی محدثین نے تضعیف اور تکذیب کی ہے؛ لیکن تاریخی شخصیات اور روایات کے بارے میں وہی شدت پسندی برقرار رکھنا جو کہ حدیث کے بارے میں ہے، ایک غلط خیال اور نظریہ ہے، یہ بات تقریباً ان کے بیشتر ترجمہ نگاروں نے بیان کی ہے کہ وہ اصحاب حدیث میں سے تھے، بعد میں انھوں نے فقہ کی جانب رُخ کیا، خطیب بغدادی کا بیان کردہ واقعہ ہمیں صرف یہ بتاتا ہے کہ محدثین کی جماعت میں سے نکل کر فقہاء کی جماعت میں وہ کیسے داخل ہوگئے، اس کا پس منظر کیا تھا اور بس، ظاہر ہے کہ اس میں ایسی کوئی بات نہیں ہے کہ جس کی وجہ سے اس واقعہ کو قبول نہ کیا جائے، آخر کوئی تو وجہ ہوگی جس کی وجہ سے امام عیسیٰ بن ابان محدثین کی صف سے نکل کر فقہاء کی صف میں اور بطور خاص فقہاء احناف کی صف میں شامل ہوئے، جن کے خلاف ایک عام پروپگنڈہ کیا گیا تھا کہ وہ رائے کو حدیث پر ترجیح دیتے ہیں اور حدیث کی مخالفت کرتے ہیں، اسی پس منظر اور وجہ کو احمد بن مغلس الحمانی نے بیان کیا ہے، اور اس میں ایسی کوئی بات نہیں ہے، جس کی وجہ سے اس واقعے کو قبول نہ کیا جائے۔

امام محمد سے تحصیل فقہ

اس کے علاوہ حافظ ذہبی نے بھی سیر اعلام النبلاء میں اس کی وضاحت کی ہے کہ امام عیسیٰ بن ابان نے امام محمد سے تحصیلِ فقہ کیا تھا؛ چنانچہ وہ سیر اعلام النبلاء جلد: ۱۰، صفحہ: ۴۴۰ میں لکھتے ہیں: ''وہ عراق کے فقیہ اور امام محمدؒ کے شاگرد تھے'' حافظ ابن حجر لسان المیزان میں لکھتے ہیں: ''وتفقہ علیہ'' یعنی عیسیٰ بن ابان کے فقہ میں خصوصی استاد محمد بن الحسنؒ ہیں۔(۲)

عیسیٰ بن ابان نے کتنی مدت تک امام محمد سے تحصیل علم کیا، ابن ندیم نے الفہرست میں ذکر کیا ہے کہ انھوں نے امام محمدؒ سے بہت کم مدت تک تحصیل علم کیا: ''ویقال انه کان قلیل الأخذ عن محمد بن الحسن''(۳) یہی بات وکیع نے بھی اخبار القضاۃ میں لکھی ہے کہ ان کا امام محمد علیہ الرحمہ سے تحریری طور پر استفادہ کا تعلق کم رہا:

---

(۱) تاریخ بغداد: ۱۲/ ۴۸۰، تحقیق: دکتور بشار عواد معروف، مطبع: دار الغرب الاسلامی۔

(۲) لسان المیزان: ۶/ ۲۵۶۔ (۳) الفہرست لابن الندیم: ۱/ ۲۵۴۔

''كان عيسى ابن أبان قليل الكتاب عَن مُحَمَّد بْن الْحَسَن''(۱) الجواہر المضیئۃ فی طبقات الحنفیہ میں اس مدت کی تفصیل بیان کی گئی ہے کہ وہ مدت چھ مہینے کی تھی چنانچہ صاحب طبقات الحنفیہ ذکر کرتے ہیں۔

تفقه على محمد بن الحسن قيل أنه لزمه ستة أشهر . (۲)

لیکن مشکل یہ ہے کہ دونوں جگہ یعنی ابن ندیم کی الفہرست اور الجواہر المضیئۃ میں اس قول کو''قیل'' سے نقل کیا گیا ہے جو کہ کمزور اقوال کے نقل کے لئے خاص ہے، جب کہ دوسری جانب ان کے ترجمہ نگاروں نے ان کے فقہ کے اساتذہ میں امام محمد کا خاص طور سے نام لیا ہے، اس سے اس قیاس کی تائید ہوتی ہے کہ امام عیسیٰ بن ابان کی امام محمد کی شاگردی کی مدت خاصی طویل ہوگی، چھ مہینے کی مختصر مدت نہیں ہوگی، مشہور حنفی فقیہ قاضی صیمری امام طحاوی کے واسطہ سے ابوخازم سے نقل کرتے ہیں :

أخبرنَا عبد الله بن مُحَمَّد الْأَسدي قَالَ أنبأ أَبُو بكر الدَّامغَانِي الْفَقِيه قَالَ ثَنَا أَحْمد ابْن مُحَمَّد بن سَلمَة بن سَلامَة قَالَ سَمِعت أَبَا خازم يَقُول إِنَّمَا لزم عِيسَى بن أبان مُحَمَّد بن الْحسن سِتَّة أشهر ثمَّ كَانَ يكاتبه إِلَى الرقة ۔ (۳)

ابوخازم کہتے ہیں کہ عیسیٰ بن ابان نے امام محمد سے چھ مہینے براہ راست استفادہ کیا، بعد میں جب امام محمد کو ہارون رشید اپنے ساتھ رقہ لے گیا تو عیسیٰ بن ابان نے امام محمد سے خط وکتابت کے ذریعہ استفادہ کیا۔

صیمری کی نقل کردہ روایت تسلیم کرنے سے یہ تو معلوم ہوتا ہے کہ عیسیٰ بن ابان امام محمد کے''رقہ'' چلے جانے کے بعد بھی خط وکتابت کے ذریعہ مستفید ہوتے رہے، ابن ابی العوام کی تصنیف 'فضائل ابی حنیفہ' سے معلوم ہوتا ہے کہ امام محمد سے براہ راست استفادہ کی مدت ۱۱ مہینے تھی؛ چنانچہ وہ ابوخازم سے ہی روایت نقل کرتے ہیں کہ امام محمد سے عیسیٰ بن ابان کے استفادہ یا شاگردی کی کل مدت گیارہ مہینے ہے :

أبا خازم القاضي يقول : قال لي عبد الرحمٰن بن نابل : ما جالس عيسى بن أبان محمد بن الحسن إلا أحد عشر شهراً ، وتوفي عيسى بن أبان سنة عشرين ومائتين . (۴)

---

(۱) اخبار القضاۃ: ۲/ ۱۷۱۔ (۲) الجواہر المضیئۃ فی طبقات الحنفیہ: ۲/ ۲۷۰، مکتبہ مشکوۃ۔

(۳) أخبار أبي حنيفة وأصحابه: ۱/ ۱۴۷، أبوعبدالله الصَّيْمَري الحنفي (المتوفى: ۴۳۶ھ) عالم الكتب، بيروت۔

(۴) فضائل أبي حنيفة وأخباره ومناقبه: ۱/ ۳۶۰، الناشر: المكتبة الامدادية، مكة المكرمة۔

ابو خازم قاضی کہتے ہیں کہ مجھ سے عبد الرحمٰن بن نابل نے کہا: عیسیٰ بن ابان کے امام محمد سے استفادہ کی کل مدت گیارہ مہینے ہے اور عیسیٰ بن ابان کا انتقال ۲۲۰ھ میں ہوا۔

حقیقت یہ ہے کہ ماقبل میں جو کچھ عرض کیا گیا، یہ تمام ہی باتیں تحقیق کے معیار پر پوری نہیں اُترتی ہیں، امام محمد کا رقہ جانا ان کے انتقال سے کئی برس قبل کا واقعہ ہے، آپ رقہ میں کتنی مدت رہے، اس کے بارے میں برو کلمان نے لکھا ہے کہ کئی سال رہے، پھر رقہ کے قضاء سے آپ کو معزول کر دیا گیا ہے، اس درمیان آپ بغداد میں رہے، پھر قاضی القضاۃ بنائے گئے اور پھر ہارون رشید کے ساتھ 'رے' گئے تھے اور وہیں انتقال ہو گیا،(۱) اس سے واضح ہے کہ عیسیٰ بن ابان نے آپ سے کئی سال تک استفادہ کیا ہے؛ کیوں کہ رقہ کا واقعہ امام محمد کی وفات سے کئی سال قبل کا ہے اور یہ بالکل غیر فطری ہے کہ رقہ میں جب تک امام محمد رہیں تو عیسیٰ بن ابان ان سے خط و کتابت کے ذریعہ استفادہ کریں؛ لیکن جب امام محمد معزول ہو کر بغداد میں تشریف فرما ہوں تو عیسیٰ بن ابان استفادہ نہ کریں، اور جب رَے چلے جائیں تو سابق کی طرح خط و کتابت سے استفادہ نہ کریں، ماقبل میں جتنے اقوال امام محمد سے استفادہ کے سلسلے میں گزرے ہیں، ان کے بارے میں ہمارا خیال یہ ہے کہ یہ ابتداء کی مدت بتائی جارہی ہے کہ عیسیٰ بن ابان کو ابتداء میں کس قدر استفادہ کا براہ راست موقع ملا۔

امام محمد علیہ الرحمہ سے طویل استفادہ کا ہی فیض تھا کہ عیسیٰ بن ابان کی امام محمدؒ کے اقوال و علوم پر گہری نگاہ تھی، جو بات دوسروں کو معلوم نہیں ہوتی تھی وہ عیسیٰ بن ابان کے علم میں ہوتی تھی؛ چنانچہ ایک واقعہ میں انھوں نے وراثت کے مسئلہ میں نواسوں اور پوتوں کے درمیان فرق کرتے ہوئے فیصلہ صادر کیا تو بعض فقہاء احناف نے ان پر ائمہ احناف کے قول سے باہر نکلنے کر فیصلہ کرنے کی بات کہی، عیسیٰ بن ابان نے کہا: میں نے جو فیصلہ کیا ہے وہ امام محمد کا بھی قول ہے، اس کو بکار بن قتیبہ، ہلال بن یحییٰ اور امام محمد کے دوسرے شاگرد جان نہ سکے؛ لیکن ابو خازم نے اعتراف کیا کہ یہ امام محمد بن حسن کا ہی قول ہے اور عیسیٰ بن ابان سچ کہتے ہیں۔(۲)

امام محمد نے امام ابو یوسف سے کوئی استفادہ کیا یا نہیں کیا، اس بارے میں عیسیٰ بن ابن کے تمام سوانح نگار خاموش ہیں، قاضی وکیع لکھتے ہیں: "ولم يخبرني إنسان أنه رآه عند أبي يوسف"(۳) "مجھے کسی بھی شخص نے یہ نہیں بتایا کہ اس نے عیسیٰ بن ابان کو ابو یوسف کے پاس دیکھا ہے" اس سے انداز ہوتا ہے کہ عیسیٰ بن ابان نے امام ابو یوسف سے استفادہ نہیں کیا ہے، امام ابو یوسف سے استفادہ نہ کرنے کی وجہ شاید یہ ہوگی کہ آپ نے

---

(۱) تفصیل کے لئے دیکھئے: امام محمد بن الحسن شیبانی اور ان کی فقہی خدمات: ۱۱۳ تا ۱۲۵۔

(۲) اخبار ابی حنیفۃ: ۱/ ۱۵۲۔ (۳) اخبار القضاۃ: ۲/ ۱۷۱۔

امام محمد کا دامن ان کے انتقال سے کچھ برس پہلے تھاما اور امام محمد کے انتقال سے کئی برس قبل امام ابو یوسف کا انتقال ہو چکا تھا یعنی جس وقت وہ امام محمد سے وابستہ ہوئے، اس سے پہلے امام ابو یوسف کا انتقال ہو چکا تھا اور جب امام ابو یوسف باحیات تھے تو ان سے اہل حدیث اور اہل الرائے کے درمیان تنفر کی وجہ سے استفادہ نہ کر سکے۔

تلامذہ

مختلف ذمہ داریوں بالخصوص کارِ قضا کے نازک فریضہ کی ادائیگی کے ساتھ عیسیٰ بن ابان نے درس وتدریس کا فریضہ بھی انجام دیا، عیسیٰ بن ابان کی بہتر تعلیم وتربیت کا نتیجہ تھا کہ آپ کے شاگرد آگے چل کر آسمان علم وفضل کے آفتاب وماہتاب ہوئے، عیسیٰ بن ابان کے چند ممتاز شاگردوں کا یہاں ذکر کیا جاتا ہے۔

ہلال بن یحییٰ الرائے

آپ کا شمار فقہ حنفی کے ممتاز ترین فقہاء میں ہوتا ہے، بصرہ کے قاضی رہے، آپ عیسیٰ بن ابان کے شاگرد ہیں، اور آپ نے ہی اولاً علم شروط وسجلات میں تصنیف کی۔(۱)

ابوخازم

آپ کا نام عبدالحمید اور والد کا نام عبدالعزیز ہے، ابوخازم کنیت ہے، آپ بصرہ کے رہنے والے تھے، شام کوفہ کرخ بغداد وغیرہ میں آپ نے قضا کی ذمہ داریاں انجام دی، علم وعمل اور زہد وورع میں آپ کا مقام بہت بلند ہے، امام طحاوی آپ کے شاگرد ہیں۔(۲)

بکار بن قتیبہ

آپ کے علمی کمال بالخصوص فقہ وحدیث کی جامعیت پر محدثین کا اتفاق ہے، ۲۴۶ھ میں آپ مصر کے قاضی بنے؛ لیکن ابن طولون کے ایک حکم کی تعمیل اپنی اُصول پرستی کی بنا پر نہ کر سکنے کی وجہ سے قید کر دیئے گئے، قید میں بھی حدیث وفقہ کا درس جاری رہا، لوگ مسائل پوچھنے کے لئے آیا کرتے تھے، امام طحاوی آپ کے خاص شاگرد ہیں، دورانِ قید ہی آپ کا انتقال ہوا، رحمہ اللہ رحمۃ واسعۃ۔(۳)

حسن بن سلام السواق

آپ کے بارے میں زیادہ معلومات نہیں ملتی ہیں، آپ نے اپنے دور کے جلیل القدر محدثین سے حدیث کا

---

(۱) تاریخ الاسلام للذہبی: ۱۲۷/۵۔ (۲) سیر اعلام النبلاء: ۵۳۹/۱۳ (۳) الاعلام للزرکلی: ۶۱/۲۔

علم حاصل کیا، آپ حدیث کے معتبر راوی ہیں، حافظ ذہبی نے آپ کو الامام، الثقۃ، المحدث کے گرانقدر الفاظ سے یاد کیا ہے، ۲۷۷ھ میں آپ کا انتقال ہوا۔(۱)

صورت وسیرت

امام عیسیٰ بن ابان کو اللہ تعالیٰ نے حسن صورت کے ساتھ ساتھ حسن سیرت سے بھی نوازا تھا، آپ بڑے حسین وجمیل تھے، ابن سماعہ جوان کے رفیق بھی تھے، وہ کہتے ہیں: 'کان عیسیٰ حسن الوجه' (۲) عیسیٰ بن ابان خوبصورت شخص تھے، آپ صرف حسین ہی نہیں تھے؛ بلکہ عفیف بھی تھے، دوسرے لفظوں میں کہیں تو حسن صورت کے ساتھ حسن سیرت سے بھی پورے طور پر متصف تھے، ابن ندیم الفہرست میں لکھتے ہیں: (وہ پاک دامن شخص تھے) ''وکان عیسی شیخا عفیفا''۔(۳)

ذہانت وفطانت

ابو خازم جو اپنے دور کے انتہائی نامور قاضی وفقیہ تھے، ان کا قول ہے، میں نے اہل بصرہ کے نوجوانوں میں عیسیٰ بن ابان اور بشر بن الولید سے زیادہ ذہین کسی کو نہیں دیکھا، اس سے پتہ چلتا ہے کہ وہ ابتداء سے ہی بہت ذہین وفطین تھے، حافظ ذہبی نے بھی ان کے ترجمہ میں ایک جگہ ان کو ''وکان معدود من الاذکیاء'' کے الفاظ سے یاد کیا ہے یعنی وہ منتخب ترین ذہین لوگوں میں سے ایک تھے، (۴) حافظ ذہبی نے ہی دوسری جگہ ان کو ذکاء مفرط (وفور ذہانت) سے متصف کیا ہے: ''وَلَهُ تَصَانِيْفُ وَذَكَاءٌ مُفْرِطٌ''۔(۵)

فقہ وحدیث میں مقام ومرتبہ

عیسیٰ بن ابان کا دور علم حدیث وفقہ کا زریں دور ہے، آپ نے اپنے عہد کے مشہور اور جلیل القدر محدثین سے حدیث کا علم حاصل کیا تھا اور خاصی بڑی عمر تک آپ کا تعلق محدثین کے گروہ کے ساتھ تھا، اور امام محمد سے رابطہ سے قبل آپ کی دلچسپی کا محور فقط علم حدیث ہی تھا، آپ کو اللہ نے جس ذہانت وفطانت سے نوازا تھا، اس سے یہ اندازہ لگانا مشکل نہیں ہے کہ آپ کا علم حدیث میں بھی ممتاز مقام تھا، یہی وجہ ہے کہ ابن سماعہ جیسے مشہور محدث اور فقیہ کا آپ کا

---

(۱) سیر اعلام النبلاء: ۱۳/ ۱۹۲۔

(۲) الجواہر المضیئۃ فی طبقات الحنفیہ: ۱/ ۴۰۱۔

(۳) الفہرست لابن الندیم: ۱/ ۲۵۴۔

(۴) تاریخ الاسلام للذہبی: ۱۶/ ۳۱۲۔

(۵) سیر اعلام النبلاء: ۱۰/ ۴۴۰۔

متعلق یہ کہنا تھا: ''وكان عيسى حسن الحفظ للحديث''(۱) عیسیٰ بن ابان حدیث کو اچھی طرح یاد رکھنے والے تھے، ابن سماعہ نے جب عیسیٰ بن ابان کا امام محمد سے تعارف کرایا تو یہ کہا: ''هَذَا ابْنَ آخِيكَ أبَان بن صَدَقَة الْكَاتِب وَمَعَهُ ذكاء وَمَعْرِفَة بِالْحَدِيثِ''(۲) یہ آپ کے بھتیجے ابان بن صدقہ ہیں، یہ ذہین ہیں اور علم حدیث سے گہری واقفیت رکھتے ہیں، پھر اسی واقعہ میں یہ بھی اعتراف ہے کہ امام محمد سے انھوں نے حدیث کے پچیس ابواب کے متعلق اپنے اشکالات دوہرائے، جس سے پتہ چلتا ہے کہ ان کو علم حدیث میں کتنا ممتاز مقام حاصل تھا، اگر یہ سب اعتراف نہ بھی ہوتا، تب بھی ان کی کتاب الحجج الصغیر کا جو خلاصہ امام جصاص رازی نے ''الفصول فی الاصول'' میں پیش کیا ہے، اس کو پڑھنے سے اندازہ ہوتا ہے کہ آپ کا علم حدیث میں مقام کتنا بلند اور حدیث وآثار سے اُصول وفروع کے استنباط میں آپ کو کتنی مہارت اور کتنا رسوخ تھا، احادیث وآثار سے آپ نے احناف کے اُصول فقہ پر جو دادِ تحقیق دی ہے، اس کو دیکھ کر بے ساختہ یہ کہنا پڑتا ہے کہ امام شافعی کے بعد اُصولِ فقہ پر اس طرح سے مجتہدانہ کلام کی نظیر نہیں ملتی۔

امام محمد کی شاگردی میں آپ کی خفتہ صلاحیتوں کو جلا ملی اور جلد ہی انھوں نے فقہ میں درک اور مہارت حاصل کر لی اور رفتہ رفتہ فقہ کے فن شریف میں اتنی مہارت پہنچائی کہ اس دور کے اور بعد کے جلیل القدر فقہاء اس فن میں آپ کی معرفت تامہ اور رسوخ کامل کے معترف ہوگئے؛ بلکہ بعض اجلہ علماء نے تو آپ کی تعریف میں یہاں تک کہہ دیا: ابتداء اسلام سے لے کر عیسیٰ بن ابان کے قاضی ہونے تک ان سے زیادہ بڑا فقیہ بصرہ میں کوئی قاضی نہیں ہوا۔

جلیل القدر علماء کے اعترافات

امام طحاویؒ فرماتے ہیں کہ میں نے بکار بن قتیبہ کو کہتے سنا وہ ہلال بن یحییٰ کا قول نقل کر رہے تھے کہ مسلمانوں میں عیسیٰ بن ابان سے فقاہت میں بڑھا ہوا قاضی کوئی اور نہیں ہے :

قال الطحاوي سمعت بكار بن قتيبة يقول سمعت هلال بن يحي يقول ما في الإسلام قاض أفقه منه يعني عيسى بن أبان في وقته۔ (۳)

جب کہ قاضی بکار بن قتیبہ خود کہتے ہیں :

قال الطحاوي وسمعت بكار بن قتيبة يقول كنا لنا قاضيان لا مثل لهما إسماعيل بن حماد وعيسى بن أبان۔

---

(۱) اخبار ابی حنیفۃ واصحابہ: ۱/۱۳۲۔ (۲) حوالۂ سابق: ۱/۱۳۲۔ (۳) حوالۂ سابق: ۱/۱۵۰۔

امام طحاوی کہتے ہیں کہ میں بکار بن قتیبہ سے سنا ہے کہ ہمارے (فقہاء حنفیہ) دو قاضی ایسے ہیں جن کی کوئی مثال نہیں، ایک اسماعیل بن حماد اور دوسرے عیسیٰ بن ابان ۔(۱)

خود حافظ حافظ ذہبی نے سیر اعلام النبلاء میں ان کے فضل وکمال کا اعتراف ''فقیہ العراق'' کے الفاظ سے کیا ہے، (۲) اور تاریخ اسلام میں نام کے ساتھ ''الفقیہ'' کا لاحقہ لگایا ہے، (۳) مشہور شافعی عالم ابواسحاق الشیرازی نے طبقات الفقہاء میں ان کو احناف کا ممتاز فقیہ تسلیم کیا ہے، حافظ عبد القادر القرشی نے ''الامام الکبیر'' کے گرانقدر لقب سے متصف کیا ہے، (۴) تو حافظ قاسم بن قطلو بغا نے ''أحد الأئمة الأعلام'' کا گراں قدر لقب تحریر کیا ہے، (۵) اور اسی کے ساتھ ان کے ''وسعت علم'' کا بھی اعتراف کیا ہے، (۶) مشہور حنفی مورخ ابوالمحاسن یوسف بن تغری بردی لکھتے ہیں: ''وكان مع كرمه من أعيان الفقهاء'' (۷) سخاوت کے ساتھ ساتھ آپ ممتاز فقہاء میں سے ایک تھے، مشہور حنفی امام وعلامہ زاہد الکوثری آپ کے علم وفضل کا اعتراف کرتے ہوئے لکھتے ہیں:

حاصل کلام یہ کہ عیسیٰ بن ابان علم فقہ کے پہاڑ تھے، جس کی بلندی اور عظمت کے سامنے سب سر جھکانے لگے۔(۸)

دار القضاء کی ذمہ داری

قضاء کی ذمہ داری بہت بھاری اور گرانقدر ذمہ داری ہے، اس میں مسائل واحکام کی واقفیت کے ساتھ ساتھ مردم شناسی اور لوگوں کے مزاج سے واقفیت، بیداری مغزی اور کسی کی ظاہری صورت سے متاثر نہ ہونے کی شرطیں شامل ہیں، عیسیٰ بن ابان ان اوصاف سے متصف تھے؛ لہٰذا ان کی ان ہی خوبیوں کو دیکھتے ہوئے عباسی خلافت میں مامون الرشید کے دور میں قاضی القضاۃ یحییٰ بن اکثم نے ان کو مامون کے ساتھ ''فم الصلح'' جاتے وقت عسکر مہدی میں اپنا نائب بنایا اور پھر واپسی پر ان کو مستقل طور پر بصرہ کا قاضی بنا دیا، خطیب بغدادی نے بیان کیا ہے کہ ان کو ۲۱۱ھ میں اسماعیل بن حماد کی معزولی کے بعد بصرہ کا قاضی بنایا گیا تھا اور تاحیات وہ بصرہ کے قاضی رہے، اس زمانہ میں بصرہ علمی لحاظ سے عالم اسلام کے گنے چنے شہروں میں شمار ہوتا تھا، ایسے میں ان کو بصرہ کا قاضی بنانا یہ بتاتا ہے کہ قاضی یحییٰ بن اکثم ان کے علم وفضل سے کتنے متاثر تھے؟

---

(۱) الجواہر المضیئۃ: ۱/۴۰۱۔
(۲) سیر اعلام النبلاء: ۱۰/۴۴۰۔
(۳) تاریخ الاسلام ۵/۶۵۱۔
(۴) الجواہر المضیئۃ: ۱/۴۰۱۔
(۵) تاج التراجم: ۱/۲۲۷۔
(۶) حوالۂ سابق۔
(۷) النجوم الزاہرۃ فی ملوک مصر والقاہرۃ: ۲/۲۳۶۔
(۸) سیرت امام محمد بن الحسن الشیبانی: ۲۰۷۔

قضا کے باب میں ان کی خاص صفت یہ تھی کہ وہ اپنے حکموں کا اجراء اور فیصلوں کا نفاذ بہت جلد کرایا کرتے تھے ؛ چنانچہ ابن ندیم ان کی اس خصوصیت کا ذکر کرتے ہوئے لکھتے ہیں :''کان فقیھا سریع الانفاذ للحکم'' وہ فقیہ تھے اور حکم کو جلد نافذ کرتے تھے ، (۱) یہی بات قاضی وکیع نے بھی لکھا ہے :''وکان عیسی سھلاً فقیھاً سریع الانفاذ للأحکام''(۲) عیسیٰ نرم رو، فقیہ تھے اور اپنے احکام جلد نافذ کرایا کرتے تھے، قاضی وکیع نے لکھا ہے کہ بسا اوقات وہ فیصلوں کے نفاذ میں اس تیزی سے کام لیتے تھے، جس سے بعض حضرات کو شبہ ہوتا تھا کہ احکام کا اتنا تیز اجرا ونفاذ قاضیوں کے لئے مناسب ہے یا نہیں ہے؟ قضا کے باب میں آپ کی دوسری خصوصیت یہ تھی کہ جب تک آپ کو زیر بحث معاملہ کے فیصلہ پر پورا اطمینان نہ ہو جاتا، فیصلہ صادر نہ کرتے، چاہے اس میں کتنی ہی تاخیر کیوں نہ ہو جائے اور اگر کوئی اصرار کرتا تو صاف فرما دیتے: کہ قاضی کو تمہارے مسئلہ کے بارے میں علم نہیں ہے، اگر تم چاہو تو انتظار کرو یا پھر چاہو تو کسی دوسرے کے پاس جاؤ۔(۳)

جود وسخا

آپ نے مالدار گھرانے میں آنکھیں کھولی تھیں، یہی وجہ ہے کہ آپ کی پوری زندگی مالداروں کی سی گزری اور اس مالداری کے ساتھ اللہ نے آپ کی فطرت میں سخاوت کا مادہ بدرجہ اتم رکھا تھا، بسا اوقات ایسا بھی ہوا ہے کہ قرضدار قرض ادا نہ کر سکا اور قرض خواہ قرضدار کو جیل میں بند کرانے کے لئے لایا اور آپ نے قرض خواہ کو اس کی رقم اپنی جیب سے ادا کردی۔

خطیب بغدادی نے تاریخ بغداد میں یہ واقعہ نقل کیا ہے کہ ایک شخص نے ان کی عدالت میں محمد بن عباد المہلبی پر چار سو دینار کا دعویٰ کیا، عیسیٰ بن ابان نے ان سے اس بارے میں پوچھا تو انھوں نے مقروض ہونے کا اعتراف کیا، اس شخص نے قاضی عیسیٰ ابن ابان سے کہا کہ آپ اس کو میرے حق کی وجہ سے قید کردیجئے، عیسیٰ بن ابان نے کہا کہ تمہارا حق اس پر واجب ہے؛ لیکن ان کو قید کرنا مناسب نہیں ہے، اور جہاں تک بات تمہارے چار سو دینار کی ہے تو وہ میں تمہیں اپنی جانب سے دے دیتا ہوں۔(۴)

خطیب بغدادی نے تاریخ بغداد میں قاضی ابو حازم سے نقل کیا ہے کہ عیسیٰ بن ابان بہت سخی شخص تھے اور ان کا قول تھا کہ اگر میرے پاس کسی ایسے شخص کو لایا گیا جو میرے جتنا ہی سخی ہے تو میں اس کو سزا دوں گا، یا اس کو اپنے مال میں تصرف سے روک دوں گا، (۵) حافظ ذہبی بھی سیر اعلام النبلاء میں ان کی اس خصوصیت کا ذکر کرتے ہوئے لکھتے ہیں:''وَفِیْہِ سَخَاءٌ وَجُودٌ زَائِدٌ''۔(۶)

---

(۱) الفہرست لابن الندیم:۱/۲۵۴۔ (۲) اخبار القضاۃ:۲/۱۷۰۔ (۳) اخبار ابی حنیفۃ واصحابہ:۱/۱۵۰۔
(۴) تاریخ بغداد:۱/۴۸۰۔ (۵) تاریخ بغداد:۱۲/۴۷۹۔ (۶) تاریخ الاسلام:۱۶/۳۲۰۔

حساب اور فلکیات میں مہارت

فقہاءِ احناف کا امام محمد کے دور سے ایک خاص وصف یہ رہا ہے جس میں وہ دیگر مسالک کے فقہاء سے ممتاز رہے ہیں کہ ان کو علم حساب سے بڑی اچھی اور گہری واقفیت رہی ہے، امام محمد کو حساب کے فن میں گہرا رسوخ تھا اور انھوں نے حساب دانی کے اس فن کو اُصول سے فروع کی تفریع میں بطور خاص استعمال کیا، دکتور دسوقی اس ضمن میں لکھتے ہیں :

> امام محمد جس طرح عربی زبان میں امام تھے، اسی طرح حساب میں بھی آگے تھے، اُصول سے فروع اخذ کرنے میں ماہر تھے، قاری کے لئے آپ کی کتاب الاصل یا الجامع الکبیر کا مطالعہ کرلینا یہ جاننے کے لئے کافی ہوگا کہ امام محمد کو مسائل پیش کرنے اور ان کے احکام بیان کرنے میں گہری مہارت حاصل تھی، آپ کو حسابی حصوں اور ان کی مقداروں پر علمی قدرت تھی۔(۱)

امام محمد کی فقہی تفریعات کی ان ہی باریکیوں اور دقائق سے امام احمد بن حنبل نے بھی فائدہ اُٹھایا؛ چنانچہ جب ان سے ابراہیم حربی نے سوال کیا کہ یہ باریک اور دقیق مسائل آپ نے کہاں سے حاصل کیے، تو انھوں نے امام محمد کی خدمات کا پورا اعتراف کرتے ہوئے فرمایا: امام محمد کی کتابوں سے۔(۲)

امام محمدؒ سے حساب کا یہ فن ان کے شاگردوں نے بھی سیکھا اور اس میں کمال پیدا کیا؛ چنانچہ عیسیٰ بن ابان کے تذکرہ میں ان کے معاصرین اور شاگردوں نے اعتراف کیا کہ آپ کو حساب کے فن میں کامل دستگاہ تھی اور نہ صرف حساب کے فن میں؛ بلکہ آپ کو فلکیات میں بھی مہارت حاصل تھی؛ چنانچہ اسی اعتبار سے آپ اپنے کام کو ترتیب دیا کرتے تھے، آپ کے شاگرد ہلال بن یحییٰ الرائے کہتے ہیں :

> هلال الرأي يقول : لقد كتب عيسى بْن أبان سجلات لآل جعفر بْن سليمان ، مواريث مناسخة ، وحسب حسابها وكتب ذلك في الكتب بأمر يصير به المفتي فصلاً عَن القضاة قَالَ : هلال : هَلْ والله لو سكت عَن ذلك التفصيل لضقت ذرعاً به . (۳)

ہلال الرائے کہتے ہیں کہ عیسیٰ بن ابان نے جعفر بن سلیمان کے لئے دستاویزات

---

(۱) امام محمد بن الحسن الشیبانی اور ان کی فقہی خدمات: ۱۸۶۔

(۲) مناقب الامام ابی حنیفہ وصاحبیہ: ۸۶۔ (۳) أخبار القضاۃ: ۲/۱۷۲۔

لکھیں ،جس میں وراثت کے احکام اور وراثت کی تقسیم کا پورا حساب تھا اور اس کے ساتھ ایسے قواعد وضوابط بھی بیان کئے تھے جس کی ضرورت مفتی اور قاضی دونوں کو پڑتی ہے، ہلال کہتے ہیں: خدا کی قسم اگر وہ اتنی تفصیل سے یہ سب نہ لکھتے تو مجھے بڑی پریشانی ہوتی۔

عباس بن میمون آپ کی فلکیات دانی کے بارے میں لکھتے ہیں :

عباس بن میمون سمعت أهل المسجد والأجرياء يقولون : أحدث عيسى في القضاء شيئاً لم يحدثه أحد لعلمه بحساب الدور . (۱)

عباس بن میمون کہتے ہیں کہ میں نے مسجد والوں اور پڑوسیوں کو کہتے سنا کہ عیسیٰ بن ابان نے علم حساب کی مدد سے قضا میں ایک نئی چیز ایجاد کی ہے اور وہ ہے فلکیات کے علم سے کام لینا۔

اس کے بعد انھوں نے تفصیل بتائی ہے کہ وہ فلکیات کے علم سے واقفیت کا کس طرح مفید استعمال کرتے تھے۔

تصنیفات وتالیفات

قضاء کی ذمہ داریوں اور درس وتدریس کی مصروفیات کے ساتھ ساتھ انھوں نے تصنیف وتالیف کی خدمات بھی انجام دی ہیں ،اور بطور خاص اُصول فقہ میں گرانقدر اضافہ کیا ہے، ان کے تقریباً تمام ہی ترجمہ نگاروں نے ان کے نام کے ساتھ ''صاحب التصانیف'' کا اضافہ کیا ہے، جس سے پتہ چلتا ہے کہ وہ تصنیف کے لحاظ سے بہت مشہور تھے اور ان کی تصانیف کی خاصی تعداد رہی ہوگی ، اُصول فقہ کے مختلف موضوعات پر انھوں نے مستقل کتابیں لکھی ہیں، مختلف مصنفین جنھوں نے ان کی تصنیفات کا فہرست دی ہے، ہم اس کا ترتیب وار ذکر کرتے ہیں :

(۱) کتاب الحجۃ

(۲) کتاب خبر الواحد

(۳) کتاب الجامع

(۴) کتاب اثبات القیاس

(۵) کتاب اجتہاد الرائے ۔(۲)

---

(۱) أخبار القضاۃ: ۲/ ۱۷۲۔ (۲) الفہرست لابن الندیم: ۱/ ۲۵۵۔

امام جصاص رازیؒ نے درج ذیل کتاب کا اضافہ کیا ہے :

(۶) الحجج الصغیر۔(۱)

صاحب ہدیۃ العارفین نے درج ذیل کتابوں کا اضافہ کیا ہے :

(۷) الحجۃ الصغیرۃ فی الحدیث : (اس کا پتہ نہیں چلا کہ آیا یہ وہی الحجج الصغیر ہے، جس کا تذکرہ جصاص رازی نے کیا ہے، یا پھر الگ سے کوئی اور کتاب ہے)۔

(۸) کتاب الجامع فی الفقہ

(۹) کتاب الحج

(۱۰) کتاب الشہادات

(۱۱) کتاب العلل

(۱۲) کتاب فی الفقہ۔(۲)

گیارہویں نمبر پر موجود کتاب کا نام معجم المولفین میں ''العلل فی الفقہ ہے اور شاید یہی زیادہ صحیح بھی ہے۔(۳)

(۱۳) الحجج الکبیر فی الرد علی الشافعی القدیم : اس کتاب کا تذکرہ علامہ زاہد الکوثری نے کیا ہے، اس کے علاوہ علامہ لکھتے ہیں :

> اس کے علاوہ عیسیٰ بن ابان نے ایک کتاب حدیث قبول کرنے کی شروط کے سلسلہ میں مریسی اور شافعی کے رد میں بھی لکھی ، عیسیٰ بن ابان نے اپنی کتابوں میں وہی اُصول بیان کئے ، جن کو امام محمد سے انھوں نے حاصل کیا تھا۔(۴)

کتابوں کے نام سے اندازہ ہوتا ہے کہ انھوں نے اپنے دور میں محدثین اور اہل فقہ کے درمیان اختلافی مسائل پر قلم اُٹھایا ہے، مثلاً : ''کتاب اثبات القیاس'' بعض شدت پسند ظاہری محدثین کا موقف تھا کہ قیاس کرنا صحیح نہیں اور وہ شرعی دلیل نہیں ہے، اس کی تردید میں یہ کتاب لکھی گئی ہوگی ، اسی طرح اس زمانے میں محدثین جہاں ایک طرف خبر واحد کو قطعی اور یقینی دلیل مانتے تھے، دوسری جانب معتزلہ اور دیگر گمراہ فرقے خبر واحد کی اہمیت کم کررہے تھے، ایسے عالم میں انھوں نے خبر واحد پر قلم اُٹھایا اور احناف کا موقف سامنے رکھا۔

---

(۱) الفصول فی الاصول :۱/۱۵۶۔

(۲) ہدیۃ العارفین أسماء المؤلفین وآثار المصنفین :۱/۸۰۶، دار إحیاء التراث العربی، بیروت لبنان۔

(۳) معجم المولفین :۸/۱۸، مکتبۃ المثنی، بیروت۔

(۴) سیرت امام محمد بن الحسن الشیبانی ، اُردو ترجمہ بلوغ الامانی فی سیرت الامام محمد بن الحسن الشیبانی :۲۰۷۔

الحجج الصغیر

عیسیٰ بن ابانؒ کی دیگر کتابوں کی طرح یہ کتاب بھی ناپید ہے؛ لیکن خوش قسمتی سے اب امام جصاص رازیؒ کی ''الفصول فی الاصول''، طبع ہوکر آگئی ہے، اس کے مطالعہ سے ایسا محسوس ہوتا ہے کہ گویا امام جصاصؒ کی یہ کتاب الحجج الصغیر کی شرح یا اس کا بہتر خلاصہ ہے، تقریباً تمام مباحث میں انھوں نے الحجج الصغیر سے استفادہ کیا ہے اور الا ماشاء اللہ ایک دو مقامات کو چھوڑ کر ہر جگہ وہ عیسیٰ بن ابان کے ہی موقف کے حامل نظر آتے ہیں، گویا اس کتاب کے واسطہ سے براہ راست نہ سہی؛ لیکن بہت قریب سے ہم عیسیٰ بن ابان کے نظریات وخیالات سے واقف ہو سکتے ہیں، صاحب کشف الظنون حاجی خلیفہ اس کتاب کے بارے میں لکھتے ہیں :

> وحجج عیسی بن أبان أدق علماً ، وأحسن ترتیباً من کتابي المزني . (۱)
>
> اور عیسیٰ بن ابان کی حجج (شاید الصغیر مراد ہو) علم کی باریکی اور ترتیب کے حسن کے لحاظ سے مزنی کی دونوں کتابوں سے بہتر ہے۔

اسی کتاب میں عیسیٰ بن ابان نے اپنا وہ مشہور نظریہ دوہرایا ہے، جس کی بنیاد پر احناف آج تک مخالفین کے طعن وتشنیع کے شکار ہیں کہ حضرت ابوہریرہؓ فقیہ نہیں تھے اور ان کی وہ روایت جو قیاس کے خلاف ہوگی رد کردی جائے، (راقم الحروف کا بحث ونظر کے شمارہ نمبر: ۱۰۷ میں اسی کے بارے میں ایک مضمون ''فقاہت راوی کی شرط اور احناف کا موقف'' کے عنوان سے شائع ہوا ہے، جس میں عیسیٰ بن ابانؒ اور بعد کے علماء جنھوں نے عیسیٰ بن ابان کی رائے اختیار کی ہے، کے بارے میں حوالوں سے بتایا ہے کہ عیسیٰ بن ابان کی یہ رائے مطلق نہیں ہے؛ بلکہ تین یا چار شرطوں کے ساتھ مقید ہے اور اگر ان شرائط کا لحاظ وخیال رکھا جائے تو پھر عیسیٰ بن ابان اور دوسروں کے نظریہ میں اختلاف حقیقی نہیں بلکہ محض لفظی بن کر رہ جاتا ہے)۔

کتاب الحجج کی تصنیف

اس کی تصنیف کا ایک دلچسپ پس منظر ہے، مامون الرشید کے قریبی رشتہ دار عیسیٰ بن ہارون ہاشمی نے کچھ احادیث جمع کیں اور ان کو مامون الرشید کے سامنے پیش کیا اور کہا کہ احناف جو آپ کے دربار میں اعلیٰ مناصب اور عہدوں پر مامور ہیں، ان کا عمل اور مسلک وموقف ان احادیث کے خلاف ہے اور یہ وہ حدیثیں ہیں، جس کو ہم

---

(۱) کشف الظنون: ۱/ ۶۳۲، مکتبۃ المثنی، بغداد۔

دونوں نے اپنے عہد تعلیم میں محدثین کرام سے سنا ہے، یہ بات سن کر مامون نے اپنے دربار کے حنفی علماء کو اس کا جواب لکھنے کے لئے کہا؛ لیکن انھوں نے جو کچھ لکھا، وہ مامون کو پسند نہ آیا، یہ دیکھ کر عیسیٰ بن ابان نے کتاب الحجج تصنیف کی، جس میں انھوں بتایا کہ کسی روایت کو قبول کرنے اور نہ کرنے کا معیار کیا ہونا چاہئے اور اس میں انھوں نے امام ابوحنیفہؒ کے مسلک کے دلائل بھی بیان کئے، جب مامون الرشید نے یہ کتاب پڑھی تو بہت متاثر ہوا اور بے ساختہ کہنے لگا :

حسدوا الفتى إذا لم ينالوا سعيه　　فالنّاس أعداءٌ له و خصوم

كضرائر الحسّناء قلن لوجهها　　حسداً و بغياً إنّه لذميم

کسی بھی باصلاحیت آدمی کا جب مقابلہ نہیں کیا جاسکتا تو لوگ اس سے حسد کرنے لگتے ہیں اور اس کے دشمن بن جاتے ہیں جیسا کہ خوبصورت عورت کی سوتنیں محض جلن میں کہتی ہیں کہ وہ تو بدصورت ہے۔ (۱)

تصنیفات کے باب میں یہ بات قابل ذکر ہے کہ عیسیٰ بن ابان نے ایک کتاب بطور خاص امام شافعی کے رد میں لکھی تھی، اس کتاب کے بارے میں تاریخ بغداد کی روایت کے مطابق داؤد ظاہری اور اخبار القضاۃ کے مصنف قاضی کا الزام ہے کہ انھوں نے اس کتاب کی تصنیف میں سفیان بن سحبان (۲) سے احادیث کے سلسلے میں مدد لی تھی، قاضی وکیع لکھتے ہیں :

وقيل لي إن الأحاديث التي ردها على الشافعي أخذها من كتاب سُفْيَان بْن سحبان ۔ (۳)

مجھ سے کہا گیا ہے کہ وہ احادیث جو عیسیٰ بن ابان نے امام شافعی کے رد میں اپنی کتاب میں لکھی لکھی ہیں، سفیان بن سحبان کی کتاب سے ماخوذ ہے۔

اور داؤد ظاہری سے جب عیسیٰ بن ابان کی کتاب کا جواب دینے کے لئے کہا گیا تو انھوں نے کہا کہ عیسیٰ بن ابان کی اس کتاب کی تصنیف میں ابن سختان نے مدد کی ہے۔ (۴)

---

(۱) بحوالہ تاج التراجم: ۱/ ۲۲۷، تاریخ الاسلام للذہبی: ۱۶/ ۳۲۰، اس واقعہ کو سب سے زیادہ تفصیل کے ساتھ صیمری نے اخبار ابی حنیفۃ واصحابہ: ۱/ ۱۴۷ میں بیان کیا ہے۔

(۲) یہ سفیان بن سحبان فقہائے احناف میں سے ہیں اور امام محمدؒ کے شاگرد ہیں، تاریخ بغداد میں سفیان بن سختیان ہے جس کی تصحیح الفہرست لابن الندیم اور تاج التراجم لابن قطلوبغا سے کردی گئی ہے۔

(۳) اخبار القضاۃ لوکیع: ۲/ ۱۷۱۔

(۴) تاریخ بغداد: ۶/ ۲۱، دار الکتب العلمیۃ۔

جب کہ حقیقت یہ ہے کہ عیسیٰ بن ابان پر اس سلسلے میں ابن سحبان سے مدد لینے کا الزام ایک غلط الزام ہے اور اس کی تردید خود عیسیٰ بن ابان نے کی ہے، ایسا محسوس ہوتا ہے کہ ان کی زندگی میں ہی یہ چہ میگوئیاں ہونے لگی تھیں کہ ان کی فلاں تصنیف ابن سحبان کی اعانت کا نتیجہ ہے، کسی نے جا کر پوچھ لیا تو انھوں نے بات واضح کردی اور یہ بات بھی واضح ہوگئی کہ وہ کونسی کتاب ہے :

> قال أبو خازم : فسمعت الصريفيني شعيب بن أيوب يقول : قلت لعيسى ابن أبان : هل أعانك على كتابك هذا أحدٌ ؟ قال : لا ، غير أني كنت أضع المسألة وأناظر فيها سفيان بن سختيان . (١)
>
> ابو خازم کہتے ہیں، میں نے شعیب بن ایوب کو یہ کہتے سنا کہ میں نے عیسیٰ بن ابان سے پوچھا کہ اس کتاب (کتاب الحجج) کی تصنیف میں کیا کسی نے آپ کی مدد کی ہے؟ فرمایا کہ نہیں! ہاں اتنی سی بات تھی کہ میں اولاً مسئلہ کو لکھ لیتا تھا، پھر اس کے بعد اس بارے میں سفیان بن سختیان سے مناظرہ کرتا تھا۔

عیسیٰ بن ابان کے ناقدین

ہر وہ شخص جو مجتہدانہ فکر ونظر کا مالک ہو، ہر مسئلہ میں جمہور کے ساتھ نہیں چلتا؛ بلکہ بسا اوقات وہ اپنی راہ الگ بناتا ہے، بقول غالب ''ہر کہ شد صاحب نظر دین بزرگاں خوش نکرد'' امام عیسیٰ بن ابان کے بھی بعض نظریات وخیالات ایسے ہیں، جن سے جمہور اتفاق نہیں کرتے اور جن پر ان کے معاصرین اور بعد والوں نے تنقید کی ہے، ان پر جن لوگوں نے تنقید کی ہے، ان کا مختصر جائزہ پیش خدمت ہے۔

امام طحاوی

آپ کے سوانح نگاروں نے آپ کی تصنیفات کے ضمن مین ایک کتاب کا ذکر کیا ہے، جس کا نام 'خطا الکتب' ہے، اس میں ایک باب یا کوئی خاص فصل عیسیٰ بن ابان کے رد میں ہے۔(۲)

ابن سیریج

مشہور شافعی فقیہ ہیں، ان کے حالات میں ترجمہ نگاروں نے لکھا ہے کہ انھوں نے ایک کتاب عیسیٰ بن ابان کے فقہی آراء کے رد میں لکھی ہے: ''وله رد على عيسى بن أبان العراقى فى الفقه''۔(۳)

---

(۱) فضائل أبي حنيفة وأخباره ومناقبه: ۱/ ۳۶۰، الناشر: المكتبة الامدادية، مكه مكرمه۔ (۲) الجواهر المضئية فى طبقات الحنفية: ۱/ ۱۰۴۔

(۳) موسوعة أقوال أبي الحسن الدارقطني فى رجال الحديث وعلله: ۱/ ۶۷، عالم الكتب للنشر والتوزيع۔

اسماعیل بن علی بن اسحاق

آپ نے بھی ایک کتاب عیسیٰ بن ابان کے رد میں لکھی ہے، جس کا نام ہے "النقض علی مسألة عیسی بن أبان في الاجتهاد" مصنف کا تعلق شیعہ سے فرقہ سے ہے، (۱) کتاب کے نام سے ایسا محسوس ہوتا ہے کہ عیسیٰ بن ابان علیہ الرحمہ کی جو کتاب الاجتہاد فی الرائے ہے، یہ کتاب اسی کی تردید میں لکھی گئی ہے۔

خلق قرآن کے موقف کا الزام اور حقیقت

امام عیسیٰ بن ابان پر سب سے بڑا اور سنگین الزام خلق قرآن کے عقیدہ کے حامل ہونے کا ہے، یہ الزام مشہور شافعی محدث حافظ ابن حجر نے لگایا ہے، (اگر چہ حافظ ابن حجر سے پہلے بھی کچھ لوگوں نے خلق قرآن کے موقف کا الزام لگایا ہے؛ لیکن انھوں نے قیل کے ساتھ یہ بات کہی ہے یا دیگر صیغہ تمریض کے ساتھ) حافظ ابن حجر کے تعلق سے اگر چہ متعدد احناف کو شکایت رہی ہے کہ وہ احناف کے ترجمہ میں اس فیاضی اور دریا دلی کا مظاہرہ نہیں کرتے، جو شوافع کے ساتھ برتتے ہیں، ان شکوہ وشکایات سے قطع نظر خلق قرآن یا دوسری کسی بھی جرح کے ثبوت کے لئے کچھ پیمانے ہیں، پہلا پیمانہ یہ ہے کہ جو امام جرح وتعدیل کسی راوی پر کوئی جرح کر رہا ہے، اس علم جرح وتعدیل کے ماہر تک صحیح سند سے یہ جرح ثابت ہو، دوسرا پیمانہ یا معیار یہ ہے کہ یہ جرح بادلیل ہو، تیسرا معیار یہ ہے کہ جس پر الزام لگایا جارہا ہے، اس کا موقف اسی کے الفاظ میں ثابت ہو۔

سب سے پہلے یہ الزام تاریخ بغداد میں خطیب بغداد نے لگایا ہے؛ چنانچہ خطیب بغدادی تاریخ بغداد میں لکھتے ہیں :

> ویُحکی عن عیسی انه کان یذهب الی القول بخلق القرآن۔ (۲)
> عیسیٰ بن ابان سے نقل کیا جاتا ہے کہ وہ خلق قرآن کا عقیدہ رکھتے تھے۔

یہی بات حافظ ذہبی نے بھی تاریخ الاسلام میں دہرایا ہے :

> ویُحکی عنه القول بخلق القرآن ، أجارنا الله ، وهو معدودٌ من الأذکیاء۔ (۳)
> ان سے خلق قران کا قول نقل کیا گیا ہے، اللہ ہمیں اس سے بچائے، اور وہ ذہین ترین لوگوں میں سے ایک تھے۔

---

(۱) لسان المیزان: ۱/ ۴۲۴۔ (۲) تاریخ بغداد: ۱۲/ ۴۸۲۔ (۳) تاریخ الاسلام للذہبی: ۱۶/ ۳۱۲۔

یہی بات ابن جوزی نے بھی کہی ہے :

ویذکر عنہ أنہ کانَ یذھب إِلَی القول بخلق القرآن .(۱)

اوران کے بارے میں ذکر کیا جاتا ہے کہ ان کا موقف خلق قرآن کا تھا۔

واضح رہے کہ خطیب بغدادی نے جس سند سے اس حدیث کو روایت کیا ہے، اس میں بعض مجہول اور بعض ضعیف راوی ہیں، جس کی وجہ سے یہ سند اس قابل نہیں کہ اس کی وجہ سے کسی پر خلق قرآن کا سنگین الزام عائد کیا جائے ، علاوہ ازیں خطیب نے اس روایت کو نقل کرنے کے باوجود خلق قرآن کے الزام کو صیغہ تمریض کے ساتھ بیان کیا ہے، اگر یہ سند ان کے نزدیک صحیح ہوتی تو وہ اس کو ضرور بالضرور جزم اور قطعیت کے ساتھ نقل کرتے اور یہی بات حافظ ذہبی کے بارے میں بھی کہی جاسکتی ہے، جن کے رجال کی معرفت اور علم جرح وتعدیل میں گہرائی و گیرائی پر اتفاق ہے۔

ہم دیکھتے ہیں کہ دو مؤرخ یعنی خطیب بغدادی اور حافظ ذہبی اس قول کو تمریض کے صیغہ کے ساتھ نقل کرتے ہیں، جو اس بات کی نشاندہی ہے کہ ان کا خلق قرآن کے عقیدہ کا حامل ہونا ضعیف قول ہے، کوئی پکی بات نہیں ہے؛ چنانچہ خود حافظ ذہبی نے جب سیر اعلام النبلاء میں ان کا ترجمہ نقل کیا تو عقیدہ خلق قرآن کے حامل ہونے کی بات نقل نہیں کی؛ کیوں کہ وہ پکی بات نہ تھی؛ چنانچہ سیر اعلام النبلاء میں حافظ ذہبی عیسیٰ بن ابان کے ترجمہ میں محض اتنا ہی نقل کرتے ہیں :

فَقِيهُ العِرَاقِ ، تِلْمِيذُ مُحَمَّدِ بنِ الحَسَنِ ، وَقَاضِي البَصْرَةِ ، حَدَّثَ عَنْ : إِسْمَاعِيلَ بنِ جَعْفَرٍ ، وَهُشَيْمٍ ، وَيَحْيَى بنِ أَبِي زَائِدَةَ ، وَعَنْهُ : الحَسَنُ بنُ سَلاَّمٍ السَّوَّاقُ ، وَغَيْرُهُ ، وَلَهُ تَصَانِيْفُ وَذَكَاءٌ مُفْرِطٌ ، وَفِيْهِ سَخَاءٌ وَجُودٌ زَائِدٌ ، تُوُفِّيَ : سَنَةَ إِحْدَى وَعِشْرِيْنَ وَمائَتَيْنِ ، أَخَذَ عَنْهُ : بَكَّارُ بنُ قُتَيْبَةَ .(۲)

عراق کے فقیہ ہیں، محمد بن الحسن کے شاگرد ہیں اور بصرہ کے قاضی تھے، انھوں نے اسماعیل بن جعفر، ہشیم، یحیی بن ابی زائدہ سے روایت بیان کی ہے اور ان سے حسن بن سلام السواق اور دیگر نے روایت بیان کی ہے، ان کی متعدد تصانیف ہیں وہ بہت زیادہ ذہین تھے اسی کے ساتھ وہ بہت سخی بھی تھے، ۲۲۱ھ میں ان کا انتقال ہوا۔

(۱) المنتظم فی تاریخ الأمم والملوک: ۱۱/۶۷، دار الکتب العلمیۃ، بیروت۔ (۲) سیر اعلام النبلاء للذہبی: ۱۰/۴۴۱۔

اگر خلق قرآن کے عقیدہ کی بات پکی ہوتی تو کیا یہ مناسب تھا کہ حافظ ذہبی اس کا یہاں ذکر نہ کرتے، ضرور کرتے جیسا کہ سیر اعلام النبلاء میں انھوں نے دوسرے خلق قرآن کے عقیدہ کے حاملین کا ذکر کیا ہے، پھر دیکھئے حافظ ذہبی میزان الاعتدال میں ان کا صرف ایک سطری جملہ لکھتے ہیں اور اس میں بھی خلق قرآن کے عقیدہ کا کوئی تذکرہ نہیں کرتے؛ بلکہ صاف صاف یہ کہتے ہیں کہ مجھے نہیں معلوم کہ کسی نے ان کی توثیق یا تضعیف کی ہے:

عیسی بن أبان ، الفقیه صاحب محمد بن الحسن ما علمت أحدا ضعفه ولا وثقه۔ (۱)

خلق قرآن کے عقیدہ کا حامل ہونا بجائے خود ایک جرح ہے اور اس کے حاملین مجروح رواۃ میں شمار ہوتے ہیں اور کسی کے مجروح یا ضعیف راوی ہونے کے لئے اس کا خلق قرآن کے عقیدہ کا حامل ہونا بھی کافی ہے، اس کے باوجود حافظ ذہبی صاف صاف کہہ رہے ہیں کہ: ''ماعلمت احدا ضعفه ولا وثقه'' کیا یہ اس کی بات بالواسطہ صراحت نہیں ہے کہ عیسیٰ بن ابان کی جانب خلق قرآن کا جو عقیدہ منسوب کیا گیا ہے، وہ غلط اور بے بنیاد اور انتہائی کمزور و لچر بات ہے، ان سب کے برخلاف حافظ ابن حجر لسان المیزان میں لکھتے ہیں:

لکنه کان یقول بخلق القرآن ویدعو الناس إلیه۔ (۲)

عیسیٰ بن ابان نہ صرف خلق قرآن کے قائل تھے؛ بلکہ وہ اس کے داعی بھی تھے۔

حافظ ابن حجر کے علاوہ کسی بھی دوسرے ترجمہ نگار نے جس میں شوافع اور احناف سبھی شامل ہیں، عیسیٰ بن ابان پر خلق قرآن کے عقیدہ کا الزام نہیں لگایا ہے، چاہے وہ مشہور شافعی فقیہ ابواسحاق شیرازی صاحب طبقات الفقہاء ہوں، حافظ عبدالقادر قرشی ہوں، حافظ قاسم بن قطلوبغا ہوں۔

اس تفصیل سے یہ بات سمجھ میں آجاتی ہے کہ خلق قرآن کا الزام لگانے کے سلسلے میں حافظ ابن حجر منفرد ہیں، اور انھوں نے اپنے دعویٰ کی بھی کوئی دلیل بیان نہیں کی ہے، اور دعویٰ کی جب تک کوئی دلیل نہ ہو، اس کی کوئی حیثیت نہیں ہوتی۔

حافظ ابن حجر نے خلق قرآن کی بات ضرور نقل کی ہے اور اس کا داعی بھی بتایا ہے؛ لیکن انھوں نے یہ نہیں بتایا کہ ان کے سامنے ایسی کونسی نئی بات اور نئی دلیل تھی کہ جو چیز خطیب بغدادی اور ذہبی کے یہاں صیغہ تمریض کے ساتھ ادا کی جارہی تھی، وہ یہاں آکر صیغہ جزم میں بدل گئی، اور جس میں وہ محض ایک عقیدہ کے حامل نظر آتے ہیں، وہ یہاں آکر داعی میں بدل جاتے ہیں، جتنے ماخذ اس وقت تک ہمارے سامنے ہیں، اس میں سے کسی سے بھی حافظ ابن حجر کے قول کی تائید نہیں ہوتی۔

(۱) میزان الاعتدال: ۵/۳۷۴۔ (۲) لسان المیزان، ابن حجر: ۴/۳۹۰۔

علم جرح وتعدیل کی رو سے بھی حافظ ابن حجر کی یہ بات اس لئے غیر معتبر ہے کہ حافظ ابن حجر عیسیٰ بن ابان کے معاصر نہیں ، بہت بعد کے ہیں ، لازماً ان کی یہ بات کسی واسطہ اور سند سے منقول ہونی چاہئے ، اور سند یا کسی معاصر شخصیت کی شہادت کا اہتمام خود حافظ ابن حجر نے نہیں کیا ہے، اس لئے کہا جاسکتا ہے کہ علم جرح وتعدیل کی رو سے بھی ان کی یہ بات نا قابل قبول ہے۔

اگر کوئی یہ کہے کہ لسان المیزان میں حافظ ابن حجر کے ذہبی پر بہت سارے تعقبات اور اضافے ہیں، اس میں سے ایک یہ بھی ہے، اس کے جواب میں ہم عرض کریں گے کہ جہاں بھی حافظ ابن حجر نے ذہبی کے کسی قول پر اعتراض کیا ہے، باحوالہ کیا ہے، محض اپنے قول کے طور پر ذکر نہیں کیا ہے۔

ہاں جن لوگوں کو اصرار ہے کہ وہ خلق قرآن کے عقیدہ کے حامل اور داعی تھے تو انھیں چاہئے کہ وہ ان کے معاصر کسی شخصیت کا کوئی قول یا کوئی سند پیش کریں۔

دوسری بات یہ ہے کہ خلق قرآن کے الزام کی حقیقت پر غور کرنے کے لئے چند باتیں ذہن میں رکھنی ضروری ہیں، ایک تو یہ کہ یہ عقیدہ خلق قرآن ایک مبہم لفظ ہے، محض کسی کا یہ کہہ دینا کہ فلاں خلق قرآن کا قائل تھا، کافی نہیں ہے، یہ واضح ہونا چاہئے کہ وہ کن الفاظ میں خلق قرآن کا قائل تھا ، ورنہ تو خلق قرآن کا الزام یا دیگر سنگین الزامات مشہور محدثین پر بھی لگے ہیں؛ لیکن جب ان کے ہی الفاظ میں ان کے موقف کو جانا گیا تو حقیقت واضح ہوگئی۔

اس کی واضح مثال خود امام بخاری کا واقعہ ہے جب امام ذہلی سے وابستہ ایک شخص نے امام بخاری سے اس مسئلہ میں پوچھا تو انھوں نے اس مسئلہ کی حقیقت کو صاف اور واضح کرتے ہوئے کہا تھا کہ جو قرآن کی کی تلاوت ہم کرتے ہیں، وہ افعال مخلوق ہونے کے لحاظ سے مخلوق ہے، ورنہ قرآن کلام اللہ ہونے کے لحاظ سے غیر مخلوق ہے، ان کے الفاظ ہیں: ''القران کلام اللہ غیر مخلوق ، وافعال العباد مخلوقة والامتحان بدعة''(۱) اگر خلق قرآن کے سلسلے میں ہمارے سامنے امام بخاری کی عبارت نہ ہو، محض ذہلی کا بیان اور ابوحاتم وابوزرعہ کی تنقید ہوتو کوئی بھی امام بخاری کو خلق قرآن کے عقیدہ کا قائل قرار دے گا ، دوسری بات یہ بھی ہے خلق قرآن کے معاملہ میں امام احمد بن حنبل کی آزمائش کے بعد امام احمد بن حنبلؒ اور دیگر محدثین شدید ذکی الحس ہوگئے اور اس تعلق سے اگر کوئی ان کے الفاظ سے ہٹ کر کچھ کہتا تو وہ اسے برداشت نہ کرتے اور فوراً اس کے متروک اور ضعیف ہونے یا خلق قرآن کے قائل ہونے کی بات کہہ دیتے تھے ،تفصیل کے لئے شیخ عبدالفتاح ابوغدہ کی تصنیف لطیف وقیم: ''مسألة خلق القرآن وأثرها فی صفوف الرواة والمحدثین وکتب الجرح والتعدیل'' کی جانب رُجوع کریں، اس میں انھوں نے تفصیل کے ساتھ بحث کی ہے اور حوالوں کے ساتھ بتایا ہے کہ آگے چل کر اس مسئلہ میں محدثین کے درمیان کس قدر غلو ہوگیا تھا۔

---

(۱) ہدی الساری: ۴۹۴۔

آپ کا انتقال

آپ تادم واپسیں بصرہ کے قاضی رہے، آپ کو معزول کرنے کی بعض حضرات نے کوشش کی؛ لیکن قاضی القضاۃ یحییٰ بن اکثم اور ابن ابی داؤد تک کو آپ کو معزول کرنے کی ہمت نہیں ہوئی، محمد بن عبداللہ کلبی کہتے ہیں کہ میں انتقال کے وقت ان کے پاس موجود تھا، انھوں نے مجھ سے کہا کہ ذرا میرے مال و دولت کا شمار تو کردو، میں نے حساب کیا تو بہت زیادہ مال نکلا، پھر انھوں نے فرمایا کہ مجھ پر جو قرضے ہیں، ان کو جوڑ کر بتاؤ کہ کل قرضہ کتنا ہے؟ جب میں نے ان کے قرضوں کو جوڑا تو پایا کہ یہ ان کی کل مالیت کے قریب ہے، اس پر عیسیٰ بن ابان کہنے لگے، اسلاف کہا کرتے تھے کہ ''زندگی مال داروں کی سی جیو اور موت فقیروں کی سی ہونی چاہئے''۔(۱)

بالآخر وہ گھڑی آ ہی گئی جس سے ہر ایک کو دو چار ہونا ہے، اور جو نہ ٹل سکتی ہے، نہ آگے پیچھے ہو سکتی ہے، ماہ صفر کی ابتدائی تاریخ اور ۲۲۱ھ میں علم کا یہ آفتاب غروب ہو گیا۔

امام عیسیٰ بن ابان کا انتقال کب ہوا، اس بارے میں مؤرخین کے اقوال مختلف ہیں، بعض نے ۲۲۰ھ قرار دیا ہے جب کہ بعض نے ۲۲۱ھ بتایا ہے؛ لیکن ۲۲۱ھ کا قول زیادہ معتبر ہے؛ کیوں کہ خلیفہ بن خیاط جن کا انتقال عیسیٰ بن ابان کے محض ۱۹-۲۰ر سال بعد ہوا ہے، انھوں نے عیسیٰ بن ابان کی تاریخ وفات ۲۲۱ھ ہی بتائی ہے، علاوہ ازیں خطیب بغدادی نے تاریخ بغداد میں سند کے ساتھ نقل کیا ہے کہ ماہ صفر کی ابتداء ۲۲۱ھ میں ان کا انتقال ہو گیا، اسی طرح حافظ ذہبی نے تاریخ الاسلام اور سیر اعلام النبلاء میں بھی تاریخ وفات ۲۲۱ھ ہی ذکر کیا ہے اور حافظ ذہبی چوں کہ انتقال کی تاریخ وغیرہ بتانے میں کافی محتاط ہیں اور اس سلسلے میں بہت احتیاط اور تحقیق سے کام لیتے ہیں؛ لہٰذا ان مورخین کی بات زیادہ معتبر ہے۔

●●●

(۱) اخبار ابی حنیفۃ واصحابہ: ۱/۱۴۹۔

حضرت مولانا مفتی اشرف علی باقویؒ

رفتید ولے نہ از دلِ ما!

خالد سیف اللہ رحمانی

جنوبی ہند میں یوں تو دینی مدارس کا نظام بہت پہلے قائم ہو گیا تھا، جامعہ باقیات الصالحات ویلور اور جامعہ نظامیہ حیدرآباد، دارالعلوم دیوبند کا ہم عصر ادارہ ہے، علماء کی بڑی تعداد نے ان مدارس سے کسبِ فیض کیا ہے اور آج بھی ان کا فیض جاری ہے؛ لیکن کرناٹک اور تامل ناڈو میں جس شخصیت نے مدارس کے قیام کو ایک تحریک کی شکل دی اور جگہ جگہ مدارس قائم کئے، وہ ہیں: حضرت مولانا ابوالسعود باقویؒ (امیر شریعت اول کرناٹک)، حضرت مولانا الیاس صاحبؒ کی تحریک دعوت وتبلیغ کا بھی ان صوبوں میں آپ نے ہی تعارف کرایا اور اس کے لئے مسلسل جد وجہد کی؛ بلکہ قربانی بھی دی، اور دعوت وتبلیغ کی نسبت کی وجہ سے باقیات الصالحات جیسے باوقار ادارہ سے سبکدوشی کو قبول کیا، اللہ نے ان کو چار فرزند دیئے، انھوں نے ان سبھوں کو علم دین سے آراستہ کیا، ماشاء اللہ یہ سبھی علمی اور دینی اعتبار سے بلند مقام کو پہنچے، اور جہاں رہے، لوگوں کی آنکھوں کا نور اور دل کا سرور بن کر رہے، ان میں سب سے چھوٹے صاحبزادے حضرت مولانا لطف اللہ صاحب اس وقت بقید حیات ہیں، اللہ ان کی عمر میں برکت عطا فرمائے، تیسرے صاحبزادے حضرت مولانا قاری امداد اللہ انجمؒ کی وفات سب سے پہلے ہوئی، وہ فن قرأت کے رمز شناس اور خوش الحان قاری تھے، شعر وسخن کا بھی اعلیٰ ذوق رکھتے تھے، دوسرے صاحبزادے حضرت مولانا ولی اللہ رشادیؒ قاسمی تھے، جو جنوبی ہند کے بافیض ادارہ جامعہ معدن العلوم وانمباڑی کے مہتمم اور شیخ الحدیث تھے اور مواقیت نماز میں بڑی مہارت رکھتے تھے، یہ حقیر بھی اس مسئلہ میں ان سے رُجوع کرتا تھا، وہ بہت اچھے خطیب، مقرر اور اپنے علاقہ کے مقبول رہنما بھی تھے، ان کے شاگردوں کی بڑی تعداد ہے، جو جنوبی ہند کے مختلف علاقوں میں مصروف خدمت ہے۔

حضرت مولانا ابوالسعود صاحبؒ کے سب سے بڑے فرزند ارجمند اور ان کے علمی وفقہی جانشیں حضرت مولانا مفتی اشرف علی باقوی نور اللہ مرقدہ تھے، درمیانہ قد، کھلتا ہوا رنگ، متوسط بدن، چہرہ پر خاص قسم کی کشش،

سفید دو پلی ٹوپی اور اس پر سفید رومال، سفید کرتا، سفید تہبند، الغرض سر سے پاؤں تک سفید لباس میں ملبوس، گویا نور کا پیکر، بولتے تو ٹھہر ٹھہر کر، الفاظ ایسے گویا گلاب کے پھول، ملتے تو مسکرا کر، مہمان کا استقبال کچھ اس طرح کرتے کہ پہلی ہی ملاقات میں انسان اپنا دل دے دیتا، تواضع وفروتنی اور وقار ومتانت کی صفات مشکل سے یک جا ہوتی ہیں؛ لیکن آپ کے اندر یہ دونوں خوبیاں جمع ہوگئی تھیں، کیا مجال کہ زبان سے کوئی ایسا لفظ نکل جائے، جو بے موقع ہو، اور ممکن نہیں کہ کوئی ادا ایسی ہو، جو حاضرین کو ناگوار گذرے، یہ تھے حضرت امیر شریعت دوم مفتی اشرف علی باقویؒ۔

بڑے منجھے ہوئے باکمال استاذ، پچاس سال سے زیادہ بخاری کا درس دیا اور حضرت مولانا فخر الدین احمد صاحبؒ شیخ الحدیث دار العلوم دیوبند نے اپنے ہاتھوں اپنے اِس محبوب شاگرد کو عنفوان شباب میں مشیخت حدیث کی مسند پر بیٹھایا اور ان پر بھرپور اعتماد کا اظہار فرمایا، مجھے ان کے درس میں باضابطہ شرکت کا شرف تو حاصل نہیں ہوا؛ لیکن بخاری شریف کے افتتاحی واختتامی درس میں شرکت کی بار بار نوبت آئی اور ان کے خطبات میں بھی ضمنی طور پر بعض احادیث کی دلنواز اور اچھوتی تشریح سننے کا موقع ملا، وہ عام درسی اور علمی وفقہی مباحث سے ہٹ کر بڑے اہم نکات اخذ کرتے اور تربیتی پہلو سے حدیث کے بڑے اہم فوائد پیش کرتے تھے، مثلاً حجۃ الوداع کے موقع سے جب آپ ﷺ نے زمزم پینا چاہا تو حضرت عباسؓ نے عرض کیا: یہاں پانی جھوٹا ہے، اس میں مختلف لوگ ہاتھ ڈالتے ہیں، میں آپ کے لئے صاف پانی کا مٹکا منگواتا ہوں؛ لیکن آپ ﷺ نے اسی مٹکے سے پانی پینے کو ترجیح دی، جس سے سبھی حضرات پی رہے تھے، اس سے معلوم ہوا کہ علماء کو اجتماعی زندگی میں سبھوں کے ساتھ مساویانہ طریقہ پر زندگی گزارنی چاہئے، اسی طرح ایک بار کلید کعبہ کا واقعہ پیش کرتے ہوئے فرمایا کہ حضور ﷺ نے عثمان شیبی سے کلید حاصل کی اور پھر انھیں کو واپس لوٹائی، اس سے معلوم ہوا کہ اجتماعی کاموں میں اگر کسی ذمہ دار سے کوئی چیز لی جائے تو حتی المقدور دوبارہ اسی کو ذمہ داری سونپنے کی کوشش کی جائے، اس طرح کے بہت سے افادات ہیں، جو ان سے سننے کو ملتے تھے۔

باکمال استاذ کی شان ہے کہ اس کے شاگردوں کے دل میں اس کی محبت کا نقش بیٹھ جائے، اور یہ بات اسی وقت پیدا ہوتی ہے، جب استاذ علمی لیاقت کا حامل بھی ہو اور اخلاقی اقدار کے اعتبار سے بھی اس کا پایہ بلند ہو، اس حقیر نے مفتی صاحب کے تلامذہ کو دیکھا ہے کہ وہ اُن سے ٹوٹ کر محبت کرتے ہیں اور غائبانہ بھی ان کا اسی طرح احترام کرتے ہیں جیسے ان کے سامنے، ہندوستان کے جنوبی علاقوں خاص کر کرناٹک، ٹمل ناڈو، کیرالا، آندھرا پردیش اور تلنگانہ میں کم ایسے مدارس ہوں گے، جہاں آپ کے دامنِ فیض سے وابستہ علماء نہ ہوں؛ لیکن اس کے علاوہ پورے ہندوستان، سری لنکا اور ملیشیا وغیرہ میں بھی آپ کے تلامذہ اور مستفیدین کی بڑی تعداد ہے۔

مفتی صاحب بڑے اعلیٰ درجہ کے خطیب تھے، ان کے خطاب میں معنویت بھی ہوتی تھی، الفاظ وتعبیرات کا حسن بھی ہوتا تھا، تقریر میں جوش، نشیب وفراز، شور وغوغا، مناظرانہ بحث وتمحیص نہیں ہوتی تھی، نہ آواز میں ایسی کرختگی کہ مقرر کی رگیں پھول جائیں، اور نہ انداز ایسا سپاٹ کہ سننے والے کو کوئی کشش نہ ہو، لگتا تھا کہ دریا ہے، جو سبک خرامی کے ساتھ بہہ رہا ہے اور دل ودماغ کی زمین کو سیراب کرتا جارہا ہے؛ اسی لئے آپ کا خطاب ''از دل خیزد بر دل ویزد'' کا مصداق تھا، میں نے وقار وٹھہراؤ کے ساتھ تقریر کرنے کے باوجود آواز میں ایسی مٹھاس، الفاظ پر ایسا قابو اور لب ولہجہ میں ایسی کشش حضرت مولانا قاضی مجاہد الاسلام قاسمی صاحبؒ کے علاوہ کہیں اور نہیں دیکھی، اسی لئے راقم الحروف سے کسی اہم اجلاس کے لئے مقررین کے سلسلہ میں مشورہ کیا جاتا تو ضرور مفتی صاحب کا نام پیش کرتا، مسلم پرسنل لا بورڈ، اسلامک فقہ اکیڈمی انڈیا اور ملی کونسل کے اجلاس عام میں ایک اہم اور خصوصی مقرر کی حیثیت سے آپ کا نام ضرور شامل ہوتا، ان کا ہر خطاب اس لائق ہوتا کہ محفوظ کیا جائے، خطبات بنگلور کا جو سلسلہ شروع ہوا، اس میں پہلا خطبہ حضرت مولانا قاضی مجاہد الاسلام قاسمی صاحبؒ نے دیا، اس خطبہ سے پہلے مفتی صاحب نے قاضی صاحب کا تعارف کرایا، یہ برجستہ تعارف ایسا خوبصورت ہے، جیسے ہیرے جواہرات سے جڑا ہوا تخت طاؤس۔

مفتی صاحب کا ہر خطاب اس لائق ہوتا تھا کہ اسے صفحۂ قرطاس پر لایا جائے؛ تاکہ آنے والی نسل بھی اس سے استفادہ کرسکے؛ لیکن شاید اس کا کماحقہ اہتمام نہ ہوسکا؛ لیکن جو تھوڑا بہت محفوظ کیا گیا ہے، وہ بھی کچھ کم نہیں ہے، مثلاً ایک موقع پر فرماتے ہیں :

> بزرگانِ محترم ! ہمارا اور آپ کا دین محبتوں پر قائم ہے، مجھے اخیر میں یہ کہہ کر بات ختم کرنے کی اجازت دیجئے، یہ دین دینِ محبت ہے، دینِ اُلفت ہے، دینِ عشق ومحبت ہے، اس دین کی بنیاد محبتوں پر رکھی گئی ہے، ایمان پنپتا ہے محبت کی فضاؤں میں، اختلافات میں، جھگڑوں میں، عداوتوں میں، دشمنیوں میں، تعاند میں، تحاسد میں ایمان پنپتا نہیں، ایمان کے لئے محبت کی فضا رکھنا ضروری ہے، اس کے بغیر ایمان نہیں پنپتا نہیں ترقی کرتا نہیں پروان چڑھتا! اور نہ ہی اس کے اندر قوت پیدا ہوتی ہے، یہ میں نہیں کہتا ہوں ......رسول اللہ صلی اللہ علیہ وسلم فرماتے ہیں، ضرورت ہے اس کو پیدا کرنے کی، اللہ کی محبت پیدا کیجئے! اللہ کے پیغمبر صلی اللہ علیہ وسلم کی محبت کو پیدا کیجئے! اور اللہ اور اللہ کے رسول صلی اللہ علیہ وسلم کے ماننے والوں کی محبت کو پیدا کیجئے! آپس میں

اختلافات کو ختم کیجئے ! افتراق اور انتشار کو دُور کیجئے ! مضبوط رسی کو تھامئے اوراختلافات کودُور کیجئے !محبتوں کو پیدا کیجئے تو ایمان میں ترقی ہوگی......!

اسلام ایک مکمل دین ہے، ایمان کا تقاضہ ہے کہ ہم اپنی زندگی کے تمام مسائل میں اپنے دین سے روشنی حاصل کریں، دوسری طرف دیکھنے کی کوشش نہ کریں، مفتی صاحب نے خطاب میں اس بات کا کس خوبصورتی کے ساتھ ذکرفرمایاہے :

آج میں نے تمہارے دین کومکمل کر دیا! اپنی نعمت تمام کردی! تمہارے نظام حیات اور دستورِ زندگی کے طور پر اسلام کو پسند کیا!...... کامل مکمل دین، ایسا دین جس میں نقص نہیں، کوئی ضعف نہیں، کمی نہیں، اضمحلال نہیں، اللہ نے ایسا دین ہمیں دیا، عطا فرمایا...... !اور ہم زبان سے بھی ظاہر نہیں کرتے ! اللہ ہماری حفاظت فرمائے ! کبھی کبھی ایسا طرز عمل اختیار کرتے ہیں جس سے ہمیں محسوس ہوتا ہے کہ شاید ہم اپنے دین کے کامل ہونے پر یقین نہیں رکھتے اور محتاجانہ دوسروں کے سامنے ہاتھ پھیلاتے ہیں، ایسی محتاجی، ایسی کاسہ لیسی، ایسا منگتا پن ہمارے اندر آتا چلا گیا ہے کہ اللہ کے آخری پیغمبر صلی اللہ علیہ وآلہ وسلم نے ہمیں بتا دیا کہ پیدا ہونے سے موت تک یہ کرنا ہے، یہ کرنا ہے اوراس منزل سے اس طرح گذرنا ہے، نہ صرف یہ کہ آپ صلی اللہ علیہ وآلہ وسلم نے بتایا؛ بلکہ دست مبارک سے تھام کر ہر مشکل مرحلہ سے گذارا؛ لیکن ہم اس کے باوجود دوسروں کی طرف دیکھتے ہیں، دوسروں کا لباس پسند آتا ہے، دوسروں کی وضع قطع، دوسروں کی بول چال ہمیں پسند آتی ہے اور ہم سوچتے ہیں کہ اگر یہ حکم ہمارے دین میں آیا ہوتا تو کتنا اچھا ہوتا!

علم کی اہمیت اورعلم اور دین کے باہمی رشتہ پر روشنی ڈالتے ہوئے فرماتے ہیں :

بزرگانِ محترم ! ہمارا دین، میں نے عرض کیا، قرأت پر، تلاوت پر، پڑھنے پڑھانے پر، سیکھنے سکھانے پر، قرطاس وقلم پر مبنی ہے، اس میں پڑھنا پڑھانا، سیکھنا سکھانا، لکھنا لکھانا، تصنیف وتالیف، مدرسے اور مکاتب یہ ہمارے دین کی بنیادوں میں ہے، اس لئے لکھنے والے اللہ کے نیک بندے آج بھی لکھ رہے ہیں، ایک ایک موضوع پر کتاب لکھ رہے ہیں، بیس بیس جلدیں، تیس تیس وولیوم (Volume) اس

طرح کتب خانے بھرے ہوئے ہیں ،بعض حضرات کو اشتباہ ہوتا ہے کہ یہ کتابیں کہاں سے آگئیں؟ اتنے سارے مجلدات کہاں سے آگئے؟ یہ سب کہاں تھے رسول اللہ ﷺ کے زمانے میں ؟ جی نہیں ! اللہ نے فرمایا :'' عَلَّمَ بِالْقَلَمْ ، عَلَّمَ الْاِنْسَانَ مَالَمْ یَعْلَمْ '' اللہ نے قلم جیسی بے جان اور بے روح شئ کو، کہ قلم خود حرکت نہیں کرسکتا، دست انسانی جب تک اس کے ساتھ لگتا نہیں، وہ چل نہیں سکتا؛ لیکن اسی بے جان اور بے روح قلم کو اللہ نے تعلیم انسانی کا ذریعہ بنادیا، انسان کو وہ سب کچھ سکھادیا جو نہیں جانتا تھا:''عَلَّمَ الْاِنْسَانَ مَالَمْ یَعْلَمْ ''وہ سب اللہ نے سکھادیا۔

مفتی صاحب ہمیشہ اپنے خطاب میں اعتدال، تحمل اختلاف اور اتحاد کی دعوت دیتے تھے اور اس بات کو بڑی عمدگی سے سمجھاتے تھے، شریعت میں خود اختلاف رائے کی گنجائش رکھی گئی ہے اور صحابہ کے دور میں بھی بعض مسائل میں رائے کا اختلاف پایا جاتا تھا؛ لیکن اس کو کسی نے بُرا نہیں سمجھا؛ چنانچہ اختلاف برداشت کرنے اور باہمی عداوت ودشمنی سے بچتے ہوئے اجتماعیت پیدا کرنے کی ضرورت پر روشنی ڈالتے ہوئے فرماتے ہیں :

بزرگانِ محترم ! ہم کسی غرضِ دنیوی کے تحت آپس میں دشمنی پیدا کرلیں تو کچھ نہ کچھ دنیوی فائدہ تو بہرحال ہمیں ہوگا ہی؛ حالاں کہ اس کی بھی اجازت نہیں، عداوتوں کی اجازت نہیں؛ لیکن دینی اعتبار سے ہم نے کوئی چیز اپنے خیال کے اعتبار سے صحیح سمجھی اور دوسرے نے دوسری چیز کو صحیح سمجھا، تو ہم محض اس بنیاد پر کہ میں نے جو چیز صحیح سمجھی ہے اور جس کو میں نے اختیار کیا ہے، جس شخص نے اختیار نہیں کیا، میں اس کا دشمن ہوجاؤں عدو ہوجاؤں اور باہمی عداوت کی کیفیتیں ہمارے اندر پیدا ہونے لگیں ، اسلام اس کا قطعاً متحمل نہیں ہے ، ہمارا ایمان اسے چاہتا ہی نہیں ، اسے برداشت کرتا ہی نہیں ؛ اس لئے کہ اللہ تعالیٰ نے فرمایا: تم پہلے تھے دشمن ایک دوسرے کے، اللہ کا احسان ہوا کہ تم بھائی بھائی بن گئے.....تو اس کے بعد اب پھر یہ کیفیت پیدا ہوجائے ،تو اس کی کہاں گنجائش!

مفتی صاحب اپنے خطاب میں ہمیشہ دُکھتی رَگ پر انگلی رکھا کرتے تھے اور جو ضرورت ہوتی ،اس کی تلقین فرماتے تھے، جیسے نظام مکاتب کی اہمیت پر روشنی ڈالتے ہوئے کہتے ہیں :

امر واقعہ یہ ہے کہ مکاتب ہمارے دین کی بنیادوں میں سے ہیں اور معاشرے میں ہمارے اگر دین کو باقی رہنا ہے، اسلام کو قائم رہنا ہے اور ہماری آئندہ نسلوں کو اسلام پر چلتے ہوئے زندگی گزارنی ہے تو مکاتبِ دینیہ کا نظام بالکل ضروری ہے اور لازمی ہے، سب سے پہلے یہ چیز ہونی چاہئے اور اس کو ہم اور آپ اچھی طرح سے سمجھ سکتے ہیں، اس ہدایت کی روشنی میں جو رسول اللہ ﷺ نے بیان فرمائی ہے اور عمل کر کے بھی دکھایا ہے، بچہ جب پیدا ہوتا ہے تو آپ کے علم میں ہے اور ہر مسلمان جانتا ہے کہ بچے کے دائیں کان میں اذان دی جاتی ہے اور بائیں کان میں اقامت کہی جاتی ہے، آپ سوچئے ایک چھوٹا سا بچہ، معصوم بچہ، آنکھیں بھی صحیح طریقے سے نہیں کھولتا، جو سوچنے سمجھنے کی صلاحیت ہوتی ہے، اس کے اندر وہ صلاحیت نہیں، ایسے نومولود، معصوم بچے کے کانوں میں اذان اور اقامت کی آواز ڈالی جاتی ہے، پہنچائی جاتی ہے، یہ رسول اللہ ﷺ کی تعلیم ہے، کیا مطلب ہے اس کا؟ مطلب یہ ہے کہ سب سے پہلے بچے کے لوحِ قلب پر جو چیز لکھی جائے گی، جو حروف ثبت کئے جائیں گے، جو بات اس کے دل میں بٹھائی جائے گی وہ اللہ کی کبریائی، خدا کی وحدانیت اور رسول اللہ ﷺ کی رسالت، نماز کی دعوت، فلاح اور کامیابی کی طرف بلانا، یہ چیزیں سب سے پہلے اس کے دل کی تختی پر لکھی جانی چاہئیں......!

مفتی صاحب کا ہر خطاب نہ صرف تعبیر و بیان کے اعتبار سے خوبصورت ہوتا؛ بلکہ ایک واضح پیغام پر مبنی ہوتا، مفتی صاحب نے لکھنے پر کم توجہ دی؛ لیکن اگر آپ لوح و قلم کی دنیا میں فروکش ہوتے تو اپنے زمانہ کے بڑے مصنفین اور نثر نگاروں میں ہوتے، ایک زمانہ میں دارالعلوم سبیل الرشاد سے ''سلسبیل'' نکلا کرتا تھا، جو غالباً سہ ماہی تھا، اس میں آپ ''سرچشمہ'' کے عنوان سے اداریہ ''آبِ حیات'' کے عنوان سے درس قرآن اور ''جامِ کوثر'' کے نام سے درس حدیث لکھا کرتے تھے، غور کیجئے خود ان عنوانات میں کیسی ندرت اور کس بلا کا حسن ہے؟

ایک حدیث ہے: سات لوگوں کو قیامت کے دن عرش الٰہی کا سایہ حاصل ہوگا، جس میں ایک وہ ہے، جس کا دل مسجد میں اٹکا رہتا ہو، اس حدیث کی تشریح کرتے ہوئے رقمطراز ہیں:

مالک روزِ جزا کی طرف سے گویا اعلان کیا جائے گا: اے گوشہ نشیں بندے! ایک وسیع و عریض دنیا میں ہم نے تمہیں بھیجا تھا، جس کی ہر چیز اپنی کشش رکھتی تھی، فلک

بوس پہاڑ، بے کراں سمندر، بہتے ہوئے دریا، نیلگوں جھیلیں، شاداب کھیتیاں، سرسبز وشاداب کھلے میدان، جہاں ٹھنڈی ٹھنڈی ہوائیں چلتی تھیں، تجارت کے سرگرم مراکز جہاں سیم وزر کی بارش ہوتی تھی؛ لیکن کہیں تمہارا جی نہیں لگتا تھا، اگر تمہارا جی لگتا تھا تو ہمارے گھر کی پُرسکون فضا میں، تم انسانی ضرورتوں، تقاضوں اور خود ہمارے احکام کے تحت مجبور ہوکر باہر جاتے تھے؛ لیکن تمہارا دل مسجد میں لگا رہتا تھا، تمہارے لئے دنیا کی کسی شئے میں ایسی کشش نہیں تھی کہ وہ تمہارے قلب کو اپنی طرف مائل کرسکتی، تم چاہتے تھے کہ ہمیشہ اس گھر میں رہوں جس کی نسبت ہماری طرف تھی، جہاں ہماری رحمتیں نازل ہوتی تھیں، آج کے اس ہولناک دن بھی ہم جانتے ہیں کہ تمہیں اطمینان ایسی ہی جگہ رہنے سے حاصل ہوگا جس کی نسبت ہماری طرف ہو؛ چنانچہ ہم تمہیں اپنے عرش کے سائے میں جگہ دے رہے ہیں!

صحابہ کے ایثار کے ایک واقعہ کی کیسی خوبصورت تصویر کھینچتے ہیں :

......عسرت وتنگ دستی کا دور ہے، جانے کتنے جتن کے بعد چھوٹے چھوٹے معصوم بچوں کے لئے تھوڑا سا کھانا تیار ہوسکا ہے، ایسے عالم میں صاحبِ خانہ رات کے کھانے پر ایک مہمان کے ساتھ آتے ہیں اور بیوی سے کہتے ہیں کہ بچوں کو بہلا پھسلا کر سلا دو! مہمان نوازی ضروری ہے، بچوں کے سوجانے کے بعد مہمان کو لے کر دسترخوان پر بیٹھتے ہیں، بیوی حسب ہدایت بتی درست کرنے کے بہانے چراغ گُل کردیتی ہیں، اندھیرے ہی میں کھانا شروع ہوتا ہے، مہمان یہ سمجھتے ہوئے کہ میزبان بھی کھانے میں شریک ہیں، اطمینان کے ساتھ کھانے سے فارغ ہوجاتے ہیں اور وہ رات، دونوں میاں بیوی اور معصوم بچے فاقے سے گذار دیتے ہیں، قرآن مجید کی آیت اُترتی ہے: ’’وَيُؤْثِرُوْنَ عَلٰى اَنْفُسِهِمْ وَلَوْ كَانَ بِهِمْ خَصَاصَةٌ‘‘ (اور ترجیح دیتے ہیں اپنی جانوں پر اگران پر فاقہ ہی ہو)۔

’سلسبیل‘ کے اداریوں میں معنی خیز، ولولہ انگیز اور ادبی چاشنی سے بھرپور دل آویز بہت سے مرقعے موجود ہیں، ایک اداریہ میں حضرت مولانا قاری محمد طیب صاحبؒ کی وفات پر آپ نے ایسا خراج عقیدت پیش کیا ہے، جس کے ہر ہر لفظ سے محبت کی خوشبو آتی ہے، اس کا ایک مختصر اقتباس ملاحظہ کیا جاسکتا ہے :

فروغِ بزم ! آپ کیا تشریف لے گئے کہ پوری محفل بے نور اور بے رونق ہوگئی، دانش وحکمت کا قصر درخشاں شب گزیدہ ہے اور اندھیروں کی آماجگاہ بنا ہوا ہے، وہ عزت وآبرو داستانِ پارینہ بن گئی جو آپ کی رہین منت تھی، عظمت ووقار اور تفوق وبرتری کا وہ شاندار محل زمیں بوس ہوگیا، جو آپ کے دم قدم سے سرفراز تھا، آپ کی شان تو وہ تھی کہ جب آپ کسی علاقے کا سفر فرماتے تو یوں محسوس ہوتا، جیسے کوئی فرماں روائے وقت اپنی قلمرو کا دورہ کررہا ہے اور آپ کے بعد اب نوبت یہاں تک پہنچ چکی ہے کہ: ''پھرتے ہیں میر خوار کوئی پوچھتا نہیں!'' علوم ومعارف کا لہلہاتا چمن خزاں رسیدہ ہے اور اپنے بوڑھے مالی کو رورہا ہے، خوبصورت روشیں پامال اور دلکش کیاریاں خاک بسر ہیں، پتہ پتہ سوگوار اور ڈالی ڈالی بے قرار ہے، ہر غنچہ گریاں اور ہر پھول ماتم کناں ہے، گوشے گوشے سے سسکیوں کی آوازیں آرہی ہیں، آہوں کا دھواں اُٹھ رہا ہے اور پوری فضا پر غبارِ اَلم چھاتا چلا جارہا ہے۔

مفتی صاحب کی زیادہ توجہ درس وانتظام پر تھی، اس لئے لکھنے پر کم توجہ دی؛ لیکن چند مقالات جو سلسبیل کے واسطہ سے شائع ہوئے ہیں، وہ بھی خوب بلکہ خوب تر ہیں، ان میں ایک مقالہ ''اعداد قرآنی'' پر ہے، جس میں قرآن میں بیان کئے گئے اعداد اور جس چیز کی تعداد بیان کی گئی ہے، اس کی معنویت پر روشنی ڈالی گئی ہے، یہ قرآن کریم کی ایک نئی جہت کا مطالعہ ہے اور خوب ہے، اسی طرح ''علم ریاضی اور شمس وقمر کی رفتار'' پر آپ کا مضمون بہت خوب ہے اور اس میں بعض اہم سوالات کے جواب دیئے گئے ہیں، غرض کہ مفتی صاحب نے کم لکھا ہے؛ لیکن جو کچھ لکھا ہے، خوب لکھا ہے۔

مفتی صاحب کے نانا علامہ ضیاء امانی بڑے عالم بھی تھے اور بڑے ادیب بھی، شاید نانیہال ہی کی طرف سے اللہ نے آپ کو خصوصی ادبی ذوق سے نوازا تھا، ذوق تو نثر ونظم دونوں کا تھا اور خوب تھا؛ لیکن نسبتاً اشعار میں اس کے اظہار کی زیادہ نوبت آئی، مفتی صاحب نے مختلف صنفوں میں طبع آزمائی کی ہے، نعتیں بھی کہیں ہیں، نظمیں بھی اور غزلیں بھی، آپ کی نعتیں عشق ومحبت کی حرارت میں ڈوبی ہوئی ہیں اور اس کے لفظ لفظ سے عشق نبوی کی خوشبو پھوٹتی ہے، آپ نے نعت کے روایتی اشعار سے ہٹ کر منفرد لب ولہجہ میں اشعار کہے ہیں، جو یقیناً جناب رسالت مآب ﷺ سے محبت وگرویدگی کا نتیجہ ہے :

عقیدت آپؐ سے ہے ، احترام آپؐ کا ہے
حضورؐ ! یہ دل خستہ غلام آپؐ کا ہے

دعائے خیر ، تمنائے نیک ، شر کے عوض
یہ ظالموں سے حسیں انتقام آپؐ کا ہے
تکلم آپؐ کا قانونِ شرع ہے لاریب
سکوت بھی تو شریعت نظام آپؐ کا ہے

یہ ایک طویل نعت کے چند اشعار ہیں، آپ کی نعتوں میں بہت سی تلمیحات اور قرآنی آیات کی طرف اشارہ ملتا ہے، زندگی کیا ہے؟ سکھ و آرام کیا ہے؟ کس کو علم کہتے ہیں اور کس کو جہل؟ سربلندی کس چیز کا نام ہے؟ اس کو شاعر کی زبان سے سنیے :

آتشِ عشقِ نبیؐ میں جل کے سکھ پانے کا نام
زندگی ہے آپؐ پر قربان ہوجانے کا نام
جس کو دنیا علم کہتی ہے ، وہ جہل محض ہے
علم تو ہے آپؐ کے ارشاد فرمانے کا نام
سرخ رُوئی ، خاکِ پا چہرے پہ ملنے کا صلہ
سربلندی آپؐ کے قدموں پہ جھک جانے کا نام
شمعِ بزمِ کن فکاں کے نعت خوانوں میں تو اب
آرہا ہے مرحبا ! اشرف سے پروانے کا نام

بارگاہِ نبوی کے ثناخواں کو اپنے محبوب کی ہر چیز سے خوشبو آتی ہے :

وہ سرزمین مدینہ ، وہ جنت فردوس
ہے جاں فزا در و دیوار و بام کی خوشبو
وہ صبح عطر بداماں وہ شامِ گُل افشاں
بسی ہے دل میں اسی صبح و شام کی خوشبو
یہاں رُکے ہیں شہِ دیں ، ادھر سے گذرے ہیں
بتا رہی ہے ہمیں گام گام کی خوشبو

مفتی صاحب کی متعدد غزلیں ''اوجِ شرف'' میں شامل ہیں، اس میں بعض بحریں بہت چھوٹی ہیں اور کم سے کم الفاظ کے اندر معانی کا ایک سمندر چھپا ہوا ہے :

خود ہی مٹ جاؤں گا نقش بر آب ہوں
باڑھ کانٹوں کی ہے باغ شاداب ہوں
ساغرِ امن کا بادۂ ناب ہوں

اور ایک دو اشعار بحر طویل کے بھی ملاحظہ کیجئے :

محبت کے اونچے پہاڑوں کی روشن چٹانوں کی بستی میں لوگوں کو بھیجو !
تنفر کے تاریک غاروں کی کالی بلاؤں میں کب تک پھنساتے رہو گے
تمہیں پیار کے روح پرور گلستاں کے شاداب پھولوں سے کیوں دشمنی ہے؟
عداوت کے پر ہول مرگھٹ میں نفرت کی یہ آگ کب تک جلاتے رہو گے؟
ذرا چلنے دو ٹھنڈی ٹھنڈی ہوائیں ذرا ہونے دو ہلکی ہلکی پھواریں
یہ آندھی ، یہ صرصر ، یہ لو ، یہ بگولے ، یہ طوفان کب تک اُٹھاتے رہو گے

آپ کی غزلیں زبان و بیان کی رعنائی کے ساتھ گہری معنویت کی حامل ہے، کوئی غزل شروع کریں تو مکمل کئے بغیر طبیعت سیر نہیں ہوتی، مختلف غزلوں میں سے چند اشعار پیش خدمت ہیں :

آسماں ! جس نے نہ سمجھا تھا کسی قابل مجھے
کر رہا ہے حوصلہ مندوں میں اب شامل مجھے
ظلم کے گرداب میں کشتی پھنسی تو کیا ہوا
وہ نظر آتا ہے ہمدم ! امن کا ساحل مجھے

●

بڑھ کے لیتی ہے اسے منزل مقصود اپنی
جو مسافر کہ سمجھتا ہے سفر باقی ہے
ان سے کب نظریں ملی تھیں ، یہ مجھے یاد نہیں
آج تک اس کا سوز و اثر باقی ہے

●

بے سوز قلب ، درد سے خالی جگر ملے
جتنے یہاں ملے مجھے ، ننگ بشر ملے
اوجِ بشر کو دیکھ کے کہنے لگا فلک
اچھا ہوا حیات کے دن مختصر ملے

●

ذرے ذرے سے آشکار ہے وہ
اور پھر بھی وہی ہے اب تک راز

●

تمہاری رہ گذر ہے اور میں ہوں
رہ بے راہبر ہے اور میں ہوں
اُمیدوں کی سحر ہے اور میں ہوں
حیات مختصر ہے اور میں ہوں

●

میری ہر بات داد سے محروم
ان کا ہر وعدہ ، وعدۂ مرحوم

مفتی صاحب کے اشعار میں کہیں کہیں لہجہ میر کی جھلک بھی نظر آتی ہے، جیسے ان اشعار کو دیکھا جائے :

ہم تو پیتے ہیں چشم مست کی مئے
یہ کہاں ساغر و سبو لو ہو
جان دے دیں گے اس پہ ہم اشرف !
تم جو اُردو کا اب لہو ، لو ہو

مفتی صاحب نے آزاد شاعری میں بھی طبع آزمائی کی ہے اور خوب کی ہے، کئی نظمیں اور غزلیں اسی اُسلوب میں کہی گئی ہیں، اس طرح کی متعدد نظمیں مجموعہ میں شامل ہیں، مولانا عبدالوہاب صاحب بانی باقیات الصالحات کو خراج عقیدت پیش کرتے ہوئے کہتے ہیں :

شمس علمائے دہر، اوستاد زماں
پیکر اتقاء، شان قدوسیاں
حق نگر، حق بیاں، نکتہ رس، دوربیں
محفل علم وحکمت کے مسند نشیں
بزم آرائے تجدید دین متیں
نازِش شش جہات
ذات والا صفات
عبدِ وہاب! اے بانی باقیات!

جو لوگ علم وتحقیق اور تصنیف و تدریس کے شہسوار ہوتے ہیں، انتظام و انصرام کے کاموں سے ان کو مناسبت نہیں ہوتی؛ لیکن آپ جیسے اعلیٰ درجہ کے خطیب، کہنہ مشق قلم کار اور میدانِ شعر وسخن کے شہسوار تھے، ویسے ہی نظم ونسق کی بھی اعلیٰ صلاحیت رکھتے تھے، دار العلوم سبیل الرشاد کا اپنے والد ماجد کی زندگی ہی میں سارا انتظام آپ کے حوالہ کر دیا گیا تھا، ان کی وفات کے بعد دار العلوم آپ کے زیر انتظام اسی طرح پوری آب وتاب کے ساتھ چلتا؛ بلکہ آگے بڑھتا رہا، آپ کے دورِ اہتمام میں بہت ساری عمارتیں تعمیر کی گئیں، درسگاہ بلڈنگ، کتب خانہ، ایوانِ سعود (کانفرنس ہال)، ڈائننگ ہال، انتظامی بلڈنگ، مسجد کی توسیع وغیرہ، ہر عمارت کا جداگانہ طرز تعمیر ہے، مگر ہر ایک پُرشکوہ، دیدہ زیب، خوبصورت اور مضبوط۔

اسی طرح آپ کے عہد اہتمام میں آل انڈیا مسلم پرسنل لا بورڈ، اسلامک فقہ اکیڈمی انڈیا، آل انڈیا ملی کونسل کے متعدد اجلاس، سبیل الرشاد کا پچاس سالہ جشن، تربیت قضا اور تفہیم شریعت ورکشاپ اور بہت سارے پروگرام ہوئے، یہ سارے پروگرام حسن انتظام اور خوش ذوقی کا شاہکار تھے، مفتی صاحب کو جو چیز دوسرے ذمہ داروں سے ممتاز کرتی ہے، وہ ہے خوش سلیقگی، تعمیر ہو یا پروگرام، مہمانوں کا استقبال ہو یا ان کو رخصت کرنا، ہر جگہ اور ہر عمل میں خوش ذوقی اور خوش اخلاقی قدم قدم پر نمایاں ہوتی، خود مفتی صاحب کا رہن سہن، دفتری نشست گاہ، ملاقات گاہ، سبھی تہذیب وشائستگی کا بہترین نمونہ تھی، آپ خود بھی اس پر عامل تھے اور دوسروں کو بھی اس کی تلقین کیا کرتے تھے؛ چنانچہ اپنے ایک خطاب میں فرماتے ہیں :

> بزرگانِ محترم ! ہمارا دین جو اسلام ہے، بہت ہی سلیقوں اور قرینوں کا دین ہے، ہر بات میں سلیقہ، ہر کام میں قرینہ، رسول اللہ ﷺ نے ہمیں جو دین مرحمت فرمایا اور اس کے اندر جو آداب ہیں، اُصول ہیں، ضوابط ہیں، کلیات ہیں، ان کی وضاحت فرمائی، ان کو دیکھئے تو لگے گا کہ اسلام ایک ایسا مزین، مہذب، خوبصورت اور حسین وجمیل دین ہے، جس کے اندر کہیں بھی کسی طرح کا کوئی نقص، کوئی عیب، کوئی کمزوری نہیں پائی جاتی۔

مفتی صاحب اپنے تمام تر علمی کمالات، وسیع تعلقات اور دینی اداروں سے لے کر حکومتوں تک گہرے اثرات کے باوجود انکسار وتواضع کا پیکر تھے، بڑوں سے ہی نہیں؛ بلکہ چھوٹوں کے ساتھ بھی اتنے اکرام کا معاملہ کرتے کہ اگر کوئی کم فہم آدمی ہو تو غلط فہمی میں مبتلا ہو جائے، مجھے خود ان کی کسر نفسی کا بارہا تجربہ ہوا، ایک بار سبیل الرشاد کے پروگرام میں حاضر ہوا، ایئرپورٹ پر حضرت مولانا سید مصطفیٰ رفاعی صاحب بعض رفقاء کے ساتھ استقبال کے لئے

موجود تھے ؛ لیکن جب میں آگے بڑھا تو لوگوں نے بتایا کہ مفتی صاحب بنفس نفیس آپ کے استقبال کے لئے تشریف لائے ہیں اور کار میں بیٹھے ہوئے ہیں ، بڑی شرمندگی ہوئی ، مفتی صاحب سے اس کا اظہار بھی کیا گیا ، مفتی صاحب نے فرمایا : آپ ہمارے مہمان ہیں ؛ اس لئے مجھے آنا ہی چاہئے تھا ، ایک اور موقع پر میں بنگلور کے کسی اور پروگرام سے حیدرآباد واپس آرہا تھا ، مفتی صاحب نے ملاقات کے دوران نظام سفر دریافت کیا اور میں نے اس کو ایک رسمی گفتگو سمجھا ، مگر جب ٹرین کنٹونمنٹ اسٹیشن پر رُکی ، جہاں سے سبیل الرشاد قریب ہے ، تو اچانک دیکھا کہ مفتی صاحب خود توشہ لے کر آئے ہوئے ہیں ، شرمسار بھی ہوا اور عبرت بھی ہوئی کہ ہمارے بزرگوں میں کیسی خورد نوازی ہے !

مفتی صاحب اپنے والد ماجد کے علاوہ جن بزرگوں سے زیادہ متاثر تھے ، ان میں حکیم الاسلام حضرت مولانا قاری محمد طیب صاحبؒ ، حضرت مولانا سید ابوالحسن علی ندویؒ ، شیخ الحدیث حضرت مولانا فخر الدین احمد صاحبؒ اور حضرت مولانا قاضی مجاہد الاسلام قاسمیؒ کے نام خاص طور پر قابل ذکر ہے ، حضرت مولانا قاضی مجاہد الاسلام قاسمی صاحبؒ سے غیر معمولی ذہنی ہم آہنگی تھی ؛ چنانچہ مفتی صاحب نے دبئی کے ایک خطاب میں فرمایا :

> برصغیر میں ، ہندوستان میں بہت سے علماء اور اکابر رہے ہیں اور ہر ایک کا ایک مقام ہے اور بہت سوں سے ہماری عقیدت اور محبت و ارادت کا تعلق بھی رہا ہے ؛ لیکن واقعہ یہ ہے کہ پہلی ملاقات میں جس طرح خیالات ، جذبات اور احساسات میں یکسانی کا احساس ہوا قاضی صاحب کو میرے ساتھ ، یا مجھے قاضی صاحب کے ساتھ ، یہ بھی ایک عجیب وغریب بات ہے ، جو خیال دل میں آیا ، جو بات دل میں آئی ، وہ قاضی صاحب سے عرض کی تو قاضی صاحب نے اس کی تائید فرمائی ، یا قاضی صاحب نے جو فرمایا ، ایسا لگا جیسے وہ ہمارے دل کی بات کہہ رہے ہیں ۔

راقم الحروف نے قاضی صاحب کو دیکھا کہ جب کبھی کسی تنظیم کی تشکیل کرتے ، یا کسی ادارہ کی داغ بیل ڈالتے تو مفتی صاحب کا نام اس میں ضرور شامل کرتے ، اسلامک فقہ اکیڈمی ہو یا ملی کونسل ، اس کی کوئی میٹنگ یا کوئی پروگرام مفتی صاحب کے بغیر مکمل نہیں ہوتا ، امارت شرعیہ یا بہار کا کوئی اہم پروگرام ہوتا تو بحیثیت مقرر مفتی صاحب کو مدعو کرنے کی تلقین کرتے ، خود مفتی صاحب کا حال یہ تھا کہ وہ تقریباً ہر سال ہی کسی نہ کسی بہانے قاضی صاحبؒ کو بنگلور یا میسور میں خطاب کے لئے بلاتے ، متعدد بار سبیل الرشاد کے سالانہ جلسے میں مدعو کیا ، قاضی صاحب کو بھی اس ادارہ سے ایسا تعلق تھا کہ عدیم الفرصتی کے باوجود جب بھی یہاں تشریف لاتے ، کئی کئی دن مقیم رہتے ، ایک دن کہنے

لگے : مجھے ہندوستان بھر میں حضرت مولانا ابوالسعود صاحبؒ پر بہت رشک آتا ہے کہ وہ خود بڑے عالم ہیں اور ان کے چاروں صاحبزادے نہ صرف عالم ہیں بلکہ اچھے عالم ہیں، پھر مفتی صاحب کا خاص طور پر ذکر کیا اور ان کی علمی لیاقت اور تواضع کا دیر تک ذکر کرتے رہے۔

اس حقیر نے فراغت کے بعد ہی سے بہت دفعہ حضرت مفتی صاحبؒ کا ذکر خیر سنا، مسلم پرسنل لا بورڈ کے پروگراموں میں دُور دُور سے دیکھا، وہ اپنے والد ماجد کے ساتھ اس طرح رہتے تھے، جیسے عام قسم کا خادم، تواضع کی وجہ سے ان کو پہچاننا دشوار ہوتا تھا؛ لیکن قریبی ارتباط اس وقت شروع ہوا جب اسلامک فقہ اکیڈمی کا قیام عمل میں آیا، پھر ایسا ہوا کہ مفتی صاحب کے مشورہ سے بنگلور کے کچھ احباب نے سیرت نبوی پر ''خطبات بنگلور'' شروع کیا اور پہلا خطبہ حضرت قاضی صاحبؒ کا ہوا، یہ انتخاب بھی بظاہر مفتی صاحب ہی کا مشورہ تھا، اس موقع سے آپ نے افتتاحی کلمات کہے جو خوب بلکہ خوب تر ہیں، تعارف کے یہ الفاظ ہیرے اور جواہرات سے بھی زیادہ خوبصورت تعبیرات پر مشتمل ہیں، اور اس پر مفتی صاحب کی خداداد آواز مستزاد تھی، جس میں کھنک تھی، وقار تھا اور جو کانوں میں رس گھولتی تھی، میں نے ان کلمات کو ٹیپ ریکارڈ پر سنا، ایک دو سال کے بعد وقفہ سے 'خطبات بنگلور' کا دوسرا دور منعقد ہوا، مفتی صاحب ہی کے مشورہ سے اس بار قرعۂ فال اس حقیر کے نام نکلا، اس موقع پر ایک ہفتہ بنگلور میں قیام رہا اور مفتی صاحب کو نسبتاً قریب سے دیکھنے کا موقع ملا، آپ نے مدرسہ کے علاوہ ذاتی طور پر اپنے دولت خانہ پر بھی مدعو کیا، اور بڑی حوصلہ افزائی فرمائی، پانچ روزہ پروگرام کے درمیان جو بعد مغرب ہوا کرتا تھا، روزانہ شروع سے اخیر تک تشریف فرما ہوتے اور میرا حوصلہ بڑھاتے۔

قاضی صاحب کی وفات کے بعد سبیل الرشاد کا جو سالانہ جلسہ منعقد ہوا، اس میں مہمانِ خصوصی کی حیثیت سے مجھے مدعو فرمایا، اپنے مزاج کے مطابق بڑا اکرام کرتے رہے، میں نے سبیل الرشاد کے مزاج و مسلک اور موجودہ حالات میں اس کی معنویت پر خطاب کیا، مفتی صاحب نے بڑی خوشی کا اظہار کیا اور منھ بھر بھر کر تعریف کی، اس میں ان کی خورد نوازی کا بھی دخل تھا اور اس بات کا بھی کہ اللہ تعالیٰ نے مجھ سے ضرورت کے مطابق باتیں کہلوا دیں، مفتی صاحب کی شفقت کا حال یہ تھا کہ سبیل الرشاد میں ہونے والے اکثر اہم پروگراموں میں بلا استحقاق اس حقیر کو طلب فرماتے تھے اور راقم ان کے حکم کی تعمیل میں قلبی سکون محسوس کرتا تھا۔

حضرت قاضی صاحبؒ کی وفات کے بعد جب اکیڈمی کی تشکیل نو ہوئی تو آپ اس کے نائب صدر منتخب کئے گئے، اس کے بعد قربت اور بڑھ گئی، اکیڈمی کی میٹنگوں میں ان کے مشورے بڑے اہم ہوتے تھے اور وہ ہمیشہ اس بات پر زور دیتے تھے کہ اکیڈمی کی فکر اور اس کے فیصلے سلف صالحین کے متوارث منہج سے ہٹنے نہ پائیں، اکیڈمی کے

سیمیناروں میں بھی بڑی پابندی سے شرکت فرماتے اور کسی نہ کسی نشست کی صدارت ان سے ضرور متعلق ہوتی، ایسے موقع پر وہ بہت ہی بچے تلے صدارتی کلمات کہتے اور اس سے ہٹ کر بھی زیر بحث مسائل میں حصہ لیتے، ان کی گفتگو کو تمام شرکاء توجہ سے سنتے اور خاص اہمیت دیتے، اکیڈمی میں قاضی صاحب کے بعد تجاویز پر نظر ثانی کا معمول رکھا گیا ہے، نظر ثانی کے دوران کہیں الفاظ میں تبدیلی کی ضرورت پیش آتی تو بہت ہی موزوں الفاظ کی نشاندہی کرتے، سیمینار کے اختتام پر جو اجلاس عام ہوتا ہے، اس میں بھی یقینی طور پر آپ کا خطاب شامل ہوتا، جسے سامعین شوق کے ساتھ سنتے اور جس میں ملت کے لئے ضرور کوئی اہم پیغام ہوتا۔

قاضی صاحب کی وفات کے بعد ملی کونسل کی تشکیل نو ہوئی، اس میں بھی آپ کے نہ چاہنے کے باوجود آپ کو نائب صدر بنایا گیا، یہاں بھی آپ کی رائے گویا فیصلہ کن ہوتی؛ چوں کہ قاضی صاحب کو ملی کونسل کے قیام کے بعد زیادہ وقت نہیں ملا؛ اس لئے زیادہ تر ریاستوں میں اس کی بنیاد مضبوط نہیں ہوسکی؛ لیکن کرناٹک میں آپ کی توجہ سے ملی کونسل ہمیشہ متحرک رہی، خدا کرے آئندہ بھی یہی صورتِ حال باقی رہے، آل انڈیا مسلم پرسنل لا بورڈ کے آپ رکن تاسیسی بھی تھے اور رکن عاملہ بھی، آپ اس کی نشستوں میں پابندی سے شریک ہوتے تھے اور شروع سے اس کارواں میں شریک تھے، آپ کی اصابت رائے کے سبھی لوگ قائل تھے، حضرت مولانا قاری محمد طیب صاحبؒ، حضرت مولانا علی میاںؒ، حضرت مولانا منت اللہ رحمانیؒ، حضرت مولانا قاضی مجاہد الاسلام قاسمیؒ، حضرت مولانا سید نظام الدین صاحبؒ اور حضرت مولانا سید محمد رابع حسنی ندوی مدظلہ، یہ سبھی بزرگ آپ کے بے حد قدرداں تھے، ہر اہم مسئلہ میں آپ کے مشورہ کے طلب گار ہوتے تھے اور آپ کی رائے کو بڑی اہمیت دیتے تھے۔

دینی مدارس سے آپ کو خصوصی تعلق تھا؛ چنانچہ آپ جنوبی ہند کی کئی دینی جامعات کے سرپرست تھے، جہاں نظم ونسق کے تمام اُمور آپ کے مشورہ سے انجام دیئے جاتے تھے، اس کے علاوہ آپ دارالعلوم وقف دیوبند اور دارالعلوم ندوۃ العلماء کی مجلس شوریٰ کے رکن رکین تھے، آپ کی رائے گہرے غور وفکر پر مبنی ہوتی تھی اور اربابِ انتظام اسے سرآنکھوں پر رکھتے تھے، المعہد العالی الاسلامی حیدرآباد سے بھی آپ کو خصوصی تعلق تھا، جس وقت اس کا قیام عمل میں آیا، اس وقت بھی آپ کی تقویت وتائید ادارہ کے خدام کو حاصل تھی، راقم الحروف کی گذارش پر آپ نے معہد کی سرپرستی بھی قبول فرمائی، اس کے متعدد سالانہ جلسوں کی صدارت فرمائی، معہد میں ۲۰۱۱ء میں قرآن مجید پر اور ۲۰۱۶ء میں سیرت نبوی پر 'بین الاقوامی کانفرنس' منعقد ہوئی، دونوں پروگراموں میں آپ کی شرکت ہوئی اور سیرت سیمینار کے اجلاس عام میں تو آپ ہی نے صدارت فرمائی، معہد میں شروع سے سبیل الرشاد کے طلبہ داخلہ لیتے رہے، جو طلباء داخلہ لینے کے بعد آپ سے ملاقات کرتے، آپ ان کی حوصلہ افزائی فرماتے اور کہتے: تم اچھی جگہ پر گئے ہو۔

اس حقیر پر بھی مفتی صاحب کی خصوصی عنایت تھی ،مئی ۲۰۱۷ء میں جامعہ عائشہ کا سالانہ اجلاس ہوا، جس میں بخاری شریف کی آخری حدیث کا درس بھی ہوتا ہے، اس درس کے لئے مفتی صاحب کا نام طئے پایا، ادارہ کے سرپرست کی حیثیت سے راقم نے فون پر مفتی صاحب سے درخواست کی اور جامعہ کے نمائندے بھی حاضر خدمت ہوئے ؛ حالاں کہ ناسازیٔ طبیعت کی وجہ سے اس وقت پروگراموں میں شرکت سے معذرت کررہے تھے ؛ لیکن اس درخواست کو قبول فرمالیا، بورڈ کا اجلاس ہو یا اکیڈمی کا سیمینار، یا کوئی اور پروگرام، ہمیشہ اس حقیر کی حوصلہ افزائی کرتے ، عام طور پر کتابوں پر مقدمہ یا تقریظ لکھنے کا معمول نہیں تھا؛ لیکن اُصولِ حدیث پر اس حقیر نے ایک مختصر سا رسالہ مرتب کیا اور آپ سے تقریظ لکھنے کی گذارش کی ،سفر میں ہونے کے باوجود برجستہ تقریظ تحریر فرمائی اور اس حقیر کے بارے میں حسب ذیل کلمات لکھے :

> حضرت مولانا خالد سیف اللہ رحمانی دامت برکاتہم ملک کے مشہور اور ممتاز عالم دین ہیں ...... اہل زبان بھی ہیں اور صاحب قلم بھی ، اللہ تبارک تعالیٰ نے آپ کو جوہرِ خطابت بھی عطا فرمایا ہے اور ملکۂ تحریر سے بھی نوازا ہے، آپ کی تقریریں شیریں بیانی کا عمدہ نمونہ اور آپ کی نگارشات شگفتہ نویسی کا شاہکار ہیں ، متعدد علمی دینی کتابوں کے مصنف ہیں، جو اپنے معیار کی بنا پر قبولیت عامہ کا درجہ حاصل کرچکی ہیں ، زیرنظر رسالہ مولانائے موصوف نے اُصول حدیث میں تحریر فرمایا ہے، جو اس اہم موضوع کے تمام پہلوؤں پر روشنی ڈالتا ہے اور مشکلات فن کی نہایت چابک دستی کے ساتھ گرہ کشائی کرتا ہے۔

مفتی صاحب سے آخری ملاقات کلکتہ اجلاس آل انڈیا مسلم پرسنل بورڈ منعقدہ: نومبر ۲۰۱۶ء میں ہوئی ، یوں تو ان کی صحت میں ادھر کئی سالوں سے انحطاط تھا؛ لیکن اس بار پاؤں پر خاصا ورم تھا اور صحت میں زیادہ گراوٹ تھی ، پھر مؤرخہ: ۹/اگست ۲۰۱۷ء کو دہلی میں قومی یکجہتی کے موضوع پر ملی کونسل کے زیراہتمام پروگرام منعقد ہوا، اس میں مفتی صاحب کو بھی شرکت کرنی تھی ؛ لیکن علالت کی وجہ سے آخر وقت میں ان کا سفر ملتوی ہوگیا ، اس سال (۱۴۳۹ھ) اللہ تعالیٰ نے اس حقیر کو حج کی سعادت نصیب فرمائی ، ہمارا قافلہ حج سے فارغ ہوکر مکہ مکرمہ واپس آیا تو دوسرے تیسرے دن واٹس ایپ پر اطلاع ملی کہ مفتی صاحب سخت علیل ہیں اور ہسپتال میں خصوصی نگہداشت والے شعبے میں داخل کئے گئے ہیں ،عزیزی مولانا محمد رفیع الدین رشادی سلمہ اللہ تعالیٰ ـــــ جو ہمارے گروپ میں اصلاحی بیانات منظم کرنے کے ذمہ دار تھے ـــــ سے میں نے کہا کہ مفتی صاحب کے لئے دُعائے صحت کی اپیل

کریں، اس کے دو دنوں بعد ہی مؤرخہ: ۷؍ستمبر ۲۰۱۷ء کو اطلاع ملی کہ مفتی صاحب کی وفات ہوگئی، اس اطلاع سے جتنا رنج ہوا، اس کو الفاظ میں بیان نہیں کیا جاسکتا، ایسا محسوس ہوا کہ کسی قریب ترین خاندانی بزرگ نے داغ فراق دے دیا ہو، بہرحال حرم شریف کی حاضری سے فائدہ اُٹھاتے ہوئے خوب دُعا بھی کی اور طواف کی سعادت بھی حاصل کی۔

مفتی صاحب کی مقبولیت ومحبوبیت کا اندازہ تو ان کی زندگی میں بھی تھا، وہ اپنے بڑوں کے بھی محبوب تھے اور چھوٹوں کے بھی؛ لیکن ان کی وفات کے بعد یہ تاثر اور بڑھ گیا، مفتی صاحب کے دیدار کے لئے دو کلومیٹر سے زائد لمبی لائن لگی ہوئی تھی اور بالآخر منتظمین کو اسے روک دینا پڑا، کیا عوام اور کیا خواص، کیا مسلمان اور کیا غیر مسلم، علماء ومذہبی قائدین اور سیاسی وسرکاری شخصیتوں کا نہ تھمنے والا سیلاب تھا، جو آرہا تھا، حکومت کرناٹک کی طرف سے گارڈ آف آنر بھی پیش کیا گیا اور بہت بڑے مجمع نے نم آنکھوں کے ساتھ آپ کو سپرد خاک کیا، اللہ تعالیٰ بال بال مغفرت فرمائیں اور آپ کی خدمات کا شایانِ شان اجر عطا فرمایا جائے۔ آمین

فارسی کا مصرع ''رفتید ولے نہ از دلِ ما'' بہت سے گذرنے والے کے لئے لکھا جاتا ہے اور یہ وفیات کا ایک رسمی عنوان بن گیا ہے؛ لیکن آج میں واقعی قلبی جذبات کے ساتھ اس مصرع کو عنوان کا حصہ بنا رہا ہوں؛ کیوں کہ مفتی صاحب دنیا سے رُخصت ہوگئے اور ہر آنے والے کو رُخصت ہونا ہے؛ لیکن آپ کی شخصیت ایسی تھی جو دل کے نہاں خانہ سے رُخصت نہیں ہوسکتی، جن کی یاد ہمیشہ تر وتازہ رہے گی اور جن کا نقش محبت ہمیشہ لوحِ دل پر ثبت رہے گا۔

●●●

واصل بن عطاءؒ، شخصیت اور افکار

مولانا عبید اختر رحمانی ☆

پس منظر

سنہ ۸۰ھ ہجری میں کئی بڑی شخصیات دنیا میں آئیں، جنھوں نے علم وفکر کی دنیا میں انقلاب برپا کیا، یہ اور بات ہے کہ کسی کے علم وفکر سے اُمت کو فائدہ پہنچا اور کسی کا علم اُمت کے لئے انتشار اور فکر ونظر میں بگاڑ کا سبب بنا، ۸۰ھ میں امام ابوحنیفہؒ پیدا ہوئے، جن کے علم وفکر سے اُمت کو عظیم فائدہ پہنچا اور اسی سنہ میں واصل بن عطاء بھی پیدا ہوا، جس کا علم اور جس کی فکر اُمت کے لئے گمراہی کی وجہ بنی۔

سنہ ۸۰ھ میں اُموی سلطنت جہاں ایک جانب عروج پر تھی، وہیں عربوں کے عجمیوں سے اختلاط اور دیگر وجوہات سے فکر ونظر میں اختلاف اور اسلام کی سادگی کو عجمی فکر کی پُرکاری کا پیوند لگنا شروع ہو چکا تھا، بصرہ اور کوفہ چوں کہ عجم کے دروازے تھے؛ لہٰذا فکر ونظر کا دنگل سب سے زیادہ یہیں برپا تھا، مختلف نظریات کی آمیزش اور ملاوٹ سے نئے نئے فرقے وجود میں آرہے تھے۔

نام ونسب، کنیت

مدینہ منورہ میں سنہ ۸۰ھ میں ایک بچہ پیدا ہوا، جس کا نام واصل رکھا گیا، والد کا نام عطاء تھا، قبیلہ بنی مخزوم یا قبیلہ بنی ضبہ کی جانب منسوب تھا، اب یہ ولاء غلامی کی وجہ سے تھا یا محض اس قبیلہ میں بود وباش اور تعلق کی وجہ سے، اس سے تاریخ کے اوراق خالی ہیں؛ لیکن بہ ظاہر ایسا نظر آتا ہے کہ واصل بن عطا یا اس کے والدین اگر غلام ہوتے تو پھر مؤرخین اور محدثین اس کا ذکر بطور خاص کرتے اور ان کا اس بارے میں خاموش رہنا بتاتا ہے کہ وہ آزاد تھا، واصل کی کنیت ابوحذیفہ تھی اور اس کا لقب غزال تھا۔(۱)

☆ نگراں شعبۂ تحقیق: المعہد العالی الاسلامی حیدرآباد۔

(۱) المنتظم فی تاریخ الملوک والأمم: ۷/ ۲۹۲۔

غزال لقب کی وجہ

مشہور نحوی مبرد نے اس کی تصریح کی ہے کہ اس کی عرفیت غزال اس لئے نہیں تھی کہ سوت کاتنے کا وہ خود یا اس کے آباء واجداد پیشہ کرتے تھے؛ بلکہ اس کی کنیت اس لئے تھی کہ وہ اپنا زیادہ وقت سوت کی خرید وفروخت کے بازار میں یا سوت کے کاروبار سے وابستہ ایک شخص جس کا نام کتب تاریخ وتذکرہ میں عبداللہ الغزال بتایا گیا ہے، اس کے ساتھ گزارا کرتا تھا۔(۱)

مشہور ادیب جاحظ نے واصل کے غزال کی عرفیت سے مشہور ہونے کی وجہ کے بارے میں لکھا ہے:

> کبھی کبھار آدمی کسی ادنی مناسبت سے کسی پیشہ یا کسی مقام کی جانب منسوب ہوجاتا ہے؛ حالاں کہ وہ نہ اس پیشہ سے وابستہ ہوتا ہے اور نہ ہی اس مقام سے، اور مثال میں خالد حذاء اور ابوسعید مقبری کی مثال دی ہے اور کہا کہ خالد کا پیشہ موچی گری کا نہیں تھا اور ابوسعید کو مقبری اس لئے کہا جاتا ہے کہ وہ اپنا زیادہ وقت قبرستان میں گزارا کرتے تھے، ایسے ہی واصل کو غزال کہنے کی وجہ یہ ہے کہ وہ اپنا زیادہ وقت اپنے دوست ابوعبداللہ غزال کے پاس گزارا کرتے تھے۔(۲)

اس کی ابتدائی تعلیم وتربیت کے بارے میں تاریخ کے اوراق خاموش ہیں، پیدائش کے کچھ دنوں بعد واصل کے گھر والے بصرہ آگئے اور یہیں واصل کی نشو ونما ہوئی، (۳) یہیں اس نے تعلیم حاصل کی، بصرہ میں علم کا سب سے بڑا مرکز حضرت امام حسن بصریؒ کی مجلس تھی، واصل نے بھی اسی چشمہ فیض سے استفادہ کیا اور کہنا چاہئے کہ بہت حد تک استفادہ کیا؛ (۴) لیکن تاریخ کی کتابوں پر نظر ڈالنے سے معلوم ہوتا ہے کہ واصل حضرت حسن بصریؒ کے ساتھ ساتھ اس دور کے بدعتیوں جیسے معبد جہنی، غیلان دمشقی وغیرہ کے افکار سے بھی متاثر تھا۔(۵)

اساتذہ ومشائخ

حضرت حسن بصریؒ

حضرت حسن بصریؒ سے واصل نے کتنے سال استفادہ کیا، اس کی تفصیلات دستیاب نہیں ہیں؛ لیکن تمام

---

(۱) مرآۃ الجنان وعبرۃ الیقظان: ۱/۲۱۶۔　(۲) المنیۃ والامل، ص: ۷۰۔

(۳) الموسوعۃ الموجزۃ فی التاریخ الاسلامی: ۱۰/۵۴۶۔　(۴) الوافی بالوفیات: ۲۷/۲۴۵۔

(۵) الملل والنحل: ۱/۴۷۔

تذکرہ نگاروں نے اس کے اساتذہ میں حضرت حسن بصریؒ کا بطور خاص ذکر کیا ہے، اس سے معلوم ہوتا ہے کہ اس نے ان سے خاصا استفادہ کیا تھا، حافظ صفدی تو فرماتے ہیں کہ اس نے حضرت حسن بصریؒ سے متعدد علوم حاصل کئے تھے۔(۱)

جب کہ شہرستانی نے علوم کے ساتھ اخبار کا بھی اضافہ کیا ہے:

كان تلميذا للحسن البصري ، يقرأ عليه العلوم والأخبار ۔ (۲)

ائمہ اہل بیت کی شاگردی کا دعویٰ

حضرت حسن بصریؒ کے علاوہ بھی معتزلہ نے متعدد علماء اہل بیت سے واصل کی شاگردی کا اظہار کیا ہے، مثلاً: یہ دعویٰ کیا گیا ہے کہ واصل نے حضرت محمد بن حنفیہ سے علم کلام سیکھا؛ (۳) لیکن یہ دعویٰ بداہتاً غلط ہے؛ کیوں کہ محمد بن حنفیہؒ کی وفات سنہ ۸۱ ہجری میں ہوئی اور واصل کی پیدائش سنہ ۸۰ ہجری میں ہے تو ایسے میں اخذ و استفادہ کا دعویٰ کیسے درست ہوسکتا ہے، اسی طرح بعض معتزلہ حضرات نے محمد بن حنفیہؒ کے بیٹے عبداللہ سے واصل کے استفادہ کا دعویٰ کیا ہے، اور دیگر اہل بیت علماء سے بھی استفادہ کا دعویٰ معتزلہ حضرات کی کتابوں میں کیا گیا ہے؛ بلکہ بعض میں تو دعویٰ کیا گیا ہے کہ اہل بیت کے اکابر علماء واصل کے علم سے متاثر تھے اور اس کا بہت اکرام کرتے تھے۔(۴)

حقیقت یہ ہے کہ معتزلہ میں بھی دیگر فرقوں کی طرح اپنے اکابر کے لئے غلو اور مبالغہ آرائی موجود ہے، اسی غلو کا کرشمہ ہے کہ بعض معتزلہ نے یہ روایت وضع کی ہے کہ رسول اللہ ﷺ نے ارشاد فرمایا: اللہ میری اُمت میں ایک شخص پیدا کرے گا، جس کا نام واصل اور اس کے والد کا نام عطاء ہوگا، جو میری اُمت میں حق اور باطل کے درمیان فیصلہ کرے گا، (۵) جب رسول اللہ ﷺ کی ذاتِ اقدس پر واصل کے حق میں جھوٹ بولا جا سکتا ہے تو اہل بیت پر تو بدرجۂ اولیٰ اس کا امکان ہے۔

---

(۱) الوافی بالوفیات: ۲۴۵/۲۷۔

(۲) الملل والنحل: ۴۶/۱۔

(۳) المنیۃ والامل، ص: ۶۵۔

(۴) دیکھئے: المنیۃ والامل یا طبقات المعتزلہ۔

(۵) المنیۃ والامل، ص: ۷۰۔

اس کے علاوہ یہ حقیقت بھی نگاہ میں رہنی چاہئے کہ وہ وقت ایسا تھا جب بنی اُمیہ کے ظلم وستم کے خلاف اہل بیت سے ہمدردی عام تھی؛ لہٰذا معتزلہ نے ان کا نام لے کر اپنی فکر کو ترویج دینا چاہا اور کہا جا سکتا ہے کہ وہ اس میں کسی حد تک کامیاب بھی رہے اور اہل بیت حضرات کے اکابر علماء کی شاگردی کا دعویٰ ہو، یا پھر اس بات کا دعویٰ کہ اہل بیت اکابر واصل سے متاثر تھے، دونوں اہل بیت کے نام سے فکر اعتزال کو پروان چڑھانے کی کوشش ہی لگتی ہے۔

شاگرد

واصل بن عطاء نے کئی شخصیتوں پر اپنا اثر ڈالا، جن میں نمایاں ترین عمرو بن عبید (۸۰-۱۴۴ھ ۶۹۹-۷۶۱ء) ہے، جو واصل بن عطاء کا ہم عمر اور امام حسن بصریؒ کی مجلس میں رفیق درس تھا؛ لیکن جب واصل نے ایمان وکفر کے مابین درمیانی راہ نکالی اور اس پر اپنے دلائل دیئے تو عمرو بن عبید واصل کے ساتھ ہوگیا اور پھر عمرو بن عبید نے بھی اس کے ساتھ مل کر فرقہ معتزلہ کی تاسیس اور تقویت میں عمر عزیز کو رائیگاں کیا، اس کے علاوہ بھی فرقہ معتزلہ کے کئی بڑے نام جنھوں نے معتزلہ فرقہ کو فکری طاقت دی، وہ بھی واصل بن عطا کے ہی شاگرد رہے ہیں؛ لیکن اب یہ سارے نام تاریخ کی گرد میں چھپ چکے ہیں؛ لہٰذا ان کے کریدنے سے کوئی خاص فائدہ نہیں۔

حضرت حسن بصریؒ کی مجلس سے علاحدگی

تقریباً تمام مؤرخین وتذکرہ نگاروں نے اس واقعہ کو ذکر کیا ہے اور اسی واقعہ کو معتزلہ فرقہ کے قیام کی بنیاد بھی بتایا ہے، واقعہ یہ ہے کہ ایک دن ایک صاحب حضرت امام حسن بصریؒ کی محفل میں آئے اور عرض کیا کہ کچھ لوگ کہتے ہیں کہ ایسے مسلمان جو گنہگار رہیں، ان کے گناہ کی وجہ سے ان کے ایمان کو کوئی نقصان نہیں پہنچے گا، جیسے کفر کے ساتھ کوئی عمل خیر مفید نہیں، ویسے ہی ایمان کے ساتھ کسی گناہ سے نقصان نہیں (بعض مصادر میں اس کے مقابل اہل سنت کا موقف نقل کیا گیا ہے، بعض لوگ کہتے ہیں کہ گناہ کرنے والے اگرچہ فاسق ہیں؛ لیکن ایمان کے دائرہ سے باہر نہیں، (۱) اور کچھ لوگ یہ کہتے ہیں کہ گناہ کبیرہ کا ارتکاب کفر ہے اور گناہ کبیرہ پر بغیر توبہ کے مرنے والے کافر ہیں، اس بارے میں آپ کی کیا رائے ہے؟ حضرت حسن بصریؒ جواب سوچ ہی رہے تھے کہ واصل نے جھٹ سے کہا: ایسے لوگ نہ مومن ہیں اور نہ کافر ہیں؛ بلکہ یہ لوگ ایمان اور کفر کے درمیان ہیں، یہ بات بول کر وہ امام حسن بصریؒ کے شاگردوں کو اپنی بات کے حق میں دلیل دینے لگا، اس کی کٹ حجتی سن کر حضرت حسن بصریؒ نے فرمایا، اے واصل ہم سے الگ ہوجاؤ، حضرت حسن بصریؒ کے مجلس میں شریک لوگوں میں سے عمرو بن عبید نے اس کی پیروی کی، اور حضرت حسن کی مجلس چھوڑ کر واصل کے ساتھ ہوگیا، حضرت حسن بصریؒ کے قول: ''**اعتزل عنا یا واصل**'' کی وجہ سے واصل کے نظریات پر مبنی گروہ معتزلہ کے نام سے تاریخ میں جانا گیا۔ (۲)

---

(۱) دیکھئے: اللباب فی الانساب: ۳/۱۵۶۔ (۲) الوافی بالوفیات: ۲۷/۲۴۵۔

معتزلہ نام کی وجہ

اس فرقہ کا نام معتزلہ کیوں پڑا، اس کے بارے میں مشہور روایت تو یہی ہے کہ حضرت حسن بصریؒ نے اس کو اپنی مجلس سے نکال دیا تھا اور دور رہنے کی تاکید کی تھی، اس وجہ سے اس فرقہ کا نام معتزلہ پڑا، اور زیادہ تر مؤرخین اور سوانح نگار یہی لکھتے آئے ہیں، جیسا کہ ماقبل میں بھی ذکر ہوا۔

ایک دوسری رائے یہ ہے کہ حضرت حسن بصریؒ نے نہیں؛ بلکہ مشہور محدث اور مفسر قتادہ بن دعامہ نے واصل بن عطاء، عمرو بن عبید کے گروہ کو معتزلہ کا خطاب دیا تھا، واقعہ یہ ہے:

> ایک دن حضرت قتادہؒ حضرت حسن بصریؒ کی مسجد میں آئے، جہاں واصل بن عطاء کا گروہ حضرت حسن بصریؒ کی مجلس سے الگ ہو کر حلقہ جمایا تھا، واصل بن عطاء کے گروہ میں زور وشور سے بحث ہو رہی تھی، حضرت قتادہ کی بینائی جواب دے چکی تھی، وہ آواز سن کر واصل بن عطاء کے حلقہ کی طرف چلے گئے، جب ان کی باتیں سنیں تو فرمایا: ''إنما هؤلاء المعتزلة''۔

یہ تو اسلاف، جمہور اُمت سے الگ تھلگ نظریات رکھنے والے لوگ ہیں۔(۱)

حال کے دنوں اس تعلق سے ایک دلچسپ رائے سامنے آئی ہے، شیخ ابوزہرہ اور احمد امین وغیرہ نے تقی مقریزی کے واسطہ سے لکھا ہے کہ اس دور میں اور اس سے قبل بھی یہودیوں میں ایک گروہ تھا جس کو ''فروشیم'' کہا جاتا تھا اور جس کا معنی معتزلہ کے لفظ سے قریب تر تھا، وہ بھی اس بات کے قائل تھے کہ بندہ اپنے افعال کا خود خالق ہے، اور توراۃ کی تفسیر فلاسفہ کے اقوال کے ساتھ کرتے تھے جیسا کہ کے معتزلہ بھی قرآن وحدیث کے نصوص کو فلاسفہ کے اقوال کے مطابق ڈھالنے کی کوشش کرتے تھے تو ہوسکتا ہے کہ ان ہی فروشیم گروہ کے کچھ لوگ اسلام لائے ہوں اور دونوں گروہ میں یہ مماثلت دیکھ کر ان کو معتزلہ کا لقب دیا ہو۔(۲)

معتزلہ فرقہ کی نمایاں شخصیت یا بانی؟

اس میں تو کوئی شک نہیں ہے کہ واصل بن عطاء معتزلہ کے گروہ میں نمایاں ترین شخصیتوں میں سے ایک ہے؛ لیکن اختلاف اس میں ہے کہ آیا وہ اس فرقہ کا بانی ہے یا محض اس فرقہ کی نمایاں شخصیت، حافظ ذہبی، (۳) اور حافظ

(۱) دراسات فی الفرق والعقائد الاسلامیہ، ص:۸۵۔

(۲) دیکھئے: المذہب الاسلامیہ ابوزہرہ:۲۰۹، فجر الاسلام:۱/۳۴۴، الخطط:۴/۳۶۸۔

(۳) تاریخ الاسلام تبشار:۳/۷۴۹۔

صفدی،(۱) اوران کے علاوہ دیگر مؤرخین نے بھی معتزلہ کا بانی واصل بن عطاء کو ہی قرار دیا ہے، اور تاریخ کے مطالعہ سے بھی اسی کی تائید ہوتی ہے ؛ کیوں کہ معتزلہ سے پہلے قدریہ اور خوارج تھے ، خوارج کے مرتکب کبیرہ کے کافر ہونے کے رد میں واصل بن عطاء نے ایمان وکفر کے مابین درمیانی راہ نکالی جو کہ معتزلہ کے بنیادی افکار میں سے ایک ہے۔

خاص اعتقادات

معتزلہ نے چوں کہ عقل کو اس کی حد سے زیادہ آگے بڑھایا تھا اور عقل کی خاصیت یہ ہے کہ اس میں ہر آن تغیر رونما ہوتا ہے، آج کوئی دلیل لا جواب ہے تو کل کو وہی دلیل بھونڈی اور بودی معلوم ہوگی ، آج جس بات پر تالیاں پیٹی جاتی ہیں کل اسی پر بات کہیں پٹائی بھی ہوجائے گی ،اس لئے معتزلہ میں آگے چل کر بہت سارے فرقے بنے ؛ بلکہ تقریباً ہر نمایاں شخصیت کے نام سے معتزلہ میں ایک فرقہ بن گیا۔

واصل بن عطاء کے نام سے بھی فرقہ بنا، جسے فرقوں کی تاریخ میں ''واصلیہ'' کے نام سے یاد کیا جاتا ہے، یہ گروہ شہرستانی کے بیان کے مطابق چھٹی صدی ہجری تک موجود تھا،(۲) اس گروہ کے خاص اعتقادات درج ذیل ہیں :

نفی صفات

صرف ذات باری قدیم ہے ،صفات باری قدیم نہیں ہے ، ذات خداوندی میں ہی صفات خداوندی شامل ہیں ، الگ سے کوئی چیز نہیں ؛ کیوں کہ اگر صفات کو علاحدہ اور قدیم مانا جائے تو پھر تعدد قدماء لازم آتا ہے، مشہور معتزلی مصنف قاضی عبدالجبار ہمذانی لکھتے ہیں :

> واصل کا نظریہ نہایت سادہ تھا کہ صفات کو اگر قدیم اور ذات سے علاحدہ مانا جائے تو اس سے تعدد معبود لازم آئے گا ، واصل بن عطاء کے بعد آنے والے معتزلہ نے فلاسفہ کی کتابوں کا مطالعہ کر کے اس نظریہ میں مزید برگ وبار پیدا کیا اور اس کو فلاسفہ کے نظریہ کی آمیزش سے آب وتاب دیا۔

تقدیر

اس باب میں اس کا نظریہ یہ تھا :

> اللہ تعالیٰ حکیم اور عادل ہیں ، ان کی جانب شر اور ظلم کی نسبت درست نہیں ، اور نہ

---

(۱) الوافی بالوفیات: ۲۷/۷-۲۵۴۔ (۲) الملل والنحل: ۱/۴۶۔

اللہ تعالیٰ کے بارے میں یہ کہنا درست ہے کہ انھوں نے بندوں کو کسی چیز کا حکم دے کر اس کے مخالف امر کا ارادہ کرتے ہیں اور پھر اس پر بدلہ دیتے ہیں، پس بندہ ہی خیر وشر، ایمان وکفر اور طاعت ومعیت کا کرنے والا ہے اور اللہ تعالیٰ بندوں کے فعل پر ان بدلہ دیں گے۔

ایمان اور کفر کے مابین درجہ

اس بارے میں حضرت حسن بصریؒ کی حکایت ماقبل میں آچکی ہے، قاضی عبدالجبار ہمذانی واصل کے اس قول کی تشریح کرتے ہوئے لکھتے ہیں :

> واصل کے اس قول کی وجہ یہ ہے کہ ایمان خصال خیر کے مجموعہ کا نام ہے، جب یہ کسی میں پایا جائے تو اس کو مومن کہیں گے اور یہ مدح کا لقب ہے اور فاسق اس کو کہتے ہیں، جس میں خیر کے خصال جمع نہ ہوں اور نہ مدح والے لقب یا نام کا مستحق ہو، تو اس کو مومن نہیں کہیں گے اور وہ چوں کہ مکمل طور پر کافر بھی نہیں ہے، اس لئے کہ شہادت ایمان اور دیگر تمام اعمال خیر اس میں موجود ہیں، جس کے انکار کی کوئی وجہ نہیں ہے؛ لیکن جب کوئی شخص کسی کبیرہ کا ارتکاب کر کے بغیر توبہ کئے ہوئے اس دنیا سے جاتا ہے تو وہ ہمیشہ کے لئے جہنم کا ایندھن بنتا ہے؛ کیوں کہ آخرت میں صرف دو ہی فریق ہیں، ایک فریق جنت میں اور ایک فریق جہنم میں؛ لیکن ایسے لوگوں کو کفار کے مقابلے کم عذاب ہوگا۔

واصل بن عطاء کے کچھ غلط نظریات

قتال صحابہؓ

کہتے ہیں گناہ ہو یا پھر غلط خیال اور فکر ونظر، جب انسان ایک مرتبہ اس کی جانب قدم بڑھاتا ہے تو اگر تو وہ توبہ نہ کرے اور اپنے غلط خیال سے رُجوع نہ کرے تو وہ مزید آگے بڑھتا رہتا ہے، یہاں تک کہ ایک وقت ایسا آتا ہے جب وہ ایمان کی سرحد ہی پھلانگ جاتا ہے۔

واصل نے اس خیال سے ایمان اور کفر کے درمیان نیا درجہ نکالا کہ اس سے گناہ گار کے عذاب دیئے جانے اور ایمان والوں پر انعام کئے جانے کے درمیان تطبیق ہو جائے؛ لیکن اہل سنت کے موقف سے ہٹے اس نظریہ سے

تطبیق تو کیا ہوتی ، وہ مزید گمراہی کی دلدل میں دھنستا چلا گیا ، اسی نظریہ کا شاخسانہ تھا کہ وہ جنگ جمل اور صفین میں شریک ہونے والی صحابہ کرام کی عظیم ترین شخصیات بشمول حضرت علی ، حضرات حسنینؓ اور حضرت اُم المومنین عائشہؓ کے بارے میں گستاخی کرتا تھا ، اس کا کہنا تھا دونوں گروہوں میں سے ایک لازمی طور پر گناہ گار رہے ، اور جب ہم نہیں جانتے کہ وہ کون ہے تو ہم دونوں کو گناہ گار اور فاسق مانیں گے اور فاسق کی چوں کہ شہادت قابل قبول نہیں ؛ لہٰذا وہ یہ بھی کہتا تھا کہ یہ حضرات یعنی حضرت علی ، حضرات حسنین ، حضرت طلحہ ، حضرت عائشہ رضی اللہ عنہم اجمعین اگر کسی سبزی کے مٹھا کے بارے میں بھی گواہی دیں گے تو میں ان کی گواہی قبول نہیں کروں گا ، نعوذ باللہ منہ ۔

واصل بن عطا کا نظریہ جو قاضی عبدالجبار ہمدانی نے پیش کیا ہے ، اس کو انھیں کے لفظوں میں بیان کیا جاتا ہے :

> دونوں فریق میں سے ایک ضرور فاسق ہے ، جیسا کہ لعان کرنے والوں میں سے ایک ضرور فاسق ہوتا ہے ؛ لیکن متعین طور پر نہیں ، اور فاسق کے بارے میں واصل کا نظریہ ماقبل میں تم جان چکے ہو ، اور دونوں فریق کا اقل درجہ یہ ہے کہ ان دونوں کی شہادت قبول نہ کی جائے ، جیسا کہ لعان کرنے والوں کی بھی شہادت قبول نہیں کی جاتی ہے ؛ لہٰذا (حضرت) علی ، (حضرت) طلحہ ، (حضرت) زبیر (رضی اللہ عنہم) کی گواہی سبزی کے ایک مٹھ پر بھی قبول نہیں کی جائے گی ۔ (۱)

وہ جنگ جمل اور جنگ صفین میں شریک ہونے والوں کو ارتکاب کبیرہ کی بنیاد پر فاسق کہتا تھا اور اسی کے ساتھ اس کا یہ بھی نظریہ تھا کہ کبیرہ گناہ کا ارتکاب کرنے والے جو لوگ بغیر توبہ کے مرتے ہیں ، وہ ہمیشہ ہمیش کے لئے جہنم کا ایندھن بنیں گے ، ایسے میں حضرات صحابہ کرامؓ جن کو وہ مرتکب کبیرہ سمجھتا تھا ، اسی کی رائے کے مطابق خلود فی النار کے بھی مستحق ہیں ، نعوذ باللہ ۔ (۲)

قرآن کا معنی میں انحصار

اُمت کا اتفاق ہے کہ قرآن لفظ اور معنی دونوں کا نام ہے ، اور جو لوگ اس موقف کو نہیں مانتے ، وہ شدید گمراہی میں مبتلا ہیں ، واصل بھی ان ہی لوگوں میں سے تھا جو صرف معنی کو قرآن سمجھتا تھا اور لفظ کے بارے میں اس

---

(۱) المنیۃ والامل ، ص: ۳۰-۳۱ ۔

(۲) تاریخ الاسلام تبشار: ۳/۷۴۹ ۔

کی رائے یہ تھی کہ اس کو تبدیل کر کے پڑھا جا سکتا ہے، حافظ ذہبیؒ نے اس بارے میں ایک واقعہ بھی نقل کیا ہے اور پھر اس بارے میں اپنی رائے بھی پیش کی ہے۔

واصل سے کہا گیا کہ سورہ براءت کی پہلی آیت پڑھے، جو کہ یہ ہے :

بَرَاءَةٌ مِنَ اللهِ وَ رَسُوْلِهٖۤ إِلَى الَّذِيْنَ عَاهَدْتُّمْ مِنَ الْمُشْرِكِيْنَ فَسِيْحُوْا فِي الْاَرْضِ اَرْبَعَةَ اَشْهُرٍ ۔ (التوبۃ:۱-۲)

اس نے اس آیت کو ایسے پڑھا :

عهد من الله و نبيه إلى الذين عاهدتم من الفاسقين فسيحوا في البسيطة هلالين وهلالين ۔ (۱)

وہ قرآن کی بالمعنی تلاوت کو جائز سمجھتا تھا اور یہ اللہ کی کتاب کے بارے میں جسارت اور بے جا جرأت ہے۔

یہ بات واضح رہنی چاہئے کہ معتزلہ کا یہ موقف فرع تھا اور ان کا اصل موقف قرآن کے بارے میں یہ تھا کہ وہ اللہ کی دیگر مخلوقات کی طرح ایک مخلوق ہے، اسی کے ساتھ قرآن کے اعجاز کے بارے میں ان کا موقف یہ بھی تھا کہ قرآن کا اعجاز کہ اس کا مثل لانے سے لوگ قاصر ہیں، اس لئے ہے کہ اللہ نے لوگوں کو قرآن کا مثل تیار کرنے سے پھیر دیا تھا، روک دیا تھا، نہ کہ اس لئے کہ لوگ اس کا مثل لانے سے قاصر تھے، اگر اللہ تعالیٰ لوگوں کے ذہن وقلب کو اس کا مثل تیار کرنے سے پھیر نہ دیتے تو اس کا مثل تیار کیا جا سکتا تھا۔ (۲)

افکارِ معتزلہ کے فروغ کی کاوش

عمومی طور پر جو لوگ علمی اور فکری اُمور سے وابستہ ہوتے ہیں، وہ انتظامی اور عملی اُمور میں زیادہ مستعد نہیں ہوتے اور جو لوگ عمل کے میدان کے شہسوار ہوتے ہیں، وہ علم وفکر کے میدان میں بیشتر آخری صفوں میں ہوتے ہیں، بہت کم لوگ دونوں کے جامع ہوتے ہیں، واصل بھی ان ہی نادر شخصیات میں سے ایک تھا، جہاں ایک طرف اس نے معتزلہ کو فکری طور پر مضبوط کیا، تصنیف وتالیف اور بحث ومباحثہ کے ذریعہ معتزلہ فکر کو تقویت بخشی، وہیں دوسری طرف اس نے معتزلہ فرقہ کے فروغ کے لئے مختلف شہروں اور ملکوں میں اپنے نمائندے بھیجے، قاضی عبدالجبار ہمذانی اس بارے میں لکھتے ہیں :

---

(۱) تاریخ الاسلام تبشار: ۳/۴۹۷۔

(۲) دیکھئے: اعلام الزرکلی: ۸/۱۰۹۔

اس نے اپنے شاگردوں اور مبلغوں کو دنیا بھر میں پھیلایا، ابو ہذیل کہتے ہیں: واصل نے عبداللہ بن حارث کو مغرب (مراد اندلس یا موجودہ اسپین یا افریقہ) بھیجا تو وہاں بہت سے لوگوں نے معتزلہ کے افکار کو قبول کیا، اور حفص بن سالم کو خراسان بھیجا تو وہ ترمذ میں داخل ہوا، اور ایک مسجد کو اپنا ٹھکانہ بنالیا یہاں تک لوگوں میں اپنے زہد وعبادت کے لئے مشہور گیا، پھر اس نے جہم سے مناظرہ کیا اور اس کو لاجواب کردیا اور جہم کو مجبور اہل حق (معتزلہ مراد ہیں) کے موقف کی جانب رُجوع کرنا پڑا، پھر جب حفص بصرہ لوٹ آیا تو جہم اپنے پرانے موقف پر لوٹ گیا، اور قاسم کو یمن اور ایوب کو جزیرہ بھیجا، حسن بن ذکوان کو کوفہ اور عثمان الطویل کو آرمینا بھیجا، (حاشیہ میں ہے کہ حسن بن ذکوان کی دعوت سے بہت سے کوفہ کے لوگ معتزلی ہوگئے) عثمان نے واصل سے عرض کیا کہ میرے بجائے کسی اور کو بھیج دیں اور میں اپنا آدھا مال اس کے بدلے میں دینے کو تیار ہوں، واصل نے اس سے کہا: تم ہی جاؤ، ہوسکتا ہے کہ اللہ تمہارے اس نکلنے میں نفع بخشے، عثمان تجارت کے سامان کے ساتھ آرمینا چلا گیا، اس کو وہاں تجارت میں ایک لاکھ کا فائدہ بھی ہوا اور اس کی دعوت پر بہت سارے لوگ نے فکر اعتزال کو بھی اپنالیا۔(۱)

کہتے ہیں کہ واصل بن عطا کی اعتزال کی دعوت سادات تک بھی پہنچی اور سادات کی ایک جماعت نے بھی اعتزال کے فکر کو اپنالیا۔(۲)

اولیات واصل بن عطاء

واصل بن عطاء کو بعض اُمور اور اقوال میں اولیت کا مقام حاصل ہے، ذیل میں ان کو ذکر کیا جاتا ہے۔

- علم کلام میں اولین تصنیف واصل بن عطاء کی ہے۔
- اسی نے پہلی مرتبہ یہ بات کہی ہے کہ خبر کی دو قسمیں ہیں، خاص اور عام۔
- حق کو چار ذرائع سے پہچانا جاسکتا ہے:

(۱) کتاب اللہ۔ (۲) خبر متواتر۔
(۳) عقلی دلیل۔ (۴) اجماع اُمت۔

- نسخ امر اور نہی میں ہوتا ہے، اخبار میں نسخ نہیں ہوتا۔(۳)

---

(۱) المنیۃ والامل، ص:۱۷۔ (۲) مقاتل الطالبیین: ۲۱۱۔ (۳) شذرات الذہب۔

اخلاق وصفات

لمبی گردن

واصل کی گردن معمولی سی اس حد تک زیادہ لمبی تھی کہ وہ اس کے جسمانی عیوب میں شمار کی جاتی تھی، عمرو بن عبید نے بھی پہلے پہل جب واصل کو دیکھا تو اس کی لمبی گردن کی وجہ سے اس کو ناپسند کیا اور کہا کہ جس کی ایسی گردن ہو، اس کے پاس کوئی بھلائی نہیں ہوسکتی؛ لیکن جب واصل کی علوم وفنون میں مہارت اور رُسوخ کو دیکھا تو اپنے قول سے رُجوع کرلیا اور کہا :

بعض اوقات مجھ سے لوگوں کو پہچاننے میں غلطی ہو جاتی ہے۔(۱)

واصل سے عمرو بن عبید کا تاثر اس حد تک بڑھا کہ اس نے اپنی بہن کی شادی اس سے کردی۔

لکنت

لکنت ایک عام وصف ہے، جس میں ہکلاہٹ اور تتلاہٹ دونوں جمع ہیں، ہکلانے کا مطلب کسی لفظ کو بار بار دوہرانا یا کسی لفظ پر اَٹک جانا، بڑی مشکل سے ادا ہونا وغیرہ ہے، جب کہ تتلاہٹ میں حرف کا مخرج بدل جاتا ہے، کسی حرف کی جگہ کوئی اور حرف زبان سے نکلتا ہے، بچے پانی کو عام طور پر مانی کہتے ہیں، یہ تتلاہٹ ہے کہ وہ ''پ'' کو ''م'' سے بدل دیتے ہیں، بعض بڑی عمر کے لوگوں میں بھی یہ وصف ہوتا ہے کہ وہ کسی حرف کی ادائیگی پر قدرت نہیں رکھتے اور اس کی جگہ دوسرا حرف ان کی زبان سے نکلتا ہے۔

واصل بن عطاء میں بھی تتلاہٹ کا وصف تھا، وہ ''را'' کو ''غین'' سے بدل دیتا تھا، مثلاً: ''صراط'' کو ''صغاط'' کہتا تھا، اپنی اس خلقی کمزوری کا توڑ اس نے یہ نکالا کہ عربی زبان میں مہارت حاصل کی، عربی زبان کے الفاظ پر اس قدر حاوی ہوگیا کہ اس نے ایسے تمام الفاظ ترک کردیئے جس میں ''را'' آتا ہو، اور اس کی جگہ اس کا متبادل لفظ استعمال کرتا تھا، عربی زبان میں ''را'' کثیر الاستعمال حرف ہے؛ لیکن اس کے باوجود پوری زندگی اس حرف کا استعمال ترک کردینا اور اس کی جگہ ایسے متبادل لفظ کا استعمال جس میں ''را'' نہ ہو، فی البدیہ اور برجستہ استعمال کرنا قدرت کلام کی اور عربی زبان پر مہارت کی نادر مثال ہے، اس سلسلے میں اس کے بعض واقعات نہایت مشہور ہیں، ذیل میں چند ذکر کئے جاتے ہیں :

---

(۱) المواعظ والاعتبار بذکر الخطط والآثار: ۴/۱۷۰۔

● بشار بن برد ایک قادر الکلام شاعر تھا اور اس کا واصل کے ساتھ گہرا تعلق تھا، وہ اس کا مداح تھا؛ چنانچہ جب واصل نے حضرت عمر بن عبدالعزیزؒ کے بیٹے کے سامنے اپنا وہ مشہور خطبہ دیا، جس میں ''را'' کا ایک بھی لفظ استعمال نہیں کیا تو اس کی تعریف میں اشعار کہے؛لیکن خدا کا کرنا ایسا ہوا کہ بشار نے پہلے تو رفض اختیار کیا اور پھر الحاد کی وادی میں قدم رکھا، اس سے دونوں کے روابط متاثر ہوئے، جب واصل تک بشار کے روز افزوں الحاد کی مسلسل خبریں پہنچیں تو ایک دن اس نے کہا :

أما لهذا الأعمى الملحد ، أما لهذا المشنّف المكنّى بأبي معاذ من يقتله ؟ أما والله لولا أن الغيلة سجية من سجايا الغالية لدسست إليه من يبعج بطنه في جوف منزله أو في حفله ثم لا يتولّى ذلك إلا عقيلي أو سدوسي فقال : أبو معاذ ، ولم يقل بشار ، وقال المشنف ولم يقل المرعث ، وكان بشار ينبز بالمرعث ، وقال من سجايا الغالية ولم يقل الرافضة ، وقال في منزله ولم يقل في داره ، وقال يبعج ولم يقل يبقر ،كلّ ذلك تخلصاً من الراء ۔ (۱)

کیا کوئی ایسا آدمی نہیں ہے جو اس کان چھدے آدمی جس کی کنیت ابو معاذ ہے کو قتل کر دے، خدا کی قسم اگر دھوکے سے قتل کرنا رافضیوں کے اوصاف میں سے نہ ہوتا تو میں تدبیر سے کسی آدمی کو اس کی محفل یا اس کے گھر پر بھیجتا جو اس کا پیٹ پھاڑ کر اس کو ختم کر دیتا، پھر اس قتل کا دعویٰ کرنے والا سدوسی اور عقیلی کے سوا کوئی نہیں ہوتا، (یاقوت حموی کہتے ہیں کہ بشار مرعث کے بُرے لقب سے بھی یاد کیا جاتا تھا، جس کے معنی ایسے شخص کے ہوتے ہیں، جس کا کان چھدا ہوا اور اس میں بالیاں ہوں اور اس کا یہ لقب اس لئے پڑا کہ بچپن میں اس کے کان میں بالیاں تھیں) واصل نے مرعث کے بجائے متبادل لفظ مشنف استعمال کیا، نام بشار کی جگہ کنیت ابومعاذ، الرافضة کی جگہ الغالیہ، دار کی جگہ منزل اور یبقر کی جگہ یبعج کا لفظ استعمال کیا؛ تاکہ را نہ بولنا پڑے :

● يحكى : أن بعض الوزراء كان ألثغ بالراء ، فامتحن بدفع ورقة ليقرأها بحضرة سلطانه وفيها : أمر أمير المؤمنين أن تحفر له بئر على قارعة الطريق ليشرب منها الراجل برمحه ، والفارس بفرسه ، فقرأها في الحال : فوض خليفة الله على عباده أن يعمق له قليب على الجادة لأبناء السبيل ، ذو الجواد بجواده ، وذو القناة بقناته ۔ (۲)

---

(۱) معجم الأدباء إرشاد الأريب إلى معرفة الأديب: ۶/ ۲۷۹۴۔ (۲) قلادة النحر في وفيات أعيان الدهر: ۲/ ۱۰۴۔

کسی وزیر کو جب یہ پتہ چلا کہ واصل ''را'' نہیں بول سکتا اور اس کی جگہ ''غین'' بولتا ہے؛ لیکن عربی زبان پر قدرت کی وجہ سے وہ متبادل لفظ استعمال کر کے سامنے والے کو اس بات کا احساس نہیں ہونے دیتا تو اس کو ایک ورق دیا اور اپنے سامنے پڑھنے کے لئے کہا، اس ورق میں لکھا تھا :

یہ امیر المومنین کا حکم ہے کہ ان کی جانب سے راستہ پر ایک کنواں کھودا جائے، جس سے سوار اور پیادہ اپنی پیاس بجھا سکیں۔

اس عبارت میں کئی لفظ ایسے استعمال ہوئے ہیں، جن میں را ہے، جیسے امر (حکم دینا)، امیر المومنین، (مسلمانوں کا والی)، حفر (کنواں کھودنا)، بیئر (کنواں) قارعۃ الطریق (راستہ کے درمیان)، شرب (پینا) الراجل (پیادہ پا) رمح (نیزہ) فارس (گھوڑسوار) فرس (گھوڑا) واصل نے ان تمام کا متبادل لفظ استعمال کیا، امر کی جگہ فوض، امیر المومنین کی جگہ خلیفۃ اللہ علی عبادہ، حفر کی جگہ عمق، بیئر کی جگہ قلیب، قارعۃ الطریق کی جگہ الجادۃ، راجل کی جگہ ذوالقناۃ، رمح کی جگہ قناۃ، فارس کی جگہ ذوالجواد اور فرس کی جگہ جواد۔

واصل کا گفتگو اور بات چیت میں را کا استعمال نہ کرنا اتنا مشہور ہوگیا تھا کہ شعراء تک نے اس پر بڑے دلچسپ اور عمدہ اشعار کہے ہیں، ابن عباد کہتے ہیں :

نعم تجنّبت ''لا'' يوم العطاء　　　كما تجنب ابن عطاء لفظة الراء

ہاں بخشش اور کرم کے دن آپ نے ''لا'' کے لفظ سے ایسے ہی اجتناب کیا، جیسا کہ ابن عطاء نے را کے لفظ کے استعمال سے کیا تھا۔

ایک دوسرے شاعر نے کہا :

ويجعل البر قمحاً في تصرفه　　　وخالف الراء حتى احتال للشّعر

ولم يطق مطرا والقول يعجله　　　فعاذ بالغيث إشفاقا من المطر

واصل برِ (گیہوں) کا متبادل لفظ قمح استعمال کرتا ہے اور اس کا را کے زبان پر لانے سے اجتناب کرنا اتنا مشہور ہوا کہ شعر و شاعری میں بھی جگہ پالیا ہے، مطر (بارش) وہ کہہ نہیں سکتا تھا اور اس کو بولنے کی جلدی تھا تو اس نے مطر کے بجائے غیث (بارش کا متبادل لفظ) میں پناہ ڈھونڈا۔

ایک اور شاعر اپنی محبوبہ سے فریاد کرتے ہوئے کہتا ہے :

وجعلت وصلي الراء لم تنطق به　　　وقطعتني حتى كأنك واصل

تم نے ہمارے ملاپ کو را کا لفظ بنا دیا ہے کہ جس کو بولا نہیں جا سکتا اور ہمارے وصل کی بات کو تم نے ایسا ختم کیا ہے، گو یا تم واصل ہو۔

اس شعر میں صنعت تضاد کی کارفرمائی ہے یعنی قطع اور وصل ، ایک اور شاعر اپنی محبوبہ سے اس طرح درخواست کر رہا ہے :

فلا تجعلني مثل همزة واصل　　فيلحقني حذف ولا راء واصل

تم مجھ کو نہ ہمزہ وصل بناؤ جو حذف ہو جائے اور نہ واصل کا را بناؤ، جس کے استعمال کی نوبت ہی نہ آئے۔

اس کے علاوہ بھی شعرا نے واصل کے را پر بڑی طبع آزمائی کی ہے بالخصوص ایسے شاعروں نے جن کا محبوب واقعی یا خیالی طور پر تتلا ہو۔

خاموشی

حضرت حسن بصریؒ کی مجالس میں واصل بن عطاء خاموش رہتا تھا، اس کی خاموشی اس قدر بڑھ گئی تھی کہ لوگ اس کو اخرس (گونگا) بولنے یا سمجھنے لگے تھے، (المنیۃ والامل ص:۷۰) اس کی خاموشی کو دیکھ کر ایک مرتبہ حضرت حسن بصریؒ نے فرمایا، یا تو یہ لوگوں میں سب سے بڑا عالم ہوگا یا سب سے بڑا جاہل ہوگا۔ (طبقات المعتزلہ، ص:۲۳۵)

زہد و روع

واصل بن عطاء دنیا داری سے بہت دُور تھا، وہ بقدر کفاف پر گزر بسر کرتا تھا، زندگی کے عیش وعشرت سے اسے کوئی مطلب نہیں تھا، یہی وجہ ہے کہ اس کی تعریف کرتے ہوئے جاحظ نے ایک شعر میں کہا تھا کہ اس نے کبھی درہم اور دینار کو ہاتھ نہیں لگایا :

ولامس ديناراً ولامس درهماً　　ولاعرف الثوب الذى هوقاطعه (۱)

مسکینوں کی خبر گیری

کسی فرد یا جماعت میں برائیوں کے باوجود اگر کوئی خوبی ہو تو اس کا بھی اعتراف کرنا چاہئے کہ یہی انصاف کا تقاضا بھی ہے اور اس عمل خیر پر تحریک کہ باطل جماعت کا کوئی فرد اگر نیکی کا کوئی عمل انجام دے رہا ہے تو حق والوں کو تو مزید کوشش کرنی چاہئے۔

---

(۱)　المنیۃ والامل، ص:۷۰۔

واصل بن عطاء کا لقب غزال زا پر تشدید کے ساتھ، مشہور نحوی امام مبرد نے اپنی کتاب کامل میں اس کی صراحت کی ہے کہ سوت کاتنا جس کو عربی میں غزل کہتے ہیں، اس کا یا اس کے آباء واجداد کا پیشہ نہیں تھا؛ بلکہ سوت کاتنے والوں کے ساتھ بکثرت اُٹھنے بیٹھنے اور سوت کے بازار میں آمد ورفت کی وجہ سے اس کو لوگوں نے اسی نام سے پکارنا شروع کر دیا، مبرد نے اس کی بھی وضاحت کی ہے کہ سوت کے بازار میں اس کی یہ آمد ورفت کسی مالی معاملہ کی وجہ سے یا اس کے کاروبار کی وجہ سے نہیں تھی؛ بلکہ اس لئے کہ اس بازار میں زیادہ تعداد غریب عورتوں کی ہوتی تھی، وہ ان میں پاک دامن محتاج عورتوں کی شناخت کرتا اور پھر ان کے ساتھ حسن سلوک کا معاملہ کرتا، ان پر صدقہ کرتا:

لم یکن واصل بن عطاء غزالاً، ولکنه کان یلقب بذلك لأنه کان یلازم الغزالین لیعرف المتعففات من النساء فیجعل صدقته لهن۔ (۱)

اس کا یہ عمل خیر آج بھی دعوت عمل دے رہا ہے کہ غریب اور محتاج لوگوں کی مدد کا ایک طریقہ یہ بھی ہے۔

عبادت

واصل بن عطاء عبادت میں بھی بہت کوشاں تھا، وہ پوری پوری رات مصلے پر گزار دیا کرتا تھا، اس کی بیوی اس کے مصلے کے پاس وضو کے لئے پانی اور دوات وقلم رکھ دیا کرتی تھی، دوات اور قلم اس لئے رکھ دیا کرتی تھی، وہ نماز کے دوران کسی ایسی آیت کو پڑھتا جس میں اس کو لگتا ہے کہ اس کے اعتقاد کے لئے یا اس کے مخالفین کے خلاف حجت اور دلیل ہے تو وہ اس کو لکھ لیتا تھا اور پھر نماز میں مشغول ہو جاتا تھا۔ (۲)

مناظرات

جس کی زبان میں لکنت یا تتلاہٹ ہوتی ہے، وہ تقریر کے بجائے تحریر کی جانب متوجہ ہوتا ہے؛ لیکن واصل اپنے عجز لسانی کے باوجود عربی زبان پر قدرت اور مہارت کی وجہ سے اپنے مخالفین سے اور اپنے شاگردوں سے دھڑلے سے مناظرہ کرتا تھا اور مخالفین کو خاموش کر دیتا تھا، جو واقعتاً کمال ہے اور جس کی مثال ملنی مشکل ہے۔

منافق اور فاسق پر مناظرہ

واصل بن عطاء اور عمرو بن عبید دونوں ہم سن اور ہم درس تھے؛ اس کے باوجود عمرو بن عبید نے واصل کے

(۱) وفیات الأعیان: ۶/ ۱۱، معجم الأدباء، إرشاد الأریب إلی معرفة الأدیب: ۶/ ۲۷۹۳، تاریخ الاسلام تبشار: ۳/ ۷۴۹۔

(۲) المنیة والامل، ص: ۱۷۔

علم وفضل کی وجہ سے ایک شاگرد کی طرح استفادہ کیا، (یہ ہمارے لئے بھی مشعل راہ ہے، جہاں ہم میں نخوت اور جاہلانہ شرم اپنے معاصرین سے اخذ واستفادہ میں مانع ہوجاتی ہے) ان دونوں میں ایک بار اس بات پر مناظرہ ہوا کہ مرتکب کبیرہ کو فاسق کہا جائے یا منافق کہا جائے، عمرو بن عبید کا موقف تھا کہ مرتکب کبیرہ منافق ہے، جب کہ واصل کی رائے یہ تھی کہ وہ فاسق ہے، منافق نہیں ہے، واصل نے عمرو سے پوچھا: تم مرتکب کبیرہ کو منافق کیوں کہتے ہیں، اس کی تمہارے پاس کیا دلیل ہے؟ عمرو نے جواب دیا: قرآن پاک میں اللہ تعالیٰ نے پاکدامن عورتوں پر تہمت لگانے والوں کو فاسق قرار دیا ہے، (سورہ نور: ۴) اور دوسری جگہ ارشاد باری ہے: ''بے شک منافق تو فاسق ہی ہوتے ہیں'' (توبہ: ۶۷) اس سے پتہ چلا کہ ہر فاسق منافق ہی ہوتا ہے۔

اس پر واصل نے عمرو سے کہا، قرآن پاک میں ہے: جو اللہ تعالیٰ کے حکم کے مطابق فیصلہ نہ کرے تو ایسے لوگ ظالم ہیں (سورہ مائدہ: ۴۵) اور دوسری جگہ ارشاد باری تعالیٰ ہے: ''کافر تو ظالم ہی ہوتے ہیں'' (سورہ بقرہ: ۲۵۴) اس سے تو پتہ چلتا ہے کہ ہر ظالم کافر ہے، یہ سن کر عمرو بن عبید خاموش ہوگیا۔

واصل نے عمرو کے موقف پر مزید اعتراض کرتے ہوئے کہا: اگر تہمت لگانے والے کے بارے میں کہا جائے کہ اس کے دل میں شروع سے ہی اللہ کی معرفت موجود نہ تھی؛ لیکن اس کا اظہار اب ہوا، تو سوال ہوگا کہ آپ نے تہمت لگانے سے قبل اس پر نفاق کا حکم نہیں لگایا، اگر یہ کہا جائے کہ تہمت لگانے کے وقت معرفت اس کے دل سے نکل گئی تو سوال ہوگا کہ تہمت لگانے کے بعد جب تہمت لگانا اس نے چھوڑ دیا، پھر معرفت قلب میں داخل کیوں نہیں ہوئی؟ اور مزید سوال یہ ہے کہ ہم جانتے ہیں کہ اللہ کی معرفت دلائل سے ہوتی ہے اور یہ معرفت کسی شبہ کے داخل ہونے سے ختم ہوتی ہے تو سوال یہ ہے کہ تہمت لگانے والے کے دل میں ایسا کیا شبہ ابھرا ہے جس سے اس کی معرفت ختم ہوگئی؟

پھر واصل نے عمرو سے سوال کیا کہ مرتکب کبیرہ کے لئے وہ لفظ زیادہ موزوں ہے جس پر اتفاق ہے یا وہ لفظ جس میں اختلاف ہے، عمرو نے جواب دیا: وہ لفظ جس پر اتفاق ہے، واصل نے کہا: اہل اسلام مختلف فرقوں میں ہونے کے باوجود مرتکب کبیرہ کے لئے فسق کا لفظ اختیار کیا ہے، خوارج مرتکب کبیرہ کو فاسق کہتے ہیں، مرجیۃ مرتکب کبیرہ کو فاسق کہتے ہیں، شیعہ کافر نعمت اور فاسق کہتے ہیں، صرف حسن بصریؒ نے منافق (عملی) کا لفظ اختیار کیا ہے، تو ایسے میں ہمارے لئے بہتر یہی ہے کہ وہ ہم لفظ اختیار کریں جس میں اہل اسلام متفق ہیں، نہ کہ وہ لفظ جس میں اختلاف ہو، یہ سن کر عمرو بن عبید نے کہا: میرے اور حق کے درمیان عداوت نہیں، صحیح قول آپ کا ہی ہے اور میں حاضرین کو گواہ بنا کر کہتا ہوں کہ میں اپنے قول سے رُجوع کرتا ہوں۔ (۱)

(۱) المنیۃ والامل، ص: ۷۴-۷۵۔

یہ طویل مناظرہ اس لئے نقل کیا گیا ہے کہ اس سے معتزلہ کے سوچنے سمجھنے کے انداز اور مناظرہ کے طرز پر روشنی پڑتی ہے۔

تصنیفات

واصل بن عطاء فروغ اعتزال کے لئے صرف زبانی مناظرے اور اپنے مبلغین کو مختلف علاقوں میں بھیجنے پر قناعت نہیں کرتا تھا؛ بلکہ اس نے اپنی فکر کی اشاعت کے لئے بہت ساری کتابیں بھی لکھیں اور اپنے موقف کے حق میں دلائل بھی دیئے، مشہور نحوی مبرد لکھتے ہیں :

واصل بن عطاء کی کلام اور دیگر فنون میں متعدد تصنیفات ہیں۔(۱)

ذیل میں اس کی تصانیف ترتیب سے ذکر کی جاتی ہیں :

(۱) معانی القرآن۔	(۲) کتاب التوبۃ۔
(۳) کتاب الخطب فی التوحید۔	(۴) کتاب المنزلۃ بین المنزلتین۔
(۵) کتاب السبیل الی معرفۃ الحق۔	(۶) کتاب ماجری بینہ وبین عمرو بن عبید۔
(۷) کتاب اصناف المرجئۃ۔	(۸) کتاب خطبۃ التی اخرج منھا الراء۔
(۹) طبقات اہل العلم والجہل۔	(۱۰) الخطب فی التوحید والعدل۔
(۱۱) الدعوۃ۔	(۱۲) الالف مسالۃ فی الرد علی المانویۃ۔(۲)

آخر الذکر کتاب کے بارے میں عمرو بن باہلی کہتے ہیں کہ اس کتاب کے پہلے جزء کو میں نے دیکھا تو پایا کہ اس میں مانویہ کے اسی سے زائد مسائل کی تردید کی گئی تھی (المنیۃ والامل ،ص:۲۷) اس سے اس کی ضخامت کا اندازہ لگایا جاسکتا ہے کہ اس کتاب میں مانویہ کے ہزار مسائل کی تردید کی گئی تھی۔

معتزلہ کے گروہ میں ایک بڑا نام ابوہذیل علاف کا بھی ہے، اس کے بارے میں کہا جاتا ہے کہ واصل کی وفات کے بعد وہ اس کی بیوی کے پاس آیا تو واصل کی بیوی نے اس کو واصل کی تصنیفات میں سے دو جھولے بھر کر دیئے، ابوہذیل کے جو بھی کلامی مباحث ہیں، زیادہ تر ابوہذیل نے واصل کی تصنیفات سے ہی لی ہیں۔

---

(۱) مرآۃ الجنان وعبرۃ الیقظان :۱/ ۲۱۶۔

(۲) الوافی بالوفیات :۷/ ۲۴۸، معجم الادباء، ارشاد الاریب الی معرفۃ الادیب :۶/ ۲۷۹۵۔

خدمتِ اسلام

واصل بن عطاء اور معتزلہ کے دامن پر اگرچہ اسلام کی صحیح تعلیمات سے انحراف کا بدنما داغ موجود ہے؛ لیکن حق بات یہ ہے کہ اس کا اعتراف کیا جائے کہ معتزلہ نے ایک جہت سے اسلام کی خدمت بھی کی ہے، معتزلہ نے دیگر مذاہب کے ماننے والوں، ہندو، بدھ مانوی، عیسائیوں، یہودیوں سے بکثرت تقریری اور تحریری مناظرے کئے، اسلام کی حقانیت ثابت کی ہے اور ان کے نظریات کی غلطی اور خامیوں کو ان پر ظاہر کیا، جس کی وجہ سے بہت سے افراد نے اپنے آبائی مذاہب کو چھوڑ کر اسلام قبول کرلیا، معتزلہ کی اس خدمت کا اعتراف حضرت شیخ اسلام علامہ ابن تیمیہؒ نے بھی متعدد مواقع پر کیا ہے اس نسبت سے واصل بن عطاء کا ایک واقعہ ذکر کیا جاتا ہے۔

جہم بن صفوان جو جہمیہ فرقہ کا بانی گزرا ہے، اس سے ایک مرتبہ بعض سمنیہ (بدھسٹ) نے سوال کیا کہ اللہ معلوم ہے یا مجہول ہے، معلوم تو وہ چیز ہے جو حواس خمسہ سے معلوم ہو اور جو چیز حواس خمسہ کے دائرہ سے باہر، وہ چیز مجہول ہوتی ہے، اللہ تعالیٰ حواسِ خمسہ کے دائرہ سے باہر ہے، اس لئے مجہول ہے، اس پر جہم بن صفوان لا جواب ہوگیا اور اس نے اس بارے میں واصل بن عطاء کو خط لکھا، واصل نے جواب میں اسے لکھا: کسی چیز کے علم کے لئے حواسِ خمسہ کافی نہیں، اس کے ساتھ چھٹی چیز بھی ہوتی ہے اور وہ دلیل ہے، ان سے پوچھئے کہ وہ زندہ اور مردہ میں اور پاگل اور عقل مند میں کس بنیاد پر فرق کرتے ہیں اور یہ چیز دلیل سے پہچانی جاسکتی ہے، جب جہم نے سمنیوں کو اس جواب سے آگاہ کیا تو انھوں نے کہا: یہ تمہارا جواب نہیں ہوسکتا، اس پر جہم نے ان کو واصل کے تعلق سے آگاہ کیا، وہ لوگ واصل کے پاس آئے اور واصل نے ان سے بات کی اور ان لوگوں نے اسلام قبول کرلیا۔(۱)

وفات

واصل بن عطاء کی فکر اگرچہ غلط تھی، اس کا جو علم دین حق کی نصرت اور حمایت میں صرف ہونا تھا، اس کے بجائے وہ گمراہی اور باطل نظریات کے فروغ میں لگا؛ لیکن واصل نے معتزلی فکر کی نشر واشاعت اور فروغ کے لئے جس طرح انتھک محنت کی، وہ قابل تعریف ہے اور غالب کا شعر یہاں پر زیادہ موزوں ہے:

وفا داری بشرط استواری اصل ایماں ہے
مرے بُت خانہ میں تو کعبہ میں گاڑ و برہمن کو

---

(۱) المنیۃ والامل، ص: ۲۷۔

واصل بن عطاء کا انتقال بصرہ میں ۱۳۱ ہجری میں ہوا، وفیات الاعیان میں غلط طور پر ۱۸۱ ہجری چھپا ہے، یہ شاید پروف کی غلطی ہے کہ ثلاثین کی جگہ ثمانین ہو گیا ہے۔

خلاصۂ کلام

واصل بن عطاء کے حالات زندگی کا مطالعہ کرنے سے پتہ چلتا ہے کہ وہ نہایت ذہین شخص تھا، عربی زبان وادب پر گہری دسترس اور ماہرانہ گرفت رکھتا تھا، اس کی زندگی سادہ بلکہ زاہدانہ تھی، بحث ومباحثہ میں سامنے والے کو قائل کر لینا اس کے لئے بہت آسان سی بات تھی، اس سب کے باوجود ہم دیکھتے ہیں کہ اس کی فکر سے اور اس کی کاوشوں سے اسلام کو فائدہ نہیں نقصان پہنچا، اور ان سب کی بنیادی وجہ دینی مسائل میں اظہار خیال کی جسارت بے جا ہے، صحابہ کرامؓ سے حضور پاک ﷺ جب کچھ پوچھتے تھے تو وہ اللہ ورسولہ اعلم کہتے تھے، یہی حال اکابر تابعین کا بھی رہا ہے کہ اساتذہ کی موجودگی میں خاموش رہتے تھے اور اسی وقت بولتے تھے جب ان کے استاذ ان سے کچھ پوچھتے ہوں، واصل کے یہاں ہم دیکھتے ہیں کہ وہ حضرت حسن بصریؒ کے جواب کا بھی انتظار نہیں کرتا؛ بلکہ ان سے پہلے ہی اس مسئلہ میں دخل دیتا ہے اور پھر اپنے جواب پر نہ صرف اصرار کرتا ہے؛ بلکہ اس کی تائید وحمایت میں بھی سرگرم ہو جاتا ہے اور یہی شاید اس کے انحراف اور گمراہی کی بنیاد تھی۔

• • •

حضرت مولانا سید محمد علی مونگیریؒ کی فقہی خدمات

مولانا عبید اختر رحمانی☆

حضرت مولانا سید محمد علی مونگیریؒ (ولادت : ۳/شعبان ، مطابق ۲۸/جولائی ۱۸۴۶ء ، متوفی : ۶/ربیع الاول ۱۳۴۶ھ ، مطابق ۱۳/ستمبر ۱۹۲۷ء) کی شخصیت ۱۹/ویں صدی کی نمایاں ترین شخصیات میں سے ہیں جن کو اللہ نے ''دل دردمند ،فکرارجمند اور زبان ہوشمند'' سے نوازا تھا ،جنھوں نے پہلے ملت کے سیاسی ،سماجی اور علمی و دینی زوال کی وجوہات کو گہرائی سے سمجھا، پھراس کے حل کی جانب عملی قدم اُٹھایا۔

طلب علم کا عہد اور تحقیق ومحنت

حضرت مونگیریؒ ذہانت وفطانت کے باوجود استاد سے سبق پڑھنے سے پہلے متعلقہ بحث کونہایت محنت سے حل کرتے تھے ، جب آپ کانپور میں ابتدائی تعلیم حاصل کررہے تھے تومفتی عنایت کاکورویؒ سے ان کی تالیف علم الصیغہ پڑھا کرتے تھے ،ایک دن انھوں نے طلبہ سے کہا کہ کل کا سبق بہت مشکل ہے ، کتاب اچھی طرح دیکھ کرآنا ، حضرت مونگیری نے بڑی محنت اور جانسوزی سے متعلقہ بحث کوحل کیا ، جب اگلے دن مفتی صاحب نے طلبہ سے مطلب دریافت کئے بغیر خود مطلب بیان کرنا شروع کردیا تو فرط صدمہ سے آپ کی آنکھوں سے آنسو بہنے لگے اور مفتی صاحب کے دریافت کرنے پرفرمایا کہ میں نے کل رات بڑی محنت سے اس بحث کوحل کیا تھا،مفتی صاحب نے آپ کوزیردرس سبق کا مطلب بیان کرنے کے لئے کہااور سن کر بہت خوش ہوئے اور بڑی حوصلہ افزائی فرمائی۔(۱)

یہ بظاہرایک چھوٹا سا واقعہ ہے؛لیکن اس میں آئندہ کی تمام ترعلمی ترقیوں کی نوید چھپی ہوئی ہے،اوریہی چیز ایک طالب علم کوعلم کی بلندیوں پرلے جاتی ہے اورآسمان علم وفضل کا آفتاب وماہتاب بناتی ہے۔

متعلقہ بحث کے لئے پہلے سے پوری تیاری اوراس کے لئے بھرپور محنت سے آپ کواس قابل بنادیا تھا کہ جب شرح ملا پڑھتے تھے تواپنے استاد سے جومنطق اور فلسفہ کے ماہر تھے،ان سے تین تین دن سبق کے مالہ وماعلیہ پربحث کرتے تھے؛چنانچہ حضرت مونگیری مولانا سہول کولکھتے ہیں :

☆ نگراں شعبۂ تحقیق :المعہد العالی الاسلامی حیدرآباد۔

(۱) سوانح مولانا محمد علی ،از:حضرت مولانا منت اللہ رحمانی ،ص:۸۔

خیال کیجئے، میں شرح ملا پڑھتا تھا اور جناب مولانا سید حسین شاہ مرحوم سے بعض بعض سبق میں تین تین دن گفتگو رہی ہے اور سید صاحب غصہ ہو گئے ہیں۔(۱)

آپ کا یہ ذوق وشوق علم کبھی کم نہیں ہوا؛ بلکہ جب آپ استاذ العلماء حضرت مولانا لطف اللہ صاحب علی گڑھی سے ہدایہ اور توضیح پڑھتے تھے تو ان سے بحث کرتے تھے اور آپ کے مباحثے اس قدر عمدہ ہوتے تھے کہ مولانا لطف اللہ صاحب علی گڑھی حیران رہ جاتے تھے، اور اپنے شاگرد کی علمی ترقی سے نہ صرف خوش ہوتے تھے؛ بلکہ دوسروں کے سامنے فخریہ بیان فرماتے تھے :

الحمدللہ ہمارے بعض طلبہ سبق میں ایسی عمدہ بحثیں کرتے ہیں کہ تعجب ہوتا ہے۔(۲)

مسئلہ کی تحقیق کیلئے کتب خانوں کا سفر اور اہل علم سے بحث وتمحیص

کسی بھی موضوع کے تمام متعلقہ اطراف وجوانب کا احاطہ آپ کی خصوصیت تھی، یہی وجہ ہے کہ آپ فراغت کے بعد مسائل کی تحقیق کے لئے مولانا عبدالحی لکھنوی کے پاس لکھنو جا کر نہ صرف ان کے کتب خانہ سے استفادہ کرتے تھے؛ بلکہ ان کے ساتھ زیر بحث مسئلہ پر گفتگو اور بحث بھی فرماتے تھے، ایک خط میں آپ لکھتے ہیں :

بعد تحصیل میرے پاس کتابیں نہیں تھیں تو صرف مسئلہ کے لئے لکھنو جاتا تھا، اور آٹھ آٹھ دس دس پندرہ پندرہ روز صرف اسی غرض سے رہتا تھا، مولوی عبدالحیؒ مرحوم صاحب سے نہایت رابطہ تھا، اور ان سے کتابیں لے کر دیکھتا تھا اور مسئلہ کی تحقیق کرتا تھا۔(۳)

مولانا محمد سہول کو ایک خط میں لکھتے ہیں :

میں نے عمر کا اکثر حصہ علم ہی کی خدمت میں گزارا ہے، اور خدا کے فضل سے طالب علمی کے زمانہ ہی سے تحقیق مطالب اور تنقیح مطالب کا شوق رہا ہے۔(۴)

اسی طرح حضرت مونگیری نے ایک مرتبہ پٹنہ کا سفر محض خدا بخش کتب خانہ میں موجود کتابوں کا مطالعہ کرنے کے لئے کیا ہے۔(۵)

---

(۱) سوانح مولانا محمد علیؒ، از: حضرت مولانا منت اللہ رحمانی، ص:۱۰۔

(۲) سوانح مولانا محمد علیؒ، از: حضرت مولانا منت اللہ رحمانی، ص:۱۰۔

(۳) کمالات محمدیہ، ص:۹۔ (۴) مقامات محمدیہ، ص:۱۴۔

(۵) سوانح مولانا محمد علی، ص:۱۴۔

علم حدیث کی محنت سے تحصیل

ایسا نہیں کہ حضرت مونگیری نے صرف فقہی کتابوں کو ہی محنت سے پڑھا ہو؛ بلکہ یہی حال حدیث میں تھا آپ مولانا ثناء اللہ امرتسری کو ایک خط میں لکھتے ہیں :

> حدیث پہلے مولانا لطف اللہ صاحب سے اسی طرح ایک دو ورق کر کے پڑھی ہے، جس طرح ہدایہ وغیرہ۔(۱)

جب آپ اویس زمانہ حضرت مولانا فضل رحمٰن گنج مرادآبادی سے بیعت ہوئے تو ان کے اثر سے یہ شوق دو آتشہ ہو گیا اور حدیث سے محبت سوا ہوگئی، یہی وفور شوق تھا، جو آپ کو اس زمانہ کے علم حدیث کے مرجع اور جلیل القدر محدث حضرت مولانا احمد علی سہارنپوری تک لے گیا، اور ان کے پاس گیارہ مہینے رہ کر آپ نے صحاح ستہ، موطا امام محمد اور موطا امام مالک پڑھی اور باوجودیکہ آپ ان کے شاگرد تھے، وہ آپ کا بے حد احترام کرتے تھے اور آپ کے حاضر ہونے پر اگر لیٹے ہوں تو اُٹھ کر بیٹھ جاتے تھے۔(۲)

اس دور کے مشہور محدث مولانا آل احمد پھلواری جنھوں نے اپنے دور کے اجلہ علما و محدثین سے فیض پایا تھا، انھوں نے آپ کو بلا طلب اجازت حدیث مرحمت فرمائی، حضرت مونگیری مختلف مشائخ کی اسناد جمع کرنے کی جانب چنداں راغب نہ تھے اور ان کا رجحان یہ تھا کہ صلاحیت اور لیاقت ہونی چاہئے اگر چہ ایک شیخ سے ہی پڑھ کر حاصل ہو، اور اگر بہت ساری اسناد جمع کر لی؛ لیکن صلاحیت سے عاری ہیں تو کیا فائدہ ہوا :

> بعض صاحبوں کو سند لینے کا شوق ہوتا ہے، مگر ہمیں کبھی اس کا خیال نہ ہوا؛ کیوں کہ اگر ہمیں کچھ آتا ہے تو ایک ہی سند کافی ہے؛ بلکہ ایک تحریر بھی اگر نہ ہو لوگ پڑھیں گے اور فائدہ پہنچے گا، کوئی سند دیکھ کر نہیں پڑھے گا، اور اگر کچھ نہیں آتا اور التجا کر کے اور خطوط لکھ کر دنیا بھر سے سند منگا لیں، بجز اس کے کہ نفس کو فخر و مباہات کا موقع مل گیا اور ایک قسم کا فریب دنیا کو دینا ہے۔(۳)

واضح رہے کہ حضرت مونگیری کی اس تحریر میں اسناد جمع کرنے کی مطلقاً مذمت نہیں ہے؛ بلکہ اس شرط کے ساتھ ہے جب کہ محض اس نے اسناد جمع کی ہوں اور علم حدیث میں رُسوخ نہ ہو، اگر کسی کے اندر مطلوبہ لیاقت بھی ہے اور وہ اسناد جمع بھی کر رہا ہے تو یہ نور علی نور ہے۔

---

(۱) کمالات محمدیہ، ص:۹۔ (۲) سیرت مولانا محمد علی مونگیری، ص:۴۵۔ (۳) مقامات محمدیہ، ص:۱۴۔

حدیث اور فقہ سے لگاؤ

حضرت مونگیریؒ نے اگر چہ ابتدا میں منطق اور فلسفہ کی تحصیل میں بہت محنت کی تھی ؛لیکن آگے چل کر خود سے اس سے ایک حد تک مولانا لطف اللہ صاحب سے پڑھنے کے دوران ہی بیزار ہوگئے اور پھر اپنے مرشد کے حکم اور اثر سے منطق اور فلسفہ کو بالکلیہ ترک کردیا اور بعد کی علمی زندگی میں ان کی توجہ کا مرکز صرف حدیث اور فقہ کا علم رہا؛ چنانچہ حضرت مونگیری نے مولانا ثناء اللہ امرتسری کو اپنی موجودہ علمی حالت بیان کرتے ہوئے لکھا ہے :

> اس خاکسار کی عمر مسائل دین کی تحقیق میں گزری ہے، حدیث وفقہ دونوں پر خوب نظر کی ہے۔(۱)

کتابوں کا شوق

جیسا کہ آپ نے پڑھا کہ حضرت مونگیری بعض مسائل کی تحقیق کے لئے کتابیں پاس نہ ہونے کی وجہ سے لکھنو کا سفر کرتے تھے اور مولانا عبدالحی فرنگی محلی کے کتب خانہ سے استفادہ کرتے تھے، بعد میں جب اللہ نے وسائل فراہم کئے تو آپ نے تقریباً تمام ضروری اور اہم مصادر ومراجع کی کتابیں خرید لیں اور اس طرح آپ کے پاس ایک اچھا اور بڑا ذاتی کتب خانہ تیار ہوگیا، حضرت مونگیری اس بارے میں لکھتے ہیں: ''اس کے بعد فقیر کے پاس بڑا کتب خانہ تیار ہوگیا'' (۲) اور ان کے خلف الصدق حضرت مولانا منت اللہ صاحب رحمانیؒ اس بارے میں لکھتے ہیں :

> عربی علوم وفنون کی شاید ہی کوئی قابل ذکر کتاب ہوگی جو اس کتب خانہ میں موجود نہ ہو، یہی حال فارسی زبان کے سلسلہ میں ہے، اس کتب خانہ کے متعلق اتنی بات پورے وثوق کے ساتھ کہی جاسکتی ہے کہ کم از کم ہندوستان کے مشرقی حصہ میں لکھنو سے لے کر بنگال کی آخری سرحد تک خدا بخش خان لائبریری (پٹنہ) اور کتب خانہ ندوۃ العلماء کے سوا اتنا بڑا کتب خانہ نہیں جو تشنگان علم کو سیراب کرسکتا ہو۔(۳)

حضرت مونگیری اور فقہی خدمات

مسلکی شدت میں کمی اور اعتدال کی رہنمائی

حضرت مونگیری جس عہد میں تھے، اس میں مختلف فکری دھڑے ایک دوسرے سے دست وگریبان تھے،

---

(۱) کمالات محمدیہ،ص:۹۔ (۲) کمالات محمدیہ،ص:۹۔ (۳) سوانح مولانا محمد علی،ص:۱۴۔

نئی روشنی اور قدامت پسندی کا جھگڑا تھا، (۱) ایک طرف دینی علوم میں رسوخ کی کمی کی وجہ سے معجزات اور قرآن کی صریح آیات تک کو تاویل کی خراد پر چڑھایا جارہا تھا تو دوسری طرف اللہ ورسول کی توہین پر مشتمل کرامتوں کو ماننے پر بھی زور دیا جارہا تھا، اور حالت یہ تھی کہ ایک فریق دوسرے کو دنیاوی اُمور سے ناواقف ،عصری مطالبات اور تقاضوں سے جاہل سمجھتا تھا تو دوسرا فریق پہلے کو بے دین، اللہ اور اس کے رسول کا گستاخ مانتا تھا، اور دونوں فریق کی یہ دوری دن بدن بڑھتی جارہی تھی۔

اس کو اکبر الہ آبادی نے اپنے ایک شعر میں نہایت بلاغت سے بیان کیا ہے :

اِدھر یہ ضد ہے کہ لیمنڈ بھی چھو نہیں سکتے
اُدھر یہ دُھن ہے کہ ساقی صراحیٔ مئے لا

دوسری جانب اہل حدیث اور مقلدین کی نزاع تھی ، باہم مناظرے، رسائل بازیاں ، مار پیٹ ،کیس مقدمہ عام بات تھی ،آمین بالجہر اور قرات خلف الفاتحہ کے مقدمات انگریزوں کی عدالت میں فیصل ہوتے تھے، مخالف علماء کو راستے سے ہٹانے کی کوشش کے تحت اقدام قتل تک کی وارداتیں ہوتی تھیں ؛ چنانچہ مولانا لطف اللہ علی گڑھی کو زہر دیا گیا (۲)، بعض فرقوں میں تو فکری مخالف کو مستحل الدم اور اس کے مال کو مال غنیمت تک سمجھا جانے لگا تھا؛ چنانچہ اس سلسلے میں مولانا عبدالحی حسنی صاحب نے اپنے سفر نامہ میں ایک واقعہ لکھا ہے کہ کس طرح حضرت مولانا نذیر حسین صاحبؒ کے مدرسہ کے ایک استاد نے ایک شوہردار عورت کو اغوا کرلیا اور ایسا اس لئے کیا کہ وہ حنفیہ کو مشرک، مستحل الدم اور ان کے مال واسباب کو مال غنیمت سمجھتے تھے، دلی (۳) صدیوں سے ملک کی راجدھانی تھی، اس فکری انتشار اور مسلکی شدت پسندی میں بھی وہ راجدھانی تھی، مولانا عبدالحی حسنیؒ اپنے سفر دہلی میں اس بارے میں لکھتے ہیں :

> دوپہر کو کھانا کھانے کے بعد جامع مسجد نماز کے واسطے گیا، نماز کے بعد جابجا وعظ ہونے لگا، منبر پر مولوی محمد اکبر وعظ کہتے ہیں، یہ بزرگ حنفیوں کا خوب خاکہ اُڑاتے، دل کھول کر تبرا کرتے ہیں اور اس بات پر فخر کرتے ہیں کہ ہدایہ پڑھانے سے توبہ کی ہے، فرماتے تھے آض کون ہے جس نے ہدایہ سے توبہ کر کے کلام مجید کی تعظیم شروع کی،

---

(۱) مراد سرسید احمد خان اور ان کے مخالفین ہیں۔

(۲) مقاصد ندوۃ العلماء، ص:۱۵، بحوالہ: سیرت حضرت مولانا سید محمد علی مونگیری، ص:۹۹۔

(۳) دہلی اور اس کے اطراف، ص:۵۹-۶۰۔

> سب جہنم میں جائیں گے، اور ہر ہر بات پر اپنی بڑائی بیان کرتے ہیں، ہر آیت کو اہل دہلی اور اپنے اوپر اُتارتے ہیں، اہل دہلی کو ظالمین اور مشرکین سے ملاتے ہیں اور اپنے تئیں آنحضرت ﷺ سے — عیاذاباللہ — دوسرے صاحب منذنہ کے پاس بھی اسی طور پر حنفیہ کا خاکہ اڑا رہے تھے؛ لیکن کف لسان کے ساتھ، تیسرے صاحب دوسری جانب منذنہ کے محدثین و متبعین سب کی خبر لے رہے تھے، انحناو قیام تعظیمی کے منع کرنے پر سخت وست کہہ رہے تھے، چوتھے صاحب حوض پر کچھ مناجاتیں اور نعتیہ غزلیں پڑھ کر لوگوں کو اپنی طرف راغب کررہے تھے، الغرض ایک بڑبونگ تھا، اس ہڑدنگے پن کو دیکھ کر نہایت افسوس ہوا، خدا کی مرضی میں کسی کو دخل نہیں، جب سلطنت اسلام کی جاتی رہی تو جس کا جو جی چاہے کرے۔ (۱)

تیسری جانب بعض مسائل میں اختلاف پر مشہور بریلوی عالم مولانا احمد رضا خان اور ان کے کچھ ہم خیال تکفیر و تفسیق کی گرم بازاری برپا کئے ہوئے تھے؛ چنانچہ کبھی تو حضرت مولانا رشید احمد گنگوہیؒ پر باری تعالیٰ کے حق میں امکان کذب کی تہمت تراش کر تکفیر کی گئی، کبھی حضرت مولانا قاسم نانوتویؒ کو منکر ختم نبوت کہا گیا اور کبھی حضرت مولانا اشرف علی تھانوی کو گستاخ رسول قرار دیا گیا، اتنے پر ہی بس نہیں حضرت مولانا سید محمد علی مونگیریؒ اور علامہ شبلی نعمانیؒ کی بھی تکفیر و تفسیق ہوئی۔

حضرت مولانا محمد علی مونگیریؒ نے بھی اس عہد کی مسلکی لڑائیوں پر اپنے دردِ دل کا اظہار کیا ہے؛ چنانچہ آپ ندوۃ العلماء کے اولین روئداد میں لکھتے ہیں :

> اب خیال کیجئے، مقلدین غیر مقلدین میں کیسی کیسی شرمناک لڑائیاں ہوتی ہیں، ایک بھائی دوسرے بھائی کی جان، مال کا، آبرو کا، کس طرح خواہاں ہوتا ہے، خلاف مذہب کے اجلاس میں مقدمات جاتے ہیں، ہمارے محترم علماء مجرموں کی طرح سامنے کھڑے ہوتے ہیں، صحیح بخاری، صحیح مسلم اور دیگر کتب حدیث ان کے جوتوں کے پاس ان کے نیچے ڈھیر ہوتی ہیں، اور آمین و رفع یدین کی تحقیق جناب چوبے گھنشیام داس صاحب بہادر اور کرمول صاحب بہادر کے روبرو پیش ہوتی ہیں اور اس کو دین خیال کیا جاتا ہے، افسوس صد افسوس، ایسے فہم و خیال پر، ہمارے علماء کا

(۱) دہلی اور اس کے اطراف، ص: ۶۸-۶۹۔

> اس طرح اجلاس میں کھڑا ہونا کیا شان علماء کے خلاف نہیں ہے؟ کیا ہمارے دین کی کتابوں کا اور ہمارے ہادی برحق کے ارشادوں کا یوں بے حرمتی سے رکھا جانا دین کی ہتک نہیں ہے؟ مذہبی اختلافات کا جھگڑا مخالفین مذہب کے روبرو پیش کرنا سخت بے دینی نہیں ہے؟(۱)

ان حالات میں سب سے بڑا کام یہ تھا کہ مسلکی شدت پسندی کو کم کیا جائے، ایک دوسرے کے تعلق سے جو غلط نظریات ذہن ودماغ میں بھرے ہوئے ہیں، ان کو دور کیا جائے، ایک دوسرے کی بات کو اعتدال کے ساتھ سمجھا جائے اور غور کیا جائے اور سب سے بڑھ کر رواداری اور برداشت کا جذبہ پیدا کیا جائے۔

حضرت مونگیری نے بعینہ یہی کام کیا، حضرت مونگیری نے اپنی فراست ایمانی سے سمجھا مسلکی شدت پسندی کو ختم کرنے کا سب سے سیدھا طریقہ یہی ہے کہ ان کو ایک پلیٹ فارم پر جمع کیا جائے اور اس طرح ان کو ایک دوسرے کو جاننے، سمجھنے کا موقع ملے، افہام وتفہیم ہو، اس سے مسلکی گروہ بندی کی شدت بھی کم ہوگی اور ایک دوسرے کے نقطۂ نظر کو بھی ذرا زیادہ رواداری سے سمجھا جائے گا، مختلف الخیال علماء کو ایک پلیٹ فارم پر جمع کرنے کی بات کہنا بہت آسان ہے؛ لیکن حقیقت میں یہ کام پہاڑ کھودنے جتنا ہی مشکل ہے، انھوں نے اس عہد میں جس کی ایک مختصر جھلک گزشتہ صفحات میں دکھائی گئی، مختلف الخیال اور مختلف مکاتب فکر وفقہ سے وابستہ علماء اور افراد دیوبندی، بریلوی، مقلد، غیر مقلد، نئی روشنی اور پرانی روشنی والے تمام افراد کو ایک جگہ جمع کیا، جس کی توجیہ سوائے اس کے اور نہیں کی جاسکتی کہ حضرت مونگیری ملتِ اسلامیہ کے ہر طبقے میں مقبول تھے اور ان کی آواز کو سبھی نے قبولیت کے کانوں سے سنا اور اس پر لبیک کہا اور کمالات محمدیہ کے مصنف کے اس خیال کی بھی تردید نہیں کی جاسکتی کہ یہ ایک کرامت تھی جس نے تسبیح کے مختلف دانوں کو ایک دھاگے میں پرودیا:

> علماء مقلدین وغیر مقلدین میں آپ نے (مولانا محمد علی) نے ملاپ کرادیا جو بجز کرامت کے اور کیا کہا جاسکتا ہے۔(۲)

ندوۃ العلماء کا جو پہلا جلسہ ہوا ہے، اس میں شیعہ مجتہد، بریلوی علماء میں سے خود مولانا احمد رضا خان بریلوی، اور اہل حدیث علماء میں سے مولانا ابراہیم آروی، مولانا حسین بٹالوی شریک تھے، فکر سرسید کے حامیوں میں سے مولانا حالی اگرچہ شریک نہ ہوسکے؛ لیکن اپنا مقالہ بھیجا تھا اور اس کی تائید کی تھی، اس کے بعد بھی ندوۃ العلماء کے ملک کے مختلف گوشوں میں متعدد اجلاس ہوئے، جن میں مختلف مکاتب فکر سے وابستہ علماء کرام اور جدید تعلیم یافتہ حضرات شریک ہوئے، اور ایک دوسرے کو نہ صرف سمجھا بلکہ مدتوں کا دل پر پڑا بدگمانی کا گرد وغبار دور ہوا، حضرت مولانا محمد علی مونگیری ندوہ کے مقاصد کے تحت لکھتے ہیں:

---

(۱) روئداد ندوۃ العلماء سال اول حصہ اول، ص: ۱۵-۱۶۔ (۲) کمالات محمدیہ، ص: ۱۳۷۔

● دوسرے مقصد کو لیجئے، اتفاق اور رفع نزاع باہمی، ظاہر میں یہ نہایت دلکش الفاظ ہیں، مگر اس کے حاصل کرنے میں جو دقتیں اور مصیبتیں ہیں، ان سے انھیں کا دل خوب واقف ہوگا، جنھوں نے کبھی دنیا میں کسی بڑے کام کرنے کا ارادہ کیا ہو، الحمدللہ کہ ندوۃ العلماء چند دنوں میں بہت کامیاب ہوا ہے، اور جس کی توقع مشکل سے کی جاتی تھی، اس نے دونوں فریقوں میں قبولیت پیدا کی اور اپنے فرائض کو بہت ذمہ داری سے انجام دیا، ندوۃ العلماء نے اس تھوڑی مدت میں وہ کامیابی حاصل کی ہے جس کو دوسری انجمنیں زمانۂ دراز میں بھی نہیں کر سکتی تھیں، اور ہم کو اُمید ہے کہ انشاء اللہ تعالیٰ اس طور پر رفتہ رفتہ ندوۃ العلماء کے اثر سے ملک وقوم کے سامنے ایک ایسا زمانہ آنے والا ہے کہ یہ تمام جھگڑے اور نزاعیں ایک بے وقعت افسانہ سمجھی جائیں گی، میں اس مقام پر اس کی چند نظیریں سرسری طور پر پیش کرتا ہوں۔

● سب جانتے ہیں کہ ایک مدت سے تقلید اور عدم تقلید کے جھگڑے کس زور وشور سے برپا ہیں، جن کی وجہ سے بڑے بڑے ہنگامے ہوئے، عدالت فوجداری تک نوبت پہنچی اور لوگوں کو سزائیں ہوگئیں، اسی طرح سے عدالت ہائے دیوانی میں آمین بالجہر اور رفع یدین کے مقدمے دائر ہوئے، علماء اور کتب مقدسہ کی آبروریزی ہوئی، یہاں تک کہ لڑتے لڑتے ولایت تک مقدمے پہنچے مگر الحمدللہ جب سے ندوۃ العلماء قائم ہوا ہے اور اس نے نزاعوں سے اپنی نارضامندی ظاہر کی، اس وقت سے اب تک کوئی نزاع نہیں پیدا ہوئی، اور تمام مسلمان اس جھگڑے سے نہایت امن وآسائش میں بسر کر رہے ہیں۔

● مولانا شاہ امانت اللہ صاحب اور مولانا ابومحمد ابراہیم بانی مدرسہ احمدیہ آرہ کے درمیان ندوۃ العلماء نے صلح کرادی اور پورب کے سب ہنگامے فرو ہوگئے، ندوۃ العلماء کا یہ کارنامہ معمولی نہیں۔

● علاوہ ان سب اُمور کے ندوۃ العلماء کی یہ برکت کیا کم ہے کہ اب تک علماء کی جماعت میں ربط واتحاد کا کوئی خاص سلسلہ نہ تھا، اور غالباً اسی کی وجہ سے مناظروں میں سختی اور بے مروتی سے نزاعیں پیدا ہوجاتی تھیں، اب ندوۃ العلماء کی وجہ سے یہ بات جاتی رہی اور جو علماء سال میں ایک بار جمع ہوجاتے ہیں ان میں ایک

خاص قسم کا ربط واتحاد پیدا ہوگیا ہے، اور جو بدگمانیاں نہ ملنے کی وجہ سے پیدا ہوتی تھیں وہ دُور ہوگئی ہیں، اس لئے اب ان کی جانب سے ایک دوسرے سے منافرت کا اندیشہ نہیں ہے اور ظاہر ہے کہ جب تک ان میں اتحاد باقی رہے گا، مسلمانوں میں نفاق پیدا ہونے کی کوئی صورت نہیں۔(۱)

اس بات کا اعتراف حضرت مولانا سید سلیمان ندویؒ نے بھی مولانا مسعود عالم ندویؒ کی کتاب ''مولانا عبید اللہ سندھیؒ اور ان کے افکار ونظریات پر ایک نظر'' کے مقدمہ میں کیا ہے؛ چنانچہ آپ مقلد اور غیر مقلد کشمکش کا ذکر کرنے کے بعد لکھتے ہیں :

ولی اللٰہی تحریک کی یہ دونوں شاخیں (اہل حدیث اور احناف) تقلید وعدم تقلید کے مباحث کے علاوہ اُصول میں تقریباً ایک تھیں، مگر افسوس کہ ان فقہی فروعات کو ان دونوں نے یہ اہمیت دی کہ ہندوستان کے طول وعرض میں سالہا سال تک دست وگریبان ہوکر اپنے اصل مقصد سے ہٹ گئیں، یہ دیکھ کر ندوۃ العلماء کے نام سے ایک اور دعوت پیدا ہوئی، جس نے ان فروعات میں اپنا مسلک صلح کل تجویز کیا اور چاہا کہ دونوں کو بغل گیر کر کے اصل مقصد کی طرف متوجہ کرے۔ (ص:۲۳)

حضرت مونگیریؒ کی اس تدبیر سے مسلکی شدت پسندی میں بڑی حد تک کمی واقع ہوئی، اور میری حقیر رائے میں یہ اس عہد کی بڑی فقہی خدمت تھی، جس پر اس زاویہ سے تا حال غور نہیں کیا گیا ہے۔

علماء اور جدید تعلیم یافتگان میں قربت

علاوہ ازیں میں سمجھتا ہوں کہ حضرت مونگیری نے ندوۃ العلماء کے پلیٹ فارم سے جس طرح جدید وقدیم طبقہ کو یکجا کیا اور ایک دوسرے کو سمجھنے کا موقع فراہم کیا، وہ بھی اس عہد کی بڑی دینی خدمت تھی؛ کیوں کہ علماء کا عوام سے کٹ جانا یا عوام کا علماء سے سروکار نہ رکھنا دین کی بنیاد کے انہدام کے برابر ہے اور کوئی بھی دینی خدمت تب تک بارآور نہیں ہوسکتی جب تک علماء اور عوام میں خلوص واحترام اور شفقت ومحبت کے روابط نہ ہوں، آج بھی اسلام دشمن طاقتیں یہی کام کر رہی ہیں کہ عوام کو علماء سے بیزار اور متنفر کر رہی ہیں۔

ندوۃ العلماء کے پلیٹ فارم سے جس طرح مسلکی گروہ بندی اور شدت پسندی میں کمی آئی، اسی طرح جدید وقدیم کے درمیان کی دوری بھی کم ہوئی، ندوۃ العلماء کے ہر اجلاس میں عصری تعلیم یافتہ حضرات کو بھی مدعو کیا جاتا تھا؛

(۱) رپورٹ اجلاس پنجم ندوۃ العلماء، بحوالہ تاریخ ندوۃ العلماء: ۱/۲۰۱-۲۰۳۔

لیکن ندوۃ العلماء کے عظیم آباد (پٹنہ) کے اجلاس میں بالخصوص قدیم اور جدید تعلیم یافتہ افراد کے میل جول سے بڑی حد تک طرفین کی بدگمانیاں دور ہوئیں، اور اس سلسلے کی پہلی کامیابی یہ تھی کہ سرسید احمد خان اور نواب محسن الملک نے مقاصد ندوہ کی نہ صرف تائید کی؛ بلکہ اس کو علی گڑھ کی تعلیمی اسکیم کا ہی ایک خاکہ سمجھا، سرسید احمد خان نے حضرت مونگیریؒ کو خط میں لکھا :

> خدا کا ہزار ہزار شکر ہے کہ ایسا جلسہ جس میں ہمارے زمانہ کے علماء وا کابر بواسطہ فلاح مسلمانوں کے جمع ہوں گے، منعقد ہونے والا ہے، ندوۃ العلماء کے اغراض جس کو میں نہایت عمدہ اور مفید خیال کرتا ہوں۔(۱)

نواب محسن الملک نے اس کو علی گڑھ کے مقاصد تعلیم میں سے ایک قرار دیا اور کہا کہ ہمارے اور ندوہ کے مقصد میں کوئی فرق نہیں ہے :

> میں قوم کو مبارکباد دیتا ہوں کہ حضرات علماء نے زمانہ کی ضرورت کو دیکھا اور ہماری اصلاح وترقی پر متوجہ ہوئے، یہی ہماری خواہش تھی اور یہی ہمارا مقصود ہے، خواہ وہ ایجوکیشنل کانفرنس کے نام سے یا ندوۃ العلماء کے مبارک لقب سے اور اس کے لئے ہم علی گڑھ میں جمع ہوں، یا کانپور میں۔(۲)

ایجوکیشنل کانفرنس میں ندوہ کے تعلق سے ایک ریزولیوشن پاس کیا گیا، جس کی عبارت حسبِ ذیل تھی اور جس کو ہزاروں کی تعداد میں سرسید احمد خان نے چھپوا کر تقسیم کرایا :

> اس کانفرنس کی یہ رائے ہے کہ جلسہ ندوۃ العلماء جو بمقام کانپور منعقد ہوا تھا، اور جس میں علماء اور اکابرین دین جمع ہوئے تھے، تمام مسلمانوں کی توجہ کے لائق ہے اور اس کے مقاصد یعنی اصلاح طریقۂ تعلیم اور رفع نزاع باہمی نہایت عمدہ اور مفید ہیں، تمام مسلمانوں کو ایسی عمدہ اور مفید مجلس کی جس سے مسلمانوں کی دینی اور دنیوی بہبود مقصود ہے، بہ دل وجان قلم سے، قدم سے، درم سے مدد کرنی چاہئے۔(۳)

ندوۃ العلماء کا جو وفد بانکی پور پٹنہ گیا تھا، جدید تعلیم یافتہ طبقہ سے علماء کی ملاقات اور تاثرات کو مولانا حبیب الرحمٰن خان شروانیؒ نے ان الفاظ میں قلم بند کیا ہے :

---

(۱) علی گڑھ انسٹی ٹیوٹ گزٹ، مطبوعہ ۶/۱ پریل ۱۸۹۴۔

(۲) محمڈن ایجوکیشنل کانفرنس میں نواب محسن الملک کی تقریر بابت: ۱۸۹۴ء۔

(۳) محمڈن ایجوکیشنل کانفرنس علی گڑھ ۱۸۹۴ء۔

> علمائے ندوۃ العلماء نے شروع سے جدید تعلیم یافتہ طبقہ کو مانوس کرنے کی جو کوشش کی، اس کا ظہور اس مقام پر جو مسلمانوں کی روشن خیالی کا زبردست مرکز ہے یعنی بانکی پور، جب مولوی سید شرف الدین کے ڈرائنگ روم میں قدیم وجدید تعلیم کے قائم مقام اول مرتبہ ملے تھے، جاڑے کی شب تھی، علماء پہلے سے رونق افزا تھے، جب سیاہ اوورکوٹوں سے ہال میں تاریکی پیدا ہوئی تو چوں کہ ہمارے محترموں کی نگاہ کے سامنے اول مرتبہ یہ سماں آیا تھا؛ اس لئے کسی قدر منقبض ہوئے مگر گفتگو نے جلد اصل حال سے پردہ اُٹھا کر ظاہر کر دیا ''آب چشمۂ حیواں درون تاریکی است'' تاریک کوٹوں کے اندر عقیدت مندی اور نور خلوص سے روشن دل چھپے ہوئے تھے۔(۱)

علامہ سید سلیمان ندویؒ نے بھی اس اجلاس کو جدید وقدیم کا سنگم اور باہم ملاپ بتایا ہے اور اس کی تشبیہ گنگا اور سون ندی کے سنگم سے دی ہے، ندوۃ العلماء کا ساتواں اجلاس پٹنہ میں ہوا اور اس میں بطور خاص جدید تعلیم یافتہ حضرات بڑی تعداد میں شریک ہوئے اور جدید تعلیم یافتہ حضرات نے ندوۃ العلماء کے مقاصد سے کی بھرپور تائید کی اور ان کی علماء کے تعلق سے بدگمانیاں اور غلط فہمیاں بھی دُور ہوئیں، اس اجلاس میں ندوہ کے سحبان مولانا شاہ سلیمان صاحب پھلواری نے قدیم وجدید تعلیم یافتہ حضرات کے اتصال پر دلچسپ اور پرمغز تقریر کی، ان کی تقریر کا ایک حصہ یہ ہے :

> مغربی علوم کے تعلیم یافتہ اور مشرقی علوم کے تعلیم یافتہ میں نہایت ہی درجہ کا تنفر ہے، مگر الحمدللہ اس جلسے میں اور ہمارے اس شہر میں دونوں قسم کے حضرات مجتمع ہیں اور نہایت صلح وصفائی کے ساتھ ایک دوسرے کی تقریر سننے پر آمادہ ہیں؛ لہٰذا میں کہوں گا کہ مدت کے بچھڑے ہوئے مل گئے اور آج دونوں میں صلح ہوگئی۔

اگر چہ اقتباسات بہت سارے ہیں؛ لیکن طوالت کے خوف سے ہم اتنے پر ہی اکتفا کرتے ہیں، اس سے یہ واضح ہوگا کہ ندوۃ العلماء کے پلیٹ فارم سے حضرت مونگیری نے نہ صرف مسلکی شدت پسندی کو کم کیا؛ بلکہ آپ نے جدید تعلیم یافتہ افراد اور علماء کے درمیان بڑھتے بعد اور بیگانگی؛ بلکہ بیزاری اور تنفر کو بھی دُور کرنے کی کامیاب کوشش کی، جو درحقیقت ملت اسلامیہ کی بقا کی بنیاد ہے۔

اداراجاتی فقہی خدمات

کسی فن کی خدمت کا ایک طریقہ یہ ہے کہ اس فن میں تصنیف وتالیف کا ڈھیر لگا دیا جائے، جو بھی شخص یہ کام

---

(۱) روداد اجلاس میرٹھ، ص: ۳۵۔

کرتا ہے، بطور فرد وہ اس فن کی خدمت انجام دیتا ہے اور وہ شکریہ کا مستحق ہے؛ لیکن اس سے بڑھ کر یہ کام ہے کہ تعلیم وتدریس کے ذریعہ ایسے شاگردوں کی ایک جماعت تیار کی جائے جو اس فن کی تصنیف وتالیف اور دیگر حوالوں سے خدمت کر سکیں اور اس سے بھی بڑھ کر یہ کام ہے کہ ایک ایسا ادارہ قائم کیا جائے، جہاں تعلیم وتدریس کے ذریعہ ایسے مدرس تیار ہوں جو اپنی تعلیم وتدریس سے ایسے لوگوں کی ایک کھیپ اور نئی نسل تیار کر دیں جو اس فن کی خدمت انجام دے سکے اور جہاں سے ہر زمانہ میں ایسے افراد تیار ہوتے رہیں؛ کیوں کہ افراد کی عمر اداروں کی نسبت بہت کم ہوا کرتی ہے۔

اگر آپ غور کریں تو دیکھیں گے کہ بعض افراد نے فقہ کی خدمت تصنیف وتالیف کے ذریعہ کی، اور بعض نے شاگردوں کی ایک ٹیم تیار کر دی، جیسے حضرت شیخ الہند اور حضرت علامہ انور شاہ کاشمیری اور حضرت مولانا قاسم نانوتوی نے ادارہ ہی قایم کر دیا جہاں سے حضرت شیخ الہند اور حضرت علامہ انور شاہ کاشمیری جیسے عبقری بے پناہ صلاحیتوں کے افراد تیار ہوئے اور جنھوں نے صاحب قلم شاگردوں کی پوری ٹیم تیار کی۔

بعینہ اسی طرح حضرت مونگیری نے بھی ندوۃ العلماء جیسا باوقار ادارہ قائم کیا، جو قیام سے لے کر تا حال بغیر رکے تھکے دین کی خدمت انجام دے رہا ہے اور وہاں سے اصحاب قلم کی کھیپ نکل کر علم ودین کے سرچشموں کو نہ صرف سیراب کر رہی ہے؛ بلکہ مستشرقین اور اسلام دشمنوں کے اُٹھائے گرد وغبار سے بھی اسلام کے روشن چہرہ کو صاف کر رہی ہے اور ارباب قلم کی کھیپ نکلنے کا یہ سلسلہ جاری ہے۔

دار العلوم ندوۃ العلماء

ندوۃ العلماء کے فارغین کی فقہی خدمات کسی سے مخفی نہیں ہیں، کچھ عرصہ قبل ندوہ کے ایک فاضل مولانا منور سلطان ندوی نے (جو المعہد العالی الاسلامی میں زمانہ طالب علمی میں مجھ سے ایک سال سینئر تھے) اس موضوع پر ایک بیش قیمت کتاب لکھی ہے: ''ندوۃ العلماء کا فقہی مزاج اور ابناء ندوہ کی فقہی خدمات'' جس سے ندوہ کی فقہی خدمات کھل کر سامنے آتی ہے، یہاں تفصیل کا موقع نہیں محض چند ندوی فقہاء کا نام لے رہا ہوں، علامہ سید سلیمان ندوی، مولانا مجیب اللہ ندوی، ڈاکٹر احمد علی ندوی، آخر الذکر کو ان کی فقہی خدمات کے عوض شاہ فیصل ایوارڈ بھی مل چکا ہے۔

جامعہ رحمانی

اگرچہ یہ افسوس کی بات ہے کہ جامعہ رحمانی کی فقہی خدمات پر کوئی کتاب تا حال نہیں لکھی گئی ہے؛ لیکن جامعہ رحمانی کی فقہی خدمات کسی بھی طور پر کسی دوسرے ادارے سے کم نہیں ہے، یہاں سے پڑھنے والوں نے فقہ کی دنیا میں اونچا نام پایا ہے، چند نام آپ کے سامنے لے رہا ہوں، حضرت امیر شریعت رابع حضرت مولانا منت اللہ

رحمانی، امارت شرعیہ کے موجودہ امیر حضرت مولانا محمد ولی رحمانی صاحب مدظلہ العالی، حضرت مولانا خالد سیف اللہ رحمانی مدظلہ العالی، (جن کی فقہی خدمات کے عوض اُمت کے اہل علم کی جانب سے آپ کو فقیہ العصر کا خطاب ملا ہے)، حضرت مولانا بدر الحسن قاسمی ودیگر۔

دارالافتاء ندوۃ العلماء

حضرت مونگیریؒ نے ندوہ کے قیام سے قبل ہی دارالافتاء کی قیام پر بڑی توجہ دی اور اگرچہ پہلے سال میں یہ کام مالی مشکلات کی وجہ سے ممکن نہ ہوسکا؛ لیکن حضرت کو اس کی بڑی فکر رہی اور دوسرے سال یہ تجویز پاس ہوکر منظور ہوگئی اور مولانا لطف اللہ علی گڈھی کے شاگرد مولانا عبداللطیف صاحب کو افتاء کی ذمہ داری سونپی گئی اور عوام نے کثرت سے دارالافتاء سے رجوع کیا، یہ دارالافتاء جلد ہی شرعی مسائل میں عوام الناس کا مرکز توجہ بن گیا؛ چنانچہ حضرت مونگیری نے پانچویں سال کی رپورٹ پیش کرتے ہوئے فرمایا :

> دارالافتاء میں امسال گزشتہ سال کی بہ نسبت زیادہ فتاویٰ مرتب کئے گئے ہیں امسال (۵۶۵) استفتا کے جواب دیئے گئے ہیں جن میں سے ۴۷ فتاویٰ نہایت مشکل اور پیچیدہ تھے، ان کے علاوہ ۲۲ رمسئلوں کی بطور خود تحقیق کی گئی۔

حضرت مونگیریؒ نے گیارہ دفعات پر مشتمل دارالافتاء کے لئے ایک خاکہ بھی تحریر فرمایا، افسوس کہ اس خاکہ کے نکات میرے سامنے نہیں ہیں؛ لیکن اس خاکہ سے بقول مولانا محمد حسنی ان کی ''تبحر علمی، وسیع النظری اور بصیرت'' کا اندازہ ہوتا ہے۔

ندوۃ العلماء کا دارالافتاء ایک مختصر وقفہ کے لئے تعطل کا شکار رہا؛ لیکن اس کے بعد سے لے کر آج بلا رکے اور تھکے افتاء کی خدمات انجام دے رہا ہے، ندوۃ العلماء کا دارالافتاء اگرچہ ۱۳۱۴ھ میں قائم ہوا؛ لیکن ایک عرصہ تک نقل نہ رکھنے کی وجہ سے فتاوی کا بڑا سرمایہ محفوظ نہ رہ سکا، ۱۴۱۱ھ سے اب باقاعدہ فتاویٰ کو محفوظ رکھنے کا نظم کیا گیا ہے، اس درمیان سے لے کر ۲۰۰۲ء تک جو فتاویٰ محفوظ کئے گئے ہیں، ان کی تعداد سولہ ہزار تینتالیس ہے، یہ تعداد یقیناً کم ہے؛ لیکن اگر دارالافتا جب سے قائم ہوا ہے، تب سے لے کر اب تک کے فتاویٰ کو محفوظ رکھا جاتا تو یقیناً اس کی تعداد لاکھوں میں ہوتی اور بہت سارے مسائل میں ہماری رہنمائی کرتی۔

دارالافتاء جامعہ رحمانی

حضرت مونگیریؒ نے جب مونگیر میں مستقل قیام اختیار کیا اور خانقاہ رحمانی تیار ہوئی تو یہاں جو لوگ شرعی مسائل میں رہنمائی کے طالب ہوتے تھے، انھیں آپ خود فتوی لکھ کر دے دیتے تھے، بعد میں آپ نے یہ ذمہ داری دوسروں کے سپرد کردی، اور ہم کہہ سکتے ہیں کہ یہ دارالافتاء جامعہ رحمانی کی بنیاد ہے، جامعہ رحمانی کا دارالافتاء امارت

شرعیہ کے بعد بہار کا دوسرا مرکزی دارالافتاء ہے، یہاں سے کتنے فتاوی تا حال جاری ہوئے اور کتنوں کی نقل محفوظ ہے، راقم کو اس کی تحقیق نہیں ہے؛ لیکن اس علاقے میں دارالافتاء جامعہ رحمانی کی مرجعیت کا تقاضا ہے کہ اس کی تعداد اگر اب تک لاکھ کے قریب نہیں پہنچی تو اب پہنچنے والی ہوگی۔

الجامعہ میگزین

حضرت مونگیری نے یہ رسالہ جاری کیا تھا، جس میں عصری، دینی، اخلاقی مضامین کے ساتھ فقہی مضامین بھی ہوا کرتے تھے، الجامعہ کے مضمون نگاروں میں بڑی بڑی فقہی شخصیات ہوا کرتی تھی، نائب امیر شریعت حضرت مولانا عبدالصمد رحمانی، حضرت امیر شریعت رابع حضرت مولانا منت اللہ رحمانی، سابق مفتی اعظم پاکستان حضرت مولانا مفتی محمد شفیع صاحب، حضرت مولانا مفتی ظفیر الدین وغیرہم، یہ پرچہ ایک طویل عرصہ تک نکلتا رہا اور اس دوران اس نے فقہی مضامین کی اشاعت کے حوالہ سے قابل قدر کام انجام دیا ہے، اگر اب کوئی بندہ خدا الجامعہ کے پرچہ سے فقہی مضامین کو اکٹھا کرے اور ترتیب سے شائع کرے تو اس سے نہ صرف ان مضمون نگاروں کی خدمات کا دائرہ وسیع ہوگا؛ بلکہ الجامعہ کے ذریعہ کی گئی فقہی خدمت کا ایک باب بھی اہل علم کے سامنے آئے گا۔

تحریری خدمات

فقہ کی تعریف میں متقدمین اور متاخرین میں اختلاف ہے، متقدمین کی تعریف میں توسع ہے اور متاخرین کی تعریف تنگنائے غزل کے مصداق ہے، یہی وجہ ہے کہ ہم دیکھتے ہیں کہ متقدمین احناف کے یہاں فقہ کی تعریف کے دائرے میں فروعات کے ساتھ عقائد بھی شامل ہے اور صرف عقیدہ نہیں؛ بلکہ بعض تعریفات میں زہد و تصوف بھی فقہ کے دائرہ میں شامل ہے، اور یہی وجہ ہے کہ امام ابوحنیفہ سے منسوب کتاب جو عقیدہ میں ہے، اس کا نام الفقہ الاکبر ہے اور یہ اکبر فروعات سے امتیاز کے لئے ہے۔

اگر ہم متقدمین علماء کے فقہی نظریے سے حضرت مونگیری کی خدمات کا جائزہ لیں تو ہم پائیں گے کہ آپ کی پوری زندگی کا عنوان فقہی خدمات بن جائے گا، چاہے، آریہ سماجیوں کے بڑھتے یلغار کو روکنا ہو، عیسائیت کے سیلاب بلاخیز کے آگے بند باندھنا ہو، نبوت محمدی ﷺ کے خلاف ایک سازش کے طور پر سامنے لائی گئی قادیانی فتنہ کا بھرپور علمی تعاقب ہو، بہار خصوصا اور پورے ملک سے قادیانیت کی بیخ و بن سے استیصال ہو، یا پھر مسند ارشاد و ہدایت سے آپ کی عظیم الشان خدمات ہوں، جس نے نہ معلوم کتنے نام کے مسلمانوں کو کام کا مسلمان بنا دیا اور جن کے اندر ایمان کی چنگاری تھی ہوا دے کر شعلہ بنا دیا اور دین کی خدمت کرنے والوں کی ایک فوج تیار کردی، یہ سب متقدمین فقہاء کے نظریہ میں فقہ کے دائرے میں آتے ہیں۔

حضرت مونگیریؒ کے فقہی رسائل اور مختصر تعارف

یہ صحیح ہے کہ حضرت مونگیریؒ کی فقہ میں زیادہ تالیف وتصنیف نہیں ہیں، کئی ضخیم جلدوں میں فتاویٰ کا مجموعہ نہیں چھوڑا، اور نہ ہی ایک فقیہ اور مفتی کے طور پر ان کی وسیع شہرت ہوئی؛ لیکن اس کی وجہ خدانخواستہ حضرت مونگیری کے فقہ میں رسوخ اور مہارت کی کمی نہیں ؛ بلکہ اس زمانے کے پر آشوب حالات اور ملت اسلامیہ و دین محمدی کے خلاف فتنوں کا تسلسل اور تواتر ہے، ان حالات میں یا تو حضرت مونگیری یہ کرتے کہ ملت کے مسائل اور وقت کے تقاضوں سے اپنی آنکھیں بند کر لیتے اور تدریس وتصنیف اور فتاویٰ نویسی کا مشغلہ اختیار کرتے ، یا پھر یہ کرتے کہ ملت کے مسائل کے لئے آگے بڑھتے اور تدریس وتصنیف کا کام بشرط فرصت رکھ چھوڑتے ، حضرت مونگیریؒ نے اول الذکر صورت کو اختیار کیا، کبھی مختلف الخیال علماء کو یکجا کر کے فقہی تعصب کو کم کیا تو کبھی قدیم وجدید کی آویزش کو دُور کرنے میں مصروف رہے، جب عیسائیت کا یلغار ہوا تو پھر اس سے مقابلہ کے لئے بھی کمر کسا اور جب قادیانیت کی شکل میں ختم نبوت ﷺ پر حملہ ہوا تو اس کے استیصال کے لئے بھی ہمہ تن تیار رہے اور عمر کے آخری سالوں میں رشد و ہدایت کے مسند کو زینت بخشی اور ایک عالم کو اپنے نفس گرم کی گرمی سے ایمان کی حرارت بخشی۔

ان سب کے باوجود ایسا نہیں کہ حضرت مونگیری نے سرے سے فقہ میں تصنیف وتالیف ہی نہ کیا ہو یا اس فن شریف کی کوئی خدمت نہ کی ہو، فقہ میں آپ کے چند رسائل ہیں جو بقامت کہتر لیکن بہ قیمت بہتر کی مصداق ہیں، حضرت مونگیری کے فتاویٰ کا ایک مجموعہ بھی تھا، جس کا نام ''کتاب المسئلہ تھا'' جو اب مفقود ہے اور محض دو تین قسطیں جو اس کی الجامعہ میں چھپی تھیں وہی دستیاب ہیں، اگر کتاب المسئلہ مکمل موجود ہوتی تو حضرت مونگیری کے فقہ میں رسوخ، مہارت اور فقہی مزاج و مذاق پر نمایاں روشنی ڈالتی ؛ لیکن جو کچھ موجود ہے، وہ بھی کم نہیں ہے، ذیل میں چند فقہی رسائل کا مختصر تعارف پیش خدمت ہے۔

القول المحکم فی خطابۃ العجم (اُردو میں جمعہ اور عیدین کا خطبہ)

یہ کب لکھا گیا ہے، اس ضمن میں مقدمہ میں حضرت مولانا ولی رحمانی سجادہ نشیں خانقاہ مونگیر لکھتے ہیں :

> حضرت مونگیری جب کانپور رہا کرتے تھے تو وعظ و تبلیغ ، بیعت وارشاد، درس وتدریس اور تصنیف وتالیف کے ساتھ علماء اور عام مسلمانوں کے دینی سوالات کے جوابات بھی پابندی سے دیا کرتے تھے، میرا خیال یہ ہے کہ یہ جواب بھی اسی زمانہ میں لکھا گیا۔(۱)

---

(۱) مقدمہ اُردو میں جمعہ اور عیدین کا خطبہ، ص: ۴۔

یہ ایک کتاب ایک مختصر استفتا کا تحقیقی اور تفصیلی جواب ہے :

کیا فرماتے ہیں علماء دین اس مسئلہ میں کہ تمام خطبہ عربی کے سوا دوسری زبان میں پڑھنا یا خطبہ میں صرف مواعظ اور پند کو اس زبان میں بیان کر دینا جس میں مخاطبین سمجھ سکیں، جائز ہے یا نہیں؟ اور اگر جائز تو بلا کراہت جائز ہے یا با کراہت، بینوا وتوجروا۔

یہ کتاب حضرت مونگیری کے فقہی رسائل میں انفرادی شان اور حیثیت رکھتی ہے، اور حضرت مونگیری نے جس طرح دادِ تحقیق دی ہے وہ پڑھنے سے تعلق رکھتا ہے، کتب فقہ کی عبارتوں سے مدعا پر استدلال ہو، حسن استنباط ہو، کتب فقہ کی عبارتوں میں تعارض کا دفعیہ ہو، مصنفین کتب فقہ کے مقصد کے نقاب کشائی ہو، مخالفین کے اعتراض کا جواب باصواب ہو، غرض ہر لحاظ سے یہ کتاب آپ کی فقہی مہارت اور رُسوخ کا منھ بولتا ثبوت ہے۔

واضح رہے کہ بہت سارے علماء اردو میں خطبہ جمعہ کے قائل رہے ہیں، جن حضرات کی تصدیقات ہیں، ان کے علاوہ آپ کے معاصرین میں مولانا عبدالحی فرنگی محلیؒ، علامہ سید سلیمان ندویؒ، مولانا ابوالاعلی مودودیؒ۔

غاية التنقيح في اثبات التراويح

یہ کتاب بیس رکعت تراویح کے اثبات پر ہے، ابتدا میں اپنے معاصر علماء کی روش پر تنقید ہے کہ اسلاف سے چلے آرہے معمول کو ختم کرنے کے درپے ہیں اور ضروری واہم کاموں کو چھوڑ کر اس طرح کے فتنے پیدا کر رہے ہیں کہ تراویح محض آٹھ رکعت سنت موکدہ ہے اور کچھ اس سے بھی آگے بڑھ کر کہتے ہیں کہ یہ آٹھ رکعت بھی منسون نہیں بلکہ صرف مستحب ہیں، عوام جو سہولتوں کے جویا اور رخصتوں کے خواہاں ہوتے ہیں ان کو تراویح نہ پڑھنے کا اور شعائر اسلام کی شوکت میں کمی کا علماء نے سامان بہم کر دیا ہے۔

اس کتاب کی سب سے خاص بات یہ بحث ہے کہ صحابہ کرام نے جس عمل پر مواظبت فرمائی ہے، وہ بھی ویسا ہی مسنون ہے جیسا کہ حضور اکرم ﷺ کا فعل مسنون ہے، اگر چہ مرتبہ کے اعتبار سے تفاوت ہو، اور اس کو کتب اُصولِ فقہ سے پوری طرح واضح کیا ہے اور کتبِ فقہ کی یا بعض دیگر فقہاء کی جن عبارتوں سے اس کے خلاف کا وہم ہوتا ہے، اس کا پورا شافی اور وافی جواب دیا ہے، اس پوری بحث کو پڑھ کر حضرت مونگیری کی فقہی مہارت کا اندازہ ہوتا ہے، یہ بحث نہ صرف اس کتاب کی شان ہے بلکہ عمومی طور پر نہایت قابل توجہ بحث ہے اور اس لائق ہے کہ اس کو الگ سے شائع کیا جائے۔

دوسری بحث یہ ہے کہ تراویح کی رکعات بیس ہیں اور آٹھ رکعات کی جو بعض روایات ہیں، وہ ابتدا امر کی

ہیں بعد میں بیس رکعت پر تمام کا اتفاق ہوگیا اور تب سے لے کر اب تک یہی بیس رکعت تراویح ہوتی چلی آرہی ہے، اس کتاب سے آپ کی علم حدیث میں گہری نظر، اُصولِ فقہ میں وسعت نظر فقہ کتب فقہ کی عبارتوں کے ظاہر مطلب سے گزر کر ان کے حقیقی مقصود تک پہنچنے کا ملکہ بخوبی جھلکتا ہے۔

احکام التراویح

یہ کتاب غایۃ التنقیح کے بعد کی تصنیف ہے اگرچہ مختصر ہے؛ لیکن اس کے باوجود تراویح کے تمام گوشوں کے مسائل پر محیط ہے، اس میں مسائل ذکر کرنے کے بعد اپنے دور کی خرابیوں کا بھی بیان ہے چاہے وہ حفاظ کرام کی جانب سے ہو، نمازیوں کی جانب سے ہو یا عام کوتاہی ہو رہی ہو، بعض مسائل میں حضرت مصنف نے اپنی رائے رکھی ہے، بعض مسائل کو اپنے زمانہ کے حالات پر منطبق فرمایا ہے اور بعض مسائل میں اپنی قیمتی رائے پیش کی ہے۔

مسلمان ایک اُمت ایک جماعت

امارت شرعیہ کا قیام ۱۳۳۹ھ میں ہوا، پہلے امیر کے انتقال کے بعد دوسرے امیر کے لئے ۱۳۴۳ھ میں پھلواری شریف میں ایک تقریب کا انعقاد کیا گیا، جس کی صدارت کے لئے حضرت مونگیری پر اتفاق رائے ہوا، حضرت مونگیری اپنی علالت کی وجہ سے اجلاس میں شریک نہ ہوسکے؛ لیکن ان کا یہ اہم علمی وفکری اور تاریخی خطبہ ان کے صاحبزادہ گرامی قدر حضرت مولانا لطف اللہ صاحب نے بحیثیت قائم مقام صدر پڑھا۔

حضرت مونگیری کا یہ خطبہ مقاصد شریعت، حدیث اور فقہ پر گہری نظر کا آئینہ دار ہے اور اس بات کا بھی کہ اللہ نے ان کو ثاقب نظر اور اصابت رائے عطا فرمائی تھی، یہ پورا خطبہ ہی اس قابل ہے کہ ہر عالم اس کو پڑھے اور سمجھے اور جہاں امارت اسلامی نہیں ہے وہاں اسے رائج کرنے کی ہر ممکن کوشش کرے۔

کتاب المسئلہ

حضرت مونگیری کے سوانح نگار مولانا سید محمد حسنی نے اس کے متعلق لکھا ہے کہ ''وہ خانقاہ رحمانی میں مشہور ہے'' یہ کتاب حضرت مونگیری کے فتاویٰ پر مشتمل ہے، جو آپ نے وقتاً فوقتاً استفتا کے جواب میں مرحمت فرمایا، حضرت مولانا نعیم رحمانی صاحب (استاذ حدیث و ناظر کتب خانہ جامعہ رحمانی) نے اس کے متعلق یہ فرمایا کہ شاید بہار کے زلزلہ کی وجہ سے اصل کتاب اور مسودہ دونوں ہی تلف ہوگئے، ورنہ اس سے پہلے یہ کتاب خانقاہ رحمانی میں موجود تھی اور انھوں نے اس کی قوی شہادت یہ فراہم کی ہے الجامعہ کی ۱۹۲۸ء کی فائل سے اس کتاب کی چند قسطیں جو شائع ہوئی تھیں، الجامعہ میں اس کتاب کی پہلی قسط کے تعارف میں لکھا گیا ہے :

حضرت قدس سرہ ابتدا میں خود اپنے قلم سے استفتاء کا جواب عنایت فرماتے تھے اوراس کو ایک کتاب میں کبھی اپنے قلم سے نقل فرمادیتے تھےاور کبھی کسی کو نقل کردینے کا ارشاد فرماتے تھے، وہ کتاب المسئلۃ محفوظ ہے، میں چاہتا ہوں کہ اس کو باقساط الجامعہ میں شائع کرکے ارادت مندوں تک پہنچادوں، آج اس کی پہلی قسط حاضر خدمت ہے۔ (الجامعہ جولائی ۱۹۲۸ء)

یہ کتاب اگر محفوظ رہتی تو حضرت مونگیری کی فقاہت کا شاندار نمونہ ہوتی؛ کیوں کہ جو تین قسطوں میں حضرت مونگیری کے فتاوی سامنے آئے ہیں، ان سے حضرت مونگیری کی زمانہ سناشی، حالات کی رعایت، فتاویٰ میں یسر وسہولت کا پہلو اور کتب فقہ پر گہری نظر کی نشاندہی بخوبی ہوتی ہے۔

حضرت مونگیری ۱۳۲۰ھ کے آخر میں خانقاہ رحمانی تشریف لائے تھےاوراس کتاب المسئلۃ کے ایک فتویٰ کے آخر میں ۱۲۹۹ھ کی تصریح ہے، اس سے پتہ چلتا ہے کہ کانپور اور علی گڑھ کے تدریس کے دوران ہی اس کتاب کی ابتدا ہوئی تھی اور پھر مونگیر کی اقامت کے بعد تک استفتا کے جوابات اس میں نقل ہوتے رہے۔

حضرت مونگیری کے فقہی امتیازات

حضرت مونگیریؒ نے فقہ کی تحصیل نہایت محنت سے کی تھی اور یہی وجہ ہے کہ فقہ میں آپ کا رُسوخ مسلم اور نگاہ نہایت گہری ہے، اگر آپ اپنی پوری توجہ فقہ پر لگاتے، یا درس وتدریس میں اپنی عمر کھپادیتے تو ایک نامور مدرس، فقیہ اور مصنف کی حیثیت سے ہمارے سامنے ہوتے؛ لیکن ملتِ اسلامیہ پر انیسویں صدی میں پے درپے نازل ہونے والی بلاؤں اور آفتوں کو دیکھتے ہوئے آپ نے کتبِ فقہ کی تصنیف کے بجائے فقہی اداروں کا قیام مناسب سمجھا، تدریس کی جگہ مدرس سازی کا ادارہ قائم کرنا اور تاریخ نویسی کی جگہ تاریخ سازی کا کام اپنے ہاتھوں میں لیا کہ مردانِ حر کا طریقہ یہی رہا ہے کہ مشکلات اور مصائب سے وہ بھاگتے نہیں؛ بلکہ ان ہی حالات میں ان کے جوہر، استعداد کار اور صلاحیتیں نکھر کر سامنے آتی ہیں: ''رکتی ہے میری طبع تو ہوتی ہے رواں اور''۔

ملت کے لئے کارشیشہ وآہن کا نازک کام کرنا کوئی آسان کام نہیں، یہ پارٹ ٹائم کام نہیں، پوری زندگی کا سودا ہے، یا تو آپ دنیا کے دیگر مشاغل اختیار کرسکتے ہیں یا پھر ملت کا کام کرسکتے ہیں، ایسا ہونا بہت مشکل یا تقریباً ناممکن ہے کہ آپ چاہیں کہ آپ تاریخ سازی بھی کریں اور اپنی دلچسپیوں سے بھی دستبردار نہ ہوں۔

اس کے باوجود حضرت مونگیری نے جو کچھ لکھا ہے، وہ اگرچہ ان کی ہمالیائی شخصیت کے مقابلہ میں بہت کم بلکہ نہ کے برابر ہے؛ لیکن اس سے آپ کے فقہی امتیازات جو کچھ نکھر کر سامنے آتے ہیں وہ ذیل میں درج کئے جاتے ہیں۔

فقہی خصوصیات

مسائل میں غور وفکر

حضرت مونگیری فقہی عبارتوں کو جوں کی توں مان لینے کے قائل نہ تھے، بلکہ اس میں غور فرماتے تھے اور کس قول سے کیا لازم آتا ہے اور اُمت کے حق میں وہ کتنا مفید ہے؟ اس پر غور فرما کر اس کو اختیار کرتے تھے، اس کے کئی نمونے ہمیں آپ کی کتاب احکام التراویح میں ملتے ہیں۔

کتبِ فقہ میں تراویح کی جماعت کے بارے میں خاصا اختلاف پایا جاتا ہے، بعض کتابوں میں مرقوم ہے کہ پورے شہر میں اگر ایک مسجد میں بھی ہوگئی تو باقی سارے شہر سے یہ سنت اُتر جائے گی، بعض کتب فقہ سے پتہ چلتا ہے کہ اگر شہر کی مساجد میں سے ہر ایک میں کچھ لوگ پڑھ لیں تو سنت ادا ہو جائے گی اور چھوڑنے والے بھی گنہگار نہیں ہوں گے اور بعض کتب فقہ میں لکھا ہے کہ اگر ہر ایک محلہ کے بعض اشخاص تراویح پڑھ لیں تو باقی گنہ گار نہیں ہوں گے، اس پر حضرت مونگیریؒ فرماتے ہیں :

> طحطاوی میں پہلے قول کو ترجیح دی ہے اور رد المحتار میں دوسرے قول کو اور یہی مناسب معلوم ہوتا ہے؛ کیوں کہ اگر پہلے قول کو ترجیح دی جائے تو احتمال قوی ہے کہ اکثر اہل شہر جماعت تراویح کی نسبت بہت سست اور کاہل ہو جائیں گے اور اس شعار اسلام کا ظہور بہت کم ہو جائے گا اور اگر تیسرے قول کو اختیار کیا جائے تو بے فائدہ تفریق جماعت ہے اور اس شعار کی شوکت میں کمی کرنا ہے؛ کیوں کہ تھوڑے تھوڑے آدمی ہر ایک مسجد میں نظر آئیں گے خصوصاً اس زمانہ میں کہ نمازیوں کی قلت اور مسجدوں کی کثرت ہے، بہر حال دوسرا قول اوسط درجے میں ہے اور خیر الامور اوسطہا کا مصداق ہے۔(۱)

ایک مسئلہ آپ نے فتاویٰ مجمع البرکات کے حوالہ سے لکھا ہے کہ اگر کوئی شخص نمازی کو پنکھا جھل رہا ہے اور وہ اس کے پنکھا جھلنے سے راضی ہے تو اس کی نماز فاسد ہو جائے گی، اس قول پر آپ فرماتے ہیں :

> نماز ٹوٹ جانے کی کوئی صورت میرے ذہن میں نہیں آتی؛ البتہ مکروہ ہونا قرین قیاس ہے؛ کیوں کہ حضور خداوندی میں صورت اظہار شان بھی بے ادبی ہے۔(۲)

---

(۱) احکام التراویح ص:۱۸۔ (۲) احکام التراویح ص:۳۴۔

بعض اوقات ایسا ہوتا ہے کہ کسی کتاب میں کوئی بات مطلقاً لکھی ہوتی ہے؛ لیکن دوسری کتابوں میں اس میں کچھ تقیید ہوتی ہے، اگر کسی کی نگاہ وسیع نہیں ہے تو محض ایک دو کتاب پر بھروسہ کی وجہ سے خواہ وہ کتابیں کتنی ہی معتبر ہوں، غلطی میں پڑ سکتا ہے، فقہ پر گہری نگاہ کی وجہ سے وہ قیودات آپ کی نگاہ میں ہوتی تھی اور تحریروں میں ہمیشہ اس کا التزام کرتے تھے کہ اگر فقہ کی کسی کتاب میں کوئی عبارت مطلق ہے اور دوسی کتابوں میں مقید ہے تو اس کا ذکر کیا جائے، تعیین سورت کی بحث میں آپ لکھتے ہیں :

> اگر چہ ہدایہ، وقایہ اور درمختار وغیرہ میں مطلقاً تعیین سورت کو مکروہ لکھا ہے، مگر رد المحتار اور فتح القدیر وغیرہ کی تحقیق سے معلوم ہوتا ہے کہ کراہت دو صورت میں ہوگی ، یا تو سورت معینہ کا پڑھنا واجب سمجھے یا اس امر کا خطرہ ہو کہ شخص جاہل اسی صورت کا پڑھنا واجب سمجھ لے گا، دوسری صورت اسی وقت ہوگی کہ امام بآواز بلند پڑھے۔ (۱)

اسی طرح ہندوستان کے بعض جلیل القدر علماء کو اصرار تھا کہ بغیر قوت نافذہ کے امیر کیسا اور امارت کیسی ؟ اس پر بھی آپ نے جو کچھ لکھا ہے وہ حدیث سے اپنی گہری واقفیت، فقہ پر گہری نظر اور حسن استنباط کا ہے :

> میں سمجھتا ہوں ، جس نے کلام مجید کے احکام اور اسلام کے ابتدائی دور حتی کے عہد خلافت صدیقی تک کے واقعات کو بغور پڑھا ہے وہ یقیناً یہ کہے گا کہ یہ چیزیں ہرگز امارت اور ولایت کے لئے بمنزلہ لازم ماہیت نہیں ہیں ؛ کیوں کہ یہ معلوم ہے کہ خود عہد رسالت میں بعض بعض صوبوں میں ولاۃ مقرر ہو کر جاتے تھے، مگر ان کے حیطہ اقتدار میں کوئی مادی طاقت باضابطہ پولس اور فوج نہیں ہوتی تھی ، پھر عہد صدیقی میں بھی باضابطہ اس کا نظم نہ تھا، بلکہ ان چیزوں کا باضابطہ نظم خلافت فاروقی سے شروع ہوا، پس اگر مادی طاقت کسی حد تک بھی لازم ماہیت قرار دی جائے تو یہ کسی طرح بھی صحیح نہیں ہوگا۔ (۲)

اسی طرح فتاویٰ قاضی خان کی ایک عبارت سے امیر کے لئے قوت نافذہ کی بظاہر تائید ہوتی ہے؛ لیکن آپ نے اس کی تحقیق کر کے بتایا کہ قاضی خان کا مقصد وہ نہیں ہے جو امیر کے لئے قوت نافذہ کی شرط والے کہتے ہیں ؛ بلکہ اس کی عبارت کا مطلب دوسرا ہے جو عبارت میں صحیح طور پر غور نہ کرنے سے پیدا ہوا ہے اور پھر اس کی تشریح کر کے بتایا کہ اگر اس عبارت کا یہ مطلب نہ لیا جائے تو یہ عبارت خود آپس میں متضاد ثابت ہوتی ہے :

(۱) احکام التراویح، ص: ۳۵۔ (۲) مسلمان ایک امت ایک جماعت، ص: ۴۳۔

پس اگر قاضی خان کی عبارت کا وہ مطلب نہ ہو جو ہم نے بیان کیا ہے تو خود عبارت قاضی خان کی درست نہیں ہوتی ہے؛ بلکہ اس میں تہافت پیدا ہوتا ہے؛ لیکن جو مطلب ہم نے بیان کیا ہے اس مطلب کے لئے سے کوئی تعارض نہیں ہوتا ہے اور شریعت کے کسی اُصول کے خلاف بھی نہیں ہوتا، پس قاضی خان کی عبارت کو اس مطلب پر حمل کرنا چاہئے اور دھوکا نہ کھانا چاہئے۔

یہ ذکر کرنے کے بعد اگر قاضی خان کی عبارت کا وہی ظاہری مفہوم مراد لیا جائے تو اس سے کیا کیا مشکلیں پیدا ہوتی ہیں، فرماتے ہیں :

چوں کہ ان کے اس قول کی تائید نہ نصوص سے ہوتی ہے؛ بلکہ اسلام کا ابتدائی دور اس کے خلاف شہادت دیتا ہے اور نہ دیگر فقہاء اور متکلمین کے کلام سے اس کی تائید ہوتی ہے، اس لئے یہ قول نہ قابل لحاظ ہے، نہ قابل افتاء۔(۱)

اسی طرح خطبہ جمعہ اور عیدین کے سلسلہ میں کتب فقہ حنفیہ میں مرقوم ہے کہ اس کا مقصد مصلیوں کی تعلیم اور پند وموعظت ہے جب کہ امام ابوحنیفہ کے نزدیک صرف ایک مرتبہ ذکر کا کوئی کلمہ مثلاً: اللہ اکبر الحمد للہ کہہ دینے سے بھی خطبہ ادا ہو جاتا ہے، اس تعارض کو دُور کرتے ہوئے حضرت مونگیری لکھتے ہیں :

اب اگر اس ظاہری تعارض کو دُور کرنا منظور ہو تو میرے ذہن ناقص میں اس طرح ہوسکتا ہے کہ خطبے دو ہیں، ایک جمعہ کا اور ایک عیدین کا، اور جمعہ کے خطبہ میں دو حالتیں ہیں، فرضیت اور مسنونیت، ان میں سے جمعہ کے خطبہ کی جو حالت فرضیت ہے فقط اس کے ادا کے لئے امام صاحب کے نزدیک تعلیم شرط نہیں ہے اور خطبہ عیدین میں شرط ہے، اسی واسطے صاحب ہدایہ بطور حصر لکھتے ہیں: ''ما شرعت الا لتعلیمہ'' اور جمعہ کے خطبہ میں بھی حالت مسنونیت ذکر اور تعلیم دونوں کے لئے مشروع ہے، جیسا کہ عینی کی تصریح سے ظاہر ہے۔(۲)

خطبہ جمعہ میں پند وموعظت کا وجوب

عام فقہاء احناف اس طرف گئے ہیں کہ خطبہ میں فرض صرف ایک مرتبہ ذکر اللہ سے ادا ہو جاتا ہے اور بقیہ پند وموعظت مسنون ہے؛ لیکن حضرت مونگیری کا رجحان اس جانب ہے کہ تحمید وتسمیع سے ادائیگی فرض سے یہ لازم

(۱) مسلمان ایک اُمت ایک جماعت: ص:۴۶۔ (۲) اُردو میں جمعہ اور عیدین کا خطبہ، ص:۳۹-۴۰۔

نہیں آتا کہ خطبہ میں وعظ وتذکیر مسنون ہی ہو؛ بلکہ یہ واجب بھی ہوسکتا ہے بالخصوص جب کہ احناف سنت اور فرض کے درمیان وجوب کا لحاظ رکھتے ہیں اور پھر اس کو حضرت مونگیری نے طحطاوی کے حاشیہ مراقی الفلاح اور علامہ شامی کی عبارت سے موکد کیا ہے، اور اس کی مزید دلیل بیان فرمائی ہے کہ فقہاء احناف نے کسی عمل پر رسول اللہ ﷺ کی مواظبت کو بھی وجوب کی دلیل بنایا ہے اور خطبہ میں وعظ وتذکیر پر حضور ﷺ کی مواظبت جگ ظاہر ہے۔

چھپکلی میں خون

عام طور پر مانا جاتا ہے کہ چھپکلیوں میں خون یا دوسرے لفظوں میں دم سائل نہیں ہوتا؛ لیکن حضرت مونگیری کی تحقیق یہ ہے کہ بعض چھپکلیوں (شاید چھپکلیوں کی کوئی مخصوص قسم) میں دم سائل ہوتا ہے؛ چنانچہ ایک استفتا کے جواب میں آپ تحریر فرماتے ہیں :

> تجربہ سے معلوم ہوا ہے کہ بعضے چھپکلی میں خون ہوتا ہے اور بعض میں نہیں ہوتا، جس میں خون ہوتا ہے اس کے کنویں میں گر کر مرجانے سے کنواں ناپاک ہوجائے گا اور جس میں خون نہیں ہے، اس کے مرجانے سے ناپاک نہ ہوگا۔ (۱)

حسن استنباط

فقہ اور حدیث پر گہری نظر کے ساتھ آپ استنباط واستخراج مسائل کی صلاحیت سے پورے طور پر متصف تھے، کسی فقہی مسئلہ کی نظیر پر دوسرے مسئلہ کو قیاس کر کے مسئلہ زیر بحث کا استنباط فرماتے تھے، دار العلوم ندوۃ العلماء کی ابتدا میں مولانا عبدالحی حسنی کو ایک خط میں فرماتے ہیں کہ ممتحنین سے حلف لیا کریں کہ وہ پوری ایمانداری سے کاپی چیک کریں گے اور نمبر ایمانداری کے ساتھ دیں گے، اور اس میں جانبداری اور تعصب نہیں برتیں گے، اور اس کے لئے آپ نے استدلال کیا ہے حضرت عمرؓ کے واقعہ سے کہ آپ بعض اوقات حدیث رسول ﷺ بیان کرنے والوں سے حلف لیا کرتے تھے۔ (۲)

اسی طرح آپ نے سلطان کی جانب سے متعین کئے بغیر موجودہ حالات میں ہندوستان میں مسلمانوں کی جانب سے کسی کو امیر چن لینے پر اس کی امارت کے انعقاد پر اس غزوہ موتہ کے واقعہ سے استدلال کیا ہے، جس میں حضرت زید بن حارثہ، حضرت جعفر، اور حضرت عبداللہ بن رواحہ کے شہید ہونے پر صحابہ کرام کے اتفاق رائے سے حضرت خالد بن ولید امیر بن گئے تھے۔ (۳)

---

(۱) کتاب المسئلۃ، بحوالہ الجامعہ جولائی ۱۹۲۸ء۔ (۲) تاریخ دار العلوم ندوۃ العلماء جلد اول۔

(۳) مسلمان ایک اُمت، ایک جماعت، ص:۲۹۔

امیر کے لئے قوت نافذہ کیا لازمی شرط ہے؟ اور کیا اس کے بغیر امارت اور امیر کا انعقاد نہیں ہوسکتا؟ اس پر آپ نے قرآن پاک کی آیت: ''ما ارسلنا من رسول الا لیطاع'' سے نہایت نفیس استدلال فرمایا ہے :

> اللہ پاک فرماتا ہے کہ ''ما ارسلنا من رسول الا لیطاع'' میں نے ہر رسول کو صرف اس مقصد سے بھیجا ہے کہ اس کی اطاعت کی جائے ، پس جب مقصد بعثت رسل طاعت ہوئی اور ان کی طاعت نہ کی جائے تو مقصود کے فوت ہونے سے رسول عہدۂ رسالت سے منعزل نہیں ہوتا ہے، اسی طرح ان کے ماتحت ولاۃ بھی منعزل نہیں ہوں گے۔(۱)

ایک سوال کے جواب میں حضرت مونگیری عرس کی جائز شکل کی نشاندہی کرنے کے بعد فرماتے ہیں کہ کبھی کبھار عرس کی تاریخوں میں تغیر وتبدل کرلینا چاہئے ؛ تاکہ اس سے تعیین کی شکل نہ پیدا ہو اور اس پر فقہ کے ایک جزئیہ سے نہایت نفیس استدلال فرمایا ہے، آپ بھی ملاحظہ کیجئے ، حضرت مونگیریؒ لکھتے ہیں :

> البتہ بہتر یہ ہے کہ اس تعیین کو کبھی ترک بھی کردیا کریں ؛ تاکہ عوام اس تخصیص کو ضروری نہ خیال کریں ، فقہاء نے لکھا ہے کہ کسی نماز کے لئے سورتوں کا تعین کرلینا اور اس کے سوا اور سورتوں کا اس نماز میں نہ پڑھنا مکروہ ہے ، یہاں تک کہ جن سورتوں کا پڑھنا جس نماز میں رسول اللہ ﷺ سے منقول ہے ، مثلاً: ''سبح اسم'' اور ''قل یا ایہا الکافرون'' اور ''قل ھو اللہ'' کا وتر میں پڑھنا ان کا بھی ایسے مقام پر ہمیشہ پڑھنا مکروہ ہے کہ عوام اس کو واجب اور ضروری خیال کرلیں جیسا کہ رد المحتار اور فتح القدیر وغیرہ میں مصرح ہے ، پس جب فساد اعتقاد عوام کے خوف سے ان سورتوں کی تخصیص مکروہ ہوئی ، جس کا پڑھنا رسول اللہ ﷺ سے ثابت ہے تو اس ثواب رسانی کی تخصیص جو کہ عرس میں ہوتی ہیں ، بخوف فساد اعتقاد عوام بطریق اولیٰ مکروہ ہوگی ؛ کیوں کہ اس کی تخصیص کا ثبوت نہ تو رسول اللہ ﷺ سے ہے ، نہ صحابہ اور تابعین سے ۔(۲)

جمعیۃ وکمیٹی اور جماعت کا فرق

مسلمانوں کے زوال پر آپ کی گہری نگاہ تھی ، اور اس کے لئے کی جانے والی تدبیریں اور برپا کی جانے والی تحریکیں بھی آپ کے علم میں تھیں ؛ لیکن آپ جانتے تھے کہ اصل مرض کے بجائے صرف علامتوں کا علاج کیا

---

(۱) مسلمان ایک اُمت ایک جماعت ، ص:۴۸۔　(۲) کتاب المسئلۃ ، بحوالہ الجامعہ۔

جارہا ہے، اس بارے میں آپ نے جو لکھا ہے وہ آپ کے نہایت گہرے مشاہدہ، اصل مرض کی تشخیص اور علماء اُمت کی اصل مرض تک نارسائی کی مثال ہے، فرماتے ہیں :

> مسلمانان ہند کے اسباب ہلاکت میں جس چیز کو سب سے زیادہ دخل ہے، وہ ان کا منتشر اور پراگندہ ہونا ہے، اور قوی اسلامیہ کا شریعتِ اسلامیہ کے مطابق کسی مرکز پر متفقہ طور پر سے مجتمع نہ ہونا ہے، اگر کبھی اجتماع اور ائتلاف کا خیال پیدا بھی ہوا تو اُصول کے مطابق نہیں جو شریعت اسلامیہ نے بتایا ہے؛ بلکہ انسانی دماغوں کے اختراع کا تتبع کیا گیا، انجمنیں بنیں، اور کمیٹیاں قائم کی گئیں، جمعیتیں بنیں مگر جماعت کا وجود نہ ہوا؛ حالاں کہ ہم جماعت کے التزام کے مکلف ہیں اور ہمیں اس کا حکم دیا گیا ہے، ہم کو اس اجتماع اور ائتلاف کی ضرورت نہیں ہے جو انجمنوں اور کمیٹیوں میں ہوتا ہے؛ بلکہ اس اجتماع اور ائتلاف کی ضرورت ہے جو جماعت سے بنایا جاتا ہے، یہی وجہ ہے کہ آج تک باوجود ہر قسم کی قربانیوں کے کوئی کام درست نہیں ہوا؛ بلکہ یہ کہنا بے جا نہ ہوگا کہ مرض بڑھتا گیا جوں جوں دوا کی۔(۱)

اتحاد کی دعوت اور افتراق سے دُوری

آپ اتحاد اسلامی کے سب سے بڑے علمبردار تھے اور اسی درجے میں انتشار کے مخالف، آپ نے فقہی کتابوں میں بھی ملت اسلامیہ کی پراگندگی اور انتشار کا نوحہ کیا ہے اور مسلمانوں کو متحد ہونے کی تلقین اور انتشار سے باز رہنے کی تنقید کی ہے؛ چنانچہ آپ امارت شرعیہ کے خطبہ میں فرماتے ہیں :

> میں دیکھ رہا ہوں کہ اسلام پر اندر اور باہر سے حملے ہو رہے ہیں، تمام فرق باطلہ اسلام اور اہل اسلام کو تباہ و برباد کرنے میں شب و روز مشغول ہیں، ایک طرف عیسائی مشنریاں ہیں جو لاکھوں روپیہ عیسائیت کی اشاعت اور اسلام کی بربادی میں پانی کی طرح بہا رہی ہیں تو دوسری طرف خود ہندوستان کی دو منظم جماعتیں قادیانی اور آریہ سماجیوں کی ہیں جو ہر ممکن طریقہ سے بیدریغ جان و مال سے اسلام کی سچی تعلیمات کو مٹانے کے درپے ہیں، اور شب و روز قادیانت اور آریت کی اشاعت میں منہمک ہیں اور ابطال حق اور فساد فی الارض کے لئے ہر قسم کی قربانی جانی و مالی کر رہے ہیں،

---

(۱) مسلمان ایک اُمت ایک جماعت، ص:۹۔

مگر ہمارے علماء اہل سنت والجماعت ابھی تک آپس میں معمولی فروعی مسائل کے رد وقدح میں منہمک ہیں اور فروع کو اُصول کا مرتبہ قرار دے کر آپس میں جنگ وجدال کر رہے ہیں، جس سے بجائے اصلاح کے اور فساد پیدا ہوتا ہے اور تمام قوت جو اسلام کی حفاظت اور قوم کی فلاح میں صرف ہوتی، بیکار ضائع جارہی ہے۔ (۱)

ملت کے درد اور غم کی ٹیس اتنی زیادہ ہے کہ ذرا سی ٹھیس لگنے سے یہ آبگینہ پھوٹ پڑتا ہے یہی وجہ ہے کہ فقہی کتابوں تک میں آپ ملت میں انتشار اور تفرقہ پر بات کی ہے؛ چنانچہ آپ احکام التراویح اولاً یہ مسئلہ لکھتے ہیں اگر مقتدیوں پر ایک ختم بھی دشوار ہو تو امام ہر رکعت میں تین تین آیت چھوٹی اور ایک آیت بڑی پڑھ کر تراویح تمام کرے، اس کے ضمن میں آپ لکھتے ہیں :

یہاں سے معلوم ہوا کہ کثرت جماعت کا لحاظ رکھنا اور مقتدیوں کی رعایت کرنا بہت ضروری ہے؛ چوں کہ شریعت محمدیہ میں اتفاق باہمی کی نہایت تاکید ہے، اس وجہ سے ہر ایک امر میں اس کا لحاظ رہتا ہے، مگر افسوس ہے کہ ہمارے مسلمان بھائی ذرا ذرا سی بات میں نزاع کر کے نفاق باہمی پیدا کر لیتے ہیں، اتفاق عجب نعمت ہے، اللہ ہمارے بھائی مسلمانوں کو نصیب کرے۔ (۲)

بے تعصبی

اللہ نے آپ کو قلب سلیم عطا فرمایا تھا، اور فقہ وحدیث کی تحصیل آپ نے تنقیح مطالب اور تحقیق مسائل کے ساتھ فرمایا تھا، اس کا نتیجہ یہ تھا کہ اہل حدیث اور احناف کے اختلاف کی حقیقت آپ پر واضح تھی کہ یہ چند مسائل کا اختلاف ہے جس میں وہ دیگر ائمہ کی پیروی کرتے ہیں اور چوں کہ ائمہ کرام باہم ایک خاندان کی طرح ہیں؛ لہٰذا ان کے ماننے والے بھی ایک دوسرے کے بھائی ہیں، مشہور اہل حدیث عالم مولانا ثناء اللہ امرتسری کو ایک خط میں لکھتے ہیں :

حدیث پہلے مولانا لطف اللہ صاحب سے اسی طرح ایک دو ورق کر کے پڑھی، جس طرح ہدایہ وغیرہ، اس کے بعد مولانا احمد علی سہارنپوری محدث مرحوم سے ایک سال میں پوری صحاح ستہ پڑھی، اس کا نتیجہ محقق طور پر ذہن میں یہ آیا کہ اہل حدیث اور اہل فقہ دونوں برادر ہیں اور اختلاف دونوں میں ایسا ہی ہے، جیسا کہ صحابہ کرام میں ہوا، مجتہدین عظام میں ہوا، وقس علی ہذا۔ (۳)

---

(۱) مسلمان ایک اُمت ایک جماعت، ص:۷۔ (۲) احکام التراویح، ص:۲۴-۲۵۔ (۳) کمالات محمدیہ، ص:۱۰۔

یسر و سہولت

حضرت مونگیری کی سیرت سوانح کے مطالعہ سے معلوم ہوتا ہے کہ حضرت مونگیری عامۃ المسلمین کی فلاح اور سہولت و یسر کا پہلو ہمیشہ سامنے رکھتے تھے، فتاویٰ میں بھی آپ کا یہی طریقہ ہے کہ عامۃ المسلمین کے لئے ممکن حد تک آسانی پیدا کی جائے، یہی وجہ ہے کہ ہم دیکھتے ہوئے کہ آپ نے سیدوں کے لئے زکوٰۃ کے جواز کا فتویٰ دیا ہے؛ چنانچہ آپ ایک مکتوب میں اپنے مسترشد کو لکھتے ہیں :

> مسائل جو تم نے دریافت کئے تھے، ان کا جواب مولوی ابوالحسن نے لکھ دیا ہے، ٹھیک ہے، صرف اس قدر کہنا ہے کہ سید کو زکوٰۃ دینے میں امام صاحب سے دو روایتیں ہیں، ایک میں عدم جواز ہے اور فقہاء اس کو زیادہ معتبر کہتے ہیں، دوسرے میں جواز ہے، اس نازک وقت میں جب کہ سیدوں کا کوئی پرسان حال نہیں ہے، اگر ضرورت عمل کیا جائے تو مضائقہ نہیں ہے؛ کیوں کہ حاجت کے علاوہ ہندوستان میں اس پر کیوں کر یقین ہوسکتا ہے کہ واقعی یہ سید ہے، اب میں خاص تمہارے لئے یہ کہوں گا کہ احتیاط یہ ہے کہ سید کو زکوٰۃ نہ دو، دوسرے طریقہ سے خدمت کرو۔ (۱)

اس جواب میں حضرت مونگیریؒ کی شان فقاہت پوری طرح نمایاں ہے، اُمت کے لئے یسر و سہولت کا خیال بھی ہے، اور ہندوستان میں خود کو سید کہنے کی وبا کی طرف لطیف طرز سے اشارہ کر کے جواز کا نکتہ بھی بیان کیا ہے اور ساتھ ہی ساتھ احتیاط کے پہلو کی بھی نشاندہی فرمادی ہے کہ سید کی دوسرے طریقے سے خدمت کرنی چاہئے، اگرچہ واقعتاً اس کا تحقیق نہ ہو کہ یہ سید ہے؛ کیوں کہ حقیقت کے ساتھ ساتھ نسبت کا بھی اپنا احترام ہے، (چاہے نسبت کی بابت پورا اعتماد نہ ہو)۔

حضرت مونگیریؒ نے چند جملوں میں جو بات کہہ دی ہے اس کے لئے رسالے بھی ناکافی ہیں، اور سب سے اہم بات یہ ہے کہ آپ نے ایک خاص مسئلہ کی جانب اشارہ فرمایا ہے کہ ہندوستان میں مادی منفعت یا پھر شہرت و ناموری کے لئے خود کو سید کہنے کا رواج کافی قدیم سے رہا ہے، یہی وجہ ہے کہ صحیح النسب سیدوں کی تعداد محقق طور پر اتنی نہیں ہے جتنی بتائی جاتی ہے؛ لہٰذا یہ عین ممکن ہے کہ کسی کے آباء و اجداد نے اس دور میں بادشاہوں یا نوابوں سے کچھ ملنے کی خاطر خود کو سید مشتہر کیا ہو؛ لیکن اب جب کہ ریاست ہاتھ سے نکل چکی ہے اور سید حضرات پریشان ہیں تو ان کے لئے زکوٰۃ کی رقم کے جواز میں ایک پہلو یہ بھی ہے کہ وہ واقعتاً سید ہیں ہی نہیں، صرف مشہور ہیں۔

---

(۱) مکاتیب محمدیہ، ص: ۸۶۔

مفقود الخبر کی بیوی کیلئے فقہ مالکی پر عمل کی اجازت

حضرت مونگیریؒ سے کسی نے سوال کیا تھا کہ اگر کسی کا شوہر غائب ہوجائے تو اس کی بیوی کتنے عرصہ انتظار کرے، اس مسئلہ میں حضرت مونگیریؒ نے بلاتوقف اور قیل وقال کے سائل کو فقہ مالکی پر عمل کرنے کی اجازت دی :

دوسرے سوال کا جواب یہ ہے کہ اکثر حنفیہ کے نزدیک اس مدت تک بیٹھی رہے کہ اس مفقود کے ہم عمر لوگ اس شہر میں مرجائیں ، اور بعض نے کہا کہ ہے کہ اس مدت تک بیٹھے کہ شوہر مفقود کی عمر نوے برس کی ہوجائے اور مالکیہ کے نزدیک چار برس تک بیٹھی رہے ، بعد چار برس کے چار مہینے دس روز موت کی عدت بیٹھے ، پھر بر بناء قضا قاضی اسے دوسرا نکاح کرنے کا اختیار ہے ، اگر کسی حنفیہ کو ضرورت جلد نکاح کی پڑے تو مالکی عالم کے پاس جا کر فتویٰ لے لے ، اور اگر مالکی عالم وہاں نہ ہو تو حنفی کو بھی بہ ضرورت امام مالک کے قول پر فتویٰ دینا جائز ہے۔(۱)

پھر اس کے بعد حضرت مونگیری نے اس کو علامہ شامی اور دیگر کے حوالوں سے مزین فرمایا ہے کہ مفقود الخبر کے معاملے میں فقہ مالکی پر عمل کیا جاسکتا ہے اور ضرورت کے موقع پر دیگر مذاہب پر عمل کرنا جائز ہے۔

آج بھلے یہ فتویٰ عام لگ رہا ہو؛ لیکن جس زمانہ میں یہ فتویٰ دیا گیا تھا، اس وقت یہ انقلابی فتویٰ تھا، لوگ کتبِ فقہ سے ایک آدھ انچ بھی ہٹنے کے لئے تیار نہیں تھے، اور یہ بات بھی نہایت قابل لحاظ ہے کہ حضرت تھانویؒ کی الحیلۃ الناجزۃ ۱۳۵۳ھ میں سامنے آئی ہے، اگر ہم مان لیں کہ تین چار سال پہلے اس پر کام شروع ہوا یا خیال ہوا تو بھی یہ ۱۳۵۰ یا ۱۳۴۹ کی تاریخ بنتی ہے ؛ لیکن حضرت مونگیریؒ کا یہ فتویٰ ۱۲۹۹ھ کا ہے، یعنی حضرت تھانوی کے الحیلۃ الناجزۃ سے تقریباً پچاس برس قبل ہی حضرت نے مفقود الخبر کے معاملے میں فقہ مالکی پر عمل کی اجازت اور فتویٰ دیا ہے۔

تکفیر میں احتیاط

کسی نے سوال کیا کہ جو مسلمان ہولی اور دیوالی میں شریک ہوتے ہیں، یا روپے پیسے سے مدد کرتے ہیں تو اس کے دین وایمان کا کیا حکم ہے، کوئی عام مفتی ہوتا تو تکفیر تک پہنچ جاتا؛ لیکن اللہ نے چوں کہ حضرت کو تفقہ فی الدین کی دولت سے سرفراز فرمایا تھا؛ لہٰذا آپ جواب میں لکھتے ہیں :

مسلمان شریک ہونے والا اگر محض بطور لہو ولعب کے شریک ہوتا ہے یا روپیہ پیسہ دیتا ہے تو اس کا ایمان نہیں جائے گا ؛ البتہ گنہگار ہوگا اور اگر اس کا شریک ہونا یا اس میں کچھ دینا اس دن کی تعظیم کی غرض سے ہے تو یہ شخص کافر ہوگیا۔(۲)

---

(۱) کتاب المسئلۃ، بحوالہ الجامعۃ۔ (۲) کتاب المسئلۃ، بحوالہ الجامعہ۔

زمانہ کے تقاضوں اور تغیرات پر نگاہ

حضرت مونگیری کو اس کا بڑا اہتمام اور بڑی فکر تھی کہ مفتی زمانہ کے حالات سے واقف ہو، ورنہ اس کا فتویٰ مذاق کا موضوع بن جاتا ہے، یہ بات کتبِ اُصول فقہ میں بھی مختلف تعبیروں میں کہی گئی ہے جیسے کہ مفتی کو اپنے زمانہ کے عرف سے واقف ہونا چاہئے، حضرت مونگیری کو بھی اس کی بڑی تاکید تھی؛ چنانچہ ندوہ کے ایک اجلاس میں آپ نے فرمایا :

> ایک اور دقت ہمارے علماء کی یہ ہے کہ زمانہ کے حالات پر ان کی نظر نہیں، دنیا کے حالات سے اکثر ناواقف، ان کی پیچیدگیوں کو سلجھانا دشوار، جب فقہاء تصریح کرتے ہیں کہ زمانہ بدل جانے سے احکام بدل جاتے ہیں تو ضروری ہوا کہ مفتی زمانہ کی حالت سے بھی واقف ہو اور اس طرح جب تک معاملات سے واقف نہ ہو اور اس کی پیچیدگیوں پر مطلع نہ ہوگا تو کیوں کر صحیح جواب دے گا، یہاں محکمۂ افتاء کی ضرورت دوسرے طور پر ثابت ہوتی ہے کیوں کہ بغیر اس کے یہ مرحلہ طے نہ ہوگا، اور یہ ہماری حالت کے لحاظ سے غیر ممکن ہے، ہمارے علماء کو ادھر توجہ نہیں ہے کہ زمانہ کی حالت اور اس کی موجودہ اشیاء کو دریافت کریں، جب یہ حالت ہے تو انصاف کرنا چاہئے کہ دین کی حیثیت سے اس محکمہ کی ضرورت ہے۔(۱)

اور یہ قیاس یقیناً حق بجانب ہوگا کہ جو شخصیت زمانہ سے واقفیت کی اتنی پرزور داعی ہے وہ خود زمانہ کے اطوار واوضاع اور نشیب وفراز سے پوری واقف تھی، اور خود آپ کی تصنیفات اس بات کی شاہد عدل ہیں کہ آپ جو کچھ لکھتے تھے پوری تحقیق کے بعد لکھتے تھے، اگر کچھ باتیں خود سے معلوم کرنی ممکن نہ ہوں تو دوسروں سے استمداد لیا کرتے تھے، جیسے عیسائیت کے خلاف لکھنے میں مولا بخش صاحب سے آپ کو مدد ملی تھی۔

حق کی وضاحت

حضرت مونگیری سے بڑھ کر اس دور میں اتحاد بین المسلمین کا داعی کوئی نہیں تھا، اور نہ ہی آپس میں انتشار پیدا کرنے والے رسائل بازیوں کا مخالف؛ لیکن اس کے باوجود جب آپ نے محسوس کیا کہ اسلام کے کسی شعار کو ختم کیا جارہا ہے یا اس کی شوکت میں کمی کی جارہی ہے تو کسی ملامت گر کی ملامت کی پرواہ کئے بغیر آپ نے لکھا اور شعار اسلامی کی حمایت کا فریضہ انجام دیا۔

تراویح آٹھ رکعت ہے یا بیس رکعت ہے، اس پر اختلاف قدیم ہے اور بہت سے رسالے لکھے جاچکے ہیں؛

---

(۱) کاروائی جلسہ انتظامی قلمی، ص:۱۱، بحوالہ: تاریخ ندوۃ العلماء:۱/ ۱۳۷۔

لیکن حضرت مونگیری کو جب محسوس ہوا کہ اولاً تو بعض لوگوں نے تراویح کو آٹھ قرار دے کر بقیہ کو مستحب قرار دیا ہے تو مستحب پر آج عمل کون کرتا ہے اور اس سے آگے بڑھ کر بعض لوگوں نے پوری تراویح کے ہی مسنون ہونے سے انکار کر دیا ہے اور اس کو صرف مستحب سمجھا ہے، جس کا نتیجہ یہی ہوگا کہ آخر میں تراویح سے لوگ ہاتھ اُٹھالیں گے بالخصوص عوام الناس اور اس طرح اسلام کا ایک شعار یا تو ختم ہوجائے گا، یا اس کی اہمیت اور شوکت میں نہایت کمی واقع ہوجائے گی، اسی خیال نے ان کو بے چین کیا کہ تراویح کے مسنون ہونے کے اثبات میں ایک رسالہ لکھیں اور ان لوگوں کا رد کریں جو تراویح کو محض مستحب مانتے ہیں؛ چنانچہ حضرت ''غاية التنقيح'' کے مقدمہ میں لکھتے ہیں :

> چنانچہ آج کل یہ امر ظہور میں آیا کہ نماز تراویح جسے بارہ سو برس سے تمام اہل سنت والجماعت پڑھتے آتے ہیں اور شرقا اور غربا اس سنت کا رواج رہا، اس زمانہ کے بعض علماء نے یہ چاہا کہ اس کو ترک کرنا چاہئے، اگر چہ انھوں نے اس کے ترک پر فتویٰ نہیں دیا، مگر اس قدر کیا کہ اس کی عظمت اور تاکد عوام کی نگاہوں سے گرادیا، فقط اتنی بات کہہ کر تراویح ایک امر مستحب ہے کچھ مسنون نہیں اور اس پر ثمرہ اس قدر ہوا کہ بعض جاہلوں نے بیس رکعت چھوڑ کر آٹھ پڑھنا شروع کیں اور وہ آٹھ پڑھنے کا بھی سبب یہ ہے کہ ان کے ذہن میں وہ آٹھ رکعت سنت موکدہ ہیں یہ انھیں معلوم نہیں کہ بعض علماء نے ہم پر بڑا احسان کیا کہ بالکل بوجھ ہمارے سر سے اُٹھادیا یعنی فرمادیا کہ جیسے بیس رکعت سنت نہیں ویسا ہی آٹھ بھی سنت نہیں، جب یہ حال میں نے دیکھا تو عزم بالجزم ہوا کہ اس سنت سنیہ کے اثبات میں کوئی رسالہ تحریر کروں مگر عدم تیسر اسباب اور خوف مجادلین مانع ہوتا تھا اور محض سکوت بھی مناسب نہ جانا، جس قدر اسباب بہم پہنچا، اسی پر اکتفا کی، طالب حق کے لئے اسی قدر کافی ہے اور ناحق کوش کے لئے کسی قدر بھی وافی نہیں، لہذا یہ رسالہ تحریر کیا اور 'غاية التنقيح فی اثبات التراويح' اس کا نام رکھا۔(۱)

اختلافی مسائل میں اعتدال

حضرت مونگیری کو اللہ نے فطرۃ معتدل المزاج پیدا کیا تھا، پھر تعلیم وتربیت سے اور سب سے بڑھ کر اس دور کی گروہ بندی کی فضا میں کسی ایک پارٹی سے منسلک نہ ہونے کی وجہ سے آپ گروہ بندی کا شکار ہونے سے باز رہے

(۱) مقدمہ غاية التنقيح ، ص:۲-۳۔

اور بعد میں آپ کو ایسا کامل شیخ ملا جن کے یہاں اہل حدیث، بریلوی اور شیعوں تک کی آمد تھی، ان سب اُمور سے کی وجہ سے آپ میں کامل اعتدال پیدا ہوگیا اور فتوی ہو یا فقہی رسالہ یا عیسائیوں اور قادیانیت کی تردید ہو، کہیں آپ کا قلم جادہ سے نہیں بھٹکتا، نہ کہیں مخالفین کیلئے سب وشتم اور لعن طعن ہے اور کیوں نہ ہو آپ خود اس کے سب سے بڑے داعی تھے مختلف فیہ مسائل میں اعتدال برتا جائے، اپنا مسلک نہ چھوڑا جائے؛ لیکن دوسرے کا بھی احترام کیا جائے، بالخصوص تکفیر اور تفسیق سے گریز کیا جائے، جس سے اسلام اور اہل اسلام کی ہوا اکھڑتی ہے؛ چنانچہ اجلاس سوم کی رپورٹ پیش کرتے ہوئے حضرت مونگیری فرماتے ہیں :

> مراد یہ نہیں ہے کہ تمام فرقے مذہباً متحد ہوجائیں یہ نہ کبھی ہوا ہے اور نہ ہوسکتا ہے، مقصد صرف یہ ہے کہ اہل اسلام سے وہ فضیحت کن نزاع دُور ہوجائیں، جو غیروں کی نگاہ میں اسلام اور مسلمانوں کو بے وقعت کرتی ہیں اور جو ان کی علمی اور اخلاقی ترقی میں حائل ہیں؛ اس لئے ضروری ہے کہ اپنے مقصد اعلیٰ کو پورا کرنے کی غرض سے عام اہل اسلام کو دعوت دی جائے، اگرچہ ان میں اختلاف ہو۔ (۱)

بعض مسائل میں تفرد

بعض مسائل میں حضرت مونگیریؒ کی رائے جمہور سے الگ تھی اور یہ بات حضرت مونگیری کے ساتھ خاص نہیں ؛ بلکہ ہر صاحب نظر کا حال یہی ہوتا ہے کہ وہ اپنا راستہ الگ بناتا ہے، حضرت مونگیری بھی صاحب نظر تھے، آپ کی بعض آراء اپنے عہد کے علماء سے بعض مسائل میں الگ تھی؛ لیکن آپ نے کم ظرفوں کی طرح اس کو اُمت میں اتحاد وانتشار کا ذریعہ نہیں بنایا؛ بلکہ اس کو ذاتی رائے کی حد تک محدود رکھا، جس کو آپ نے اپنے علم ونظر کی روشنی میں اختیار کیا تھا؛ لیکن کبھی اس کی دعوت عام نہیں دی، کسی نے پوچھا تو اُمت کے یسر وسہولت کا لحاظ کرتے ہوئے بتا دیا اور یہی ایک محقق عالم کی شان ہوتی ہے کہ وہ اپنے علم سے اُمت کو جوڑنے کا کام لیتا ہے، اُمت میں انتشار پیدا نہیں کرتا۔

اس موضوع پر مزید لکھا جاسکتا ہے؛ لیکن طوالت چوں کہ ممل بھی ہوتی ہے اور مخل بھی، اور اب کسے فرصت ہے کہ طویل تحریر پڑھے، اگرچہ کام کا ہی کیوں نہ ہو، دورِ حاضر کے علمی مذاق پر ڈاکٹر کلیم عاجزؔ مرحوم کا یہ شعر تھوڑے تصرف کے ساتھ پورے طور پر صادق آتا ہے :

ہم نے بے فائدہ چھیڑی غم ایام کی بات
کون 'بیکار' یہاں ہے جو 'پڑھے کام کی بات'

(۱) روداد اجلاس سوم، ص: ۲۴۔

پیکرِ اخلاق حضرت مولانا قاضی محمد قاسم مظفر پوریؒ

خالد سیف اللہ رحمانی

دار العلوم دیو بند سے فراغت کے بعد مجھے دو سال امارت شرعیہ پھلواری شریف پٹنہ میں رہنے کا موقع ملا، یہ ۱۹۷۸ء تھا، ۱۹۷۵ء میں جو ایمرجنسی لگی تھی ؛ اگر چہ وہ ختم ہو چکی تھی ؛ لیکن اس کی خوف ودہشت اب بھی لوگوں کے دل ودماغ پر چھائی ہوئی تھی، اسی ماحول میں آل انڈیا مسلم پرسنل لا بورڈ کا اجلاس رانچی میں مقرر ہوا، جو اس وقت بہار میں تھا اور اب جھارکھنڈ کی راجدھانی ہے، اجلاس کے انتظام واہتمام میں حضرت مولانا سید نظام الدین صاحبؒ امیر شریعت سادس اور حضرت مولانا قاضی مجاہد الاسلام قاسمی صاحبؒ قاضی القضاۃ ونائب امیر شریعت کے مشوروں کو خصوصی اہمیت حاصل تھی، امارت شرعیہ سے جو وفد اجلاس میں شرکت کے لئے گیا، اس میں اس حقیر کو بھی شامل کر لیا گیا، میری خوشی کا کوئی ٹھکانہ نہیں تھا، پٹنہ سے رانچی جانے والی ٹرین میں سوار ہونے کے لئے جب ہم لوگ اسٹیشن پہنچے تو ایک شخصیت کی طرف کئی لوگ لپکے، میں نے ان کے بارے میں دریافت کیا تو بتایا گیا کہ یہ مولانا محمد قاسم مظفر پوریؒ ہیں، میں نے بھی علیک سلیک کر کے مصافحہ کیا ؛ کیوں کہ مولانا قاضی مجاہد الاسلام صاحبؒ کی مجلسوں میں متعدد بار ان کا ذکر خیر سن چکا تھا، وہ ان کے علم کی بھی تعریف کرتے تھے اور ان کے زہد اور شرافت نفس کا بھی ذکر کرتے تھے، اس زمانے میں میں پابندی سے ہفت روزہ ''نقیب'' میں لکھا کرتا تھا، مولانا سے ایک صاحب نے قاضی صاحبؒ کی نسبت سے تعارف کرایا اور میرا نام بھی بتایا، مولانا بہت تپاک اور محبت سے ملے اور فرمایا کہ نقیب میں میں آپ کے مضامین پڑھتا رہتا ہوں، پھر کچھ حوصلہ افزائی، تحسین اور دُعائیہ کلمات کہے۔

یہ میری پہلی ملاقات تھی، جو پٹنہ جنکشن کے پلیٹ فارم پر ہوئی تھی، متوسط قد وقامت، کسی قدر کُھلتا ہوا رنگ، سیاہ داڑھی، سفید لمبا کرتا اور شلوار، سر پر دو پلی ٹوپی اور کاندھے پر ایک رومال، ایک ایک ادا سے سادگی اور کسر نفسی نمایاں، ملنے والے سب ان سے چھوٹے ہی تھے ؛ لیکن سبھوں کے ساتھ اکرام کا رویہ، چہرے پر تبسم، گفتگو میں بے تکلفی اور اپنائیت، یہ حقیقت ہے کہ پہلی ملاقات ہی نے مجھے ان کی عقیدت ومحبت کا اسیر بنالیا۔

جوں جوں وقت گزرتا گیا، ملاقاتیں بڑھتی گئیں اور احترام وعقیدت کا جو نقش دل پر ثبت تھا، وہ اور گہرا ہوتا چلا گیا، بعد میں یہ صورت حال ہوگئی کہ یہ تصور ہی نہیں تھا کہ بہار کا سفر ہو اور مولانا سے ملاقات نہ ہو، اکثر تو مولانا خود ہی دارالعلوم سبیل الفلاح کی نسبت سے تشریف لے آتے اور کبھی ایک دو دن قیام بھی فرماتے اور کبھی میں ان کے دولت خانہ پر حاضر ہو جاتا، اخیر کے دنوں میں جب علاج کی سہولت کے نقطۂ نظر سے مظفر پور میں ان کا قیام ہونے لگا، تب بھی میں واپسی کا نظام اسی طرح بناتا کہ چند گھنٹے مظفر پور میں ان کے قیام گاہ پر رک کر پٹنہ کی طرف بڑھتا۔

مولانا کا خاص مزاج مہمانوں کی ضیافت کا؛ بلکہ مہمانوں کے لئے بچھ جانے کا تھا، کوشش کرتے کہ اچھی ضیافت ہو، ساتھ ہی ساتھ کچھ نہ کچھ ہدیہ بھی ضرور پیش فرماتے، ایک بار میں اپنے گاؤں ''جالے'' جاتے ہوئے پہلے مادھو پور پہنچا، مولانا نے بہت اصرار کیا کہ یہاں رات میں رُک جاؤ، یا کم از کم کھانا کھا کر جاؤ؛ لیکن اس وقت میں کسی وجہ سے رک نہیں سکتا تھا، تو مولانا نے تین چار کلو عمدہ باریک چاول اور اسی وقت مچھلی فروخت کرنے والا آیا تھا، اس سے خرید کر مچھلی کی اچھی خاصی مقدار اور کچھ نقد پیسے عنایت فرمایا، میں نے عرض کیا کہ یہ پیسے جو آپ دے رہے ہیں، وہ کافی ہیں، چاول اور مچھلی کی ضرورت نہیں ہے، تو فرمایا: آپ تکلف نہ کریں، جب قاضی صاحب (حضرت مولانا قاضی مجاہد الاسلام قاسمیؒ) تشریف لاتے تھے تو ان کو بھی ہم لوگ اسی طرح پیش کیا کرتے تھے، مولانا سے آخری ملاقات حیدرآباد واپس ہوتے ہوئے مظفر پور میں ان کے دولت خانہ پر ہوئی، اس وقت میری اہلیہ بھی ساتھ تھیں، اب کی بار بھی انھوں نے کچھ پیسے عنایت فرمائے اور کچھ پیسے اپنی اہلیہ کے واسطہ سے میری اہلیہ کو دلوایا، مولانا کا ایک خاص مزاج یہ تھا کہ وہ نصح وموعظت کا کوئی موقع ہاتھ سے جانے نہیں دیتے تھے، خود تو اس پر عمل کرتے ہی تھے، ہم جیسے چھوٹوں سے بھی کراتے تھے؛ چنانچہ میرے ہزار منع کرنے کے باوجود مجھے ہاتھ پکڑ کر قریب کی مسجد میں لے گئے، اعلان کرا کر لوگوں کو جمع کرایا اور مجھ سے بات کرائی۔

میرے آبائی گاؤں جالے، (ضلع دربھنگہ) میں ایک زمانہ میں دیوبندی بریلوی جھگڑا بہت بڑھ گیا تھا، عم محترم حضرت مولانا قاضی مجاہد الاسلام قاسمی صاحبؒ کے اسفار ملک کے مختلف علاقوں میں کثرت سے ہوتے تھے، اور اپنے گاؤں میں آنے اور قیام کرنے کا موقع بہت کم مل پاتا تھا، اس صورت حال کی اصلاح کے لئے مجھے یہ بات بہتر محسوس ہوئی کہ ایک دینی درسگاہ قائم ہو جائے، عم محترم نے بھی اسے پسند فرمایا؛ چنانچہ دارالعلوم سبیل الفلاح کے نام سے اس کا قیام عمل میں آیا، علاقہ کے علماء میں سب سے زیادہ جس شخصیت نے اس کی تائید کی اور سراہا، وہ حضرت مولانا کی ذات تھی، ہم نے دو استاذ کو گجرات سے تربیت دلوا کر نورانی قاعدہ کی تعلیم شروع کروائی تھی، انھوں نے اس کو بہت پسند کیا، اپنے خاندان کے بچوں کو داخل کرایا، دوسرے متعلقین کو بھی اس کا مشورہ دیا، میری عدم موجودگی میں بھی

موقع بہ موقع تشریف لاتے، دوتین دن قیام فرماتے، اگر جالے سے گزرتے تو مدرسہ ضرور پہنچتے، حضرت مولانا قاضی مجاہد الاسلام قاسمی صاحبؒ کی وفات کے بعد میں نے ان سے اس ادارہ کی سرپرستی قبول کرنے کی درخواست کی، اورانھوں نے قبول فرمایا، مدرسہ میں کوئی چھوٹا پروگرام ہو یا بڑا، ضرور تشریف لاتے اور خطاب بھی فرماتے۔

سبیل الفلاح کا یہ تعلق حیدرآباد تک پہنچا، المعہد العالی الاسلامی حیدرآباد کے قیام کے بعد وہ متعدد بار یہاں تشریف لائے، کئی کئی دنوں یہاں رہے، تعلیمی جائزہ لیا، طلبہ کے مقالات دیکھے، جب وہ تشریف لاتے تو قضاء کا تربیتی کیمپ بھی منعقد کیا جاتا، اس سے ان کو مزید مسرت ہوتی، ایک بار تشریف لائے تو برادران وطن میں تربیت کا کیمپ چل رہا تھا، یہ اس وقت شاید ان کے لئے ایک نئی چیز تھی؛ اس لئے بہت متأثر ہوئے، شروع سے اخیر تک ہر نشست میں بیٹھے اور اپنی ڈائری میں معلومات کو نوٹ کرتے رہے۔

میں طلبہ کو مولانا کے ساتھ لگا دیتا کہ آپ لوگوں کو مقالہ کے لئے جو عنوان دیا گیا ہے، اس کے بارے میں مولانا سے استفادہ کریں، مولانا اس میں بہت دلچسپی لیتے اور رات میں دیر تک طلبہ کے لائبریری میں مشغولِ مطالعہ رہنے پر بہت مسرت کا اظہار فرماتے؛ حالاں کہ اس وقت سہولتوں کے لحاظ سے معہد میں بڑی دشواریاں تھیں؛ لیکن غالباً میری حوصلہ افزائی کے لئے فرمایا کہ اگر یہیں مجھے ایک کمرہ دے دو تو میں یہیں قیام کرلوں، ظاہر ہے کہ بہار میں ان کی متنوع مشغولیات اور مرجعیت کی وجہ سے یہ بات ممکن نہیں تھی؛ تاہم میں نے ایک بار درخواست کی کہ اگر محرم الحرام کے بعد تین چار ماہ یہاں آپ کا قیام ہوجائے، طلبہ قضاء کی تربیت بھی حاصل کرلیں اور ان کی علمی، اخلاقی تربیت بھی ہوجائے تو ہم لوگوں پر بڑا اکرم ہوگا، مولانا نے ہاں تو فرمادیا؛ لیکن بہار ان سے مستغنی نہیں ہوسکتا تھا؛ اس لئے اس پر عمل نہیں ہو پایا، مولانا کے دل میں ہمیشہ اصلاح کا جذبہ موجزن رہتا تھا، جہاں بھی جاتے اور کوئی موقع مل جاتا تو ضرور کچھ اصلاحی بات فرما دیتے، اس میں بڑے اور چھوٹے مجمع کی کوئی تفریق نہیں تھی، ہزاروں کے مجمع میں جس توجہ سے اپنی بات فرماتے، اسی قدر بلکہ بعض دفعہ اس سے بھی بڑھ کر چھوٹے مجمع سے خطاب کرتے، شہر کے پُر رونق جلسوں سے زیادہ توجہ دیہاتوں کے چھوٹے موٹے جلسوں پر دیتے، راستہ سے گزرتے ہوئے اگر نماز کا وقت ہوگیا اور کسی مسجد میں پہنچ گئے تو لوگوں کے تقاضہ کے بغیر خود کھڑے ہوجاتے اور پانچ دس منٹ یا تو اصلاحی گفتگو کرتے یا کچھ شرعی مسائل کی رہنمائی کردیتے، بہت ہی سادہ عام فہم زبان میں خطاب کرتے، مولانا کے گاؤں سے قریب ہی ایک آبادی میں پروگرام تھا، مولانا اس پروگرام کی صدارت فرما رہے تھے، میں بھی مدعو تھا، اور ہمارے ایک بزرگ دوست جن کو اللہ تعالیٰ نے فصیح و بلیغ تعبیر اور ابوالکلامی لہجے میں تقریر کا خاص ملکہ عطا فرمایا ہے، ان کا بھی خطاب تھا، میزبان سے میرے بارے میں کہنے لگے کہ ان سے تفصیلی بیان کراؤ، یہ اصلاحی گفتگو کریں گے، اور فلاں صاحب سے پانچ دس منٹ کہلا لو، ان کی بات یہاں کون سمجھے گا؟

مولانا کا مزاج یہی تھا کہ ایسی بات کہی جائے، جس سے عوام کو فائدہ ہو، خطاب میں ہمیشہ قرآنی آیات اور احادیث پیش فرماتے، واقعات اور قصے کہانیوں سے عام طور پر احتراز کرتے، ان کے کہنے میں سوز ہوتا، جن چند شخصیتوں کو میں نے دیکھا کہ سیدھی سادی گفتگو کے باوجود سامعین پر ان کی بات کا اثر ہوتا ہے اور ان کی نصیحتیں دل پر دستک دیتی ہیں، ان میں مولانا کی شخصیت بھی تھی، یہ مولانا کے اخلاص کی بات ہے کہ وہ مجمع سے مستغنی ہو کر اپنی بات کہتے، میرے گاؤں کے قریب ایک بڑا مدرسہ ہے، جہاں دو تین دنوں کا جلسہ ہوتا ہے، میلے اور بازار کی کیفیت ہو جاتی ہے، لوگ خطباء سے زیادہ اہمیت کے ساتھ شعراء کو سنتے ہیں اور رات کے اخیر میں لطیفہ گو مقررین اپنا فن دکھاتے ہیں، نتیجہ یہ ہے کہ سنجیدہ گفتگو کی کوئی قدر افزائی نہیں ہوتی، میں نے دیکھا کہ علاقے کے بزرگ عالم دین کی حیثیت سے مولانا مدعو ہیں، مولانا نے بڑی مفید باتیں پوری دل سوزی کے ساتھ کہیں، مگر وہاں تو حاضرین کو نعت خوانوں اور لطیفہ گو مقررین کا انتظار تھا، اس ماحول میں سنجیدہ گفتگو کا کیا اثر ہو سکتا تھا؛ چنانچہ مولانا کی پوری تقریر شور وغل میں چلی گئی اور مولانا نے پورے تحمل کے ساتھ اپنی بات پوری کی، میں نے پہلے ہی سے منتظمین سے کہہ دیا تھا کہ میں ایسے ماحول میں گفتگو نہیں کر سکتا؛ چنانچہ انھوں نے خصوصی انتظام کیا، خود کھڑے ہو کر لوگوں کو بٹھایا، میرا خطاب بھی ایک ایسے موضوع پر تھا، جو اس وقت پورے ملک میں زیر بحث تھا؛ اس لئے کسی طرح لوگوں نے خاموش ہو کر سنا، میرا خطاب ختم ہونے کے بعد میں جلدی نکلنا چاہتا تھا؛ لیکن میزبان کا پاسِ خاطر ملحوظ تھا؛ اس لئے تھوڑی دیر رُکا رہا، آخر میں نے اجازت لی، جلسہ گاہ سے باہر نکلنے کے بعد اپنے رفقاء سے دو باتوں پر افسوس کا اظہار کیا، ایک یہ کہ حضرت مولانا محمد قاسم صاحبؒ نے اتنی مفید باتیں کہیں؛ لیکن ان پر کما حقہ توجہ نہیں دی گئی، دوسرے یہ کہ میں صرف اپنی بات سنا کر نکل گیا، یہ اخلاق کے خلاف ہے، کہیں منتظمین نے اس کا برا نہ مانا ہو، ساتھیوں نے کہا: ایسا نہیں ہے، حقیقت یہ ہے کہ وہ بھی چاہتے تھے کہ آپ یہاں سے جلد چلے جائیں؛ کیوں کہ آپ کے لحاظ میں وہ شعراء کو نہیں بلا پا رہے تھے، اس سے مولانا کی بے نفسی کا اندازہ کیا جا سکتا ہے۔

مولانا کو نوجوانوں کی تربیت کا بھی بڑا اچھا ذوق تھا، وہ ان کی ہمہ جہت تربیت فرماتے تھے، علمی جہت سے بھی، فکری جہت سے بھی اور اخلاقی اور عملی جہت سے بھی، مجھے اس کا اندازہ مولانا کے خصوصی تربیت یافتہ ان فضلاء سے ہوا، جن کو آپ نے بعد میں راقم الحروف کے پاس بھیجا، ان میں چند فضلاء خاص طور پر قابل ذکر ہیں: عزیز مکرم مولانا ظفر عالم ندوی سلمہ، جو اس حقیر کے سبیل السلام میں تدریس کے زمانہ میں آئے اور اِس وقت دار العلوم ندوۃ العلماء میں استاذ اور وہاں کے دار الافتاء کے اہم رفیق ہیں، وہ ہمیشہ مولانا کی شان میں رطب اللسان رہتے تھے، کسی مرید کی زبان سے اپنے پیر کی تعریف کی اتنی اہمیت نہیں ہوتی، جو ایک شاگرد کی اپنے استاذ کے حق میں تعریف

سے ہوتی ہے؛ کیوں کہ مرید کو تعلیم یہی دی جاتی ہے کہ وہ اپنے شیخ کو سب سے بہتر سمجھے؛ لیکن شاگرد اپنے استاذ کے درس ہی کو نہیں اس کی زندگی کو بھی تنقیدی نظر سے دیکھتا ہے۔

ان کی تربیت کی ایک بہتر مثال عزیز گرامی مولانا رحمت اللہ ندوی سلمہ اللہ تعالیٰ (مقیم قطر) ہیں، جن کے قلم سے عربی اور اُردو زبانوں میں کئی اہم کتابیں آچکی ہیں، اور اہل علم کے درمیان ان کو پذیرائی حاصل ہوئی ہے، مولانا نے اپنے ایک اور برادرزادہ مولوی محمد نعمت اللہ قاسمی سلمہ اللہ تعالیٰ کا معہد میں داخلہ کرایا، وہ کئی سال سفر و حضر اور مدرسہ اور گھر میں میرے ساتھ رہے، ماشاء اللہ ان میں صلاحیت بھی ہے اور صالحیت بھی، وہ اِس وقت جامعہ اُم القریٰ مکہ مکرمہ میں پی ایچ ڈی کر رہے ہیں، یہ بھی مولانا ہی کے تربیت یافتہ اور پرداختہ ہیں، مولانا کے بہت سے تلامذہ میں ایک عزیزی مولوی مجاہد الاسلام قاسمی سلمہ اللہ تعالیٰ ہیں، جن کا مولانا نے معہد میں داخل کرایا تھا، وہ اس وقت مدرسہ رحمانیہ سوپول (دربھنگہ) کے مقبول اور کامیاب اساتذہ میں ہیں، اس کے علاوہ کتنے ہی تلامذہ ہیں، جنھوں نے مولانا سے استفادہ کیا، آج وہ مختلف صوبوں اور شہروں میں دین کی خدمت انجام دے رہے ہیں اور مولانا کی تربیت کا نقش ان پر قائم ہے، مولانا کی تربیت کا رنگ مولانا کے برادر عزیز اور اس حقیر کے رفیق حافظ محمد ناظم صاحب زیدہ مجدہ اور مولانا کے صاحبزادہ مولانا عبداللہ مبارک سلمہ اللہ کے اندر بھی نمایاں ہے، مولانا عبداللہ مبارک سلمہ پر صلاح کا غلبہ اور اپنے نام کا اثر ہے، اس کے ساتھ ساتھ علمی ذوق بھی ہے، کئی کتابیں ان کے قلم سے ہیں، ان کی اور ان کے والد ماجدؒ کی خواہش پر میں نے ان میں سے بعض پر تقریظ بھی لکھی ہے۔

مولاناؒ نے مدرسہ حمیدیہ دربھنگہ اور مدرسہ امدادیہ دربھنگہ میں غالباً متوسطات تک تعلیم حاصل کی، اور اس زمانہ کے مقبول اساتذہ حضرت مولانا عبدالجبار مونگیریؒ، حضرت مولانا مقبول احمد خانؒ، شیخ التفسیر حضرت مولانا ریاض احمد چمپارنیؒ، حضرت مولانا عبدالرحیم دربھنگویؒ، حضرت مولانا محی الدین سمستی پوریؒ اور حضرت مولانا عبدالرحیم سید ھولویؒ وغیرہ سے کسب فیض کیا، منتہی کتابیں دارالعلوم دیوبند میں پڑھیں، حضرت مولانا سید حسین احمد مدنیؒ، علامہ ابراہیم بلیاویؒ، حضرت مولانا فخر الدین صاحبؒ، حضرت مولانا اعزاز علی صاحبؒ اور حضرت مولانا قاری محمد طیب صاحبؒ وغیرہ سے تلمذ کا شرف حاصل ہوا، مولانا کا شمار بہت ہی ممتاز طلبہ میں تھا، پابندی کا یہ حال تھا کہ صحاحِ ستہ میں سے بعض کتابوں میں صد فیصد حاضری رہی، اور بخاری شریف کے درس میں سال بھر میں صرف ایک دن غیر حاضری کی نوبت آئی، امتحان سالانہ میں آپ نے اول پوزیشن حاصل کی، صلاحیت اور صالحیت کی وجہ سے اپنے اساتذہ کے محبوب رہے، فراغت کے بعد ۱۹۵۹ء میں مدرسہ رحمانیہ سوپول میں بہ حیثیت مدرس تقرر ہوا، اور شہر کی رونق سے دور اسی قریہ میں ۴۶ رسال تدریسی فرائض انجام دیئے، آپ بانی مدرسہ حضرت مولانا محمد عثمان

صاحبؒ کے بے حد معتمد تھے اوران کے ساتھ معاون قاضی بھی مقرر ہوئے ،مولانا عثمان صاحبؒ کی وفات کے بعد آپ مستقل قاضی بنائے گئے ، آپ حضرت مولانا سید منت اللہ رحمانیؒ ، حضرت مولانا قاضی مجاہد الاسلام قاسمیؒ ، حضرت مولانا سید نظام الدین صاحبؒ اور موجودہ امیر شریعت حضرت مولانا سید محمد ولی رحمانی کے معتمد اور محبوب تھے،مولانا قاضی مجاہدالاسلام قاسمیؒ کے بعد وہ عملاً امارت شرعیہ کے قاضی القضاۃ تھے اور مرافعہ کے مقدمات ان ہی سے متعلق ہوتے تھے۔

ان کا اصلاحی تعلق حضرت مولانا محمد احمد صاحب پرتاپ گڑھیؒ سے تھا، وہ ان کے عشاق میں سے تھے، جب تک مولانا پرتاپ گڑھی زندہ رہے، کثرت سے ان کی خانقاہ میں جاتے تھے، احسان وسلوک کے پہلو سے ماسٹر محمد قاسم صاحب سوپولویؒ اور مولانا شمس الہدیٰ صاحب (دراجو، ضلع دربھنگہ) سے بھی بڑا تعلق تھا، چلتے پھرتے تسبیح وتلاوت کا معمول تھا، اور زبان کی بڑی حفاظت کرتے تھے،بعض ناگوار مراحل سے بھی گزرنا پڑا؛ لیکن ایسی باتوں کو کبھی زبان پر نہیں لائے۔

مولانا نے اپنے علم اور تفقہ کو تواضع کی چادر میں چھپا رکھا تھا، ان کا علم بہت گہرا تھا، میں نے دیکھا کہ وہ مسائل میں جزئیات پر انحصار کرنے کے بجائے اُصول پر توجہ دیتے تھے ؛ اسی لئے ان کی رائے میں توازن اوراعتدال ہوتا تھا، قضاء سے متعلق مسائل میں ان کے یہاں وسیع النظری تھی ، اسباب فسخ کے سلسلہ میں کہتے تھے کہ اس کی بنیاد ’’ **عاشروهن بالمعروف** ‘‘ پر ہے ، جہاں معاشرت بالمعروف ممکن ہو، وہاں رشتۂ نکاح کو باقی رکھنے کی کوشش کی جائے گی اور جہاں معاشرت بالمعروف کا امکان نہ ہو، وہاں عورت کو جانور کی طرح باندھ کر نہیں رکھا جائے گا، شقاق کی وجہ سے فسخ نکاح کو ضروری قرار دیتے تھے، اللہ تعالیٰ نے قضاء سے انھیں خاص مناسبت عطا فرمائی تھی ، راقم الحروف نے حضرت مولانا مجاہدالاسلام قاسمیؒ کے بعد ان سے بڑھ کر احکامِ قضاء پر نظر رکھنے والا کوئی عالم نہیں دیکھا ، وہ اس سلسلہ میں اپنے چھوٹوں کا بھی بڑی خوبصورتی سے امتحان لیتے رہتے تھے، ایک بار معہد میں تربیت قضاء کا کیمپ چل رہا تھا اور اسباب قضاء پر ان کی گفتگو ہو رہی تھی ، انھوں نے اچانک مائک میری طرف بڑھا دیا اور فرمایا کہ قرائن قاطعہ سے کیا مراد ہے، اور موجودہ دور میں اس کی کیا مثال ہوسکتی ہے؟ اس کو یہ بیان کریں گے، بعض اور مواقع پر بھی مجھے ایسے مشکل تجربات سے گزرنا پڑا۔

عوامی تقریر ہو یا علمی مذاکرہ، مولانا کا ایک خصوصی وصف یہ تھا کہ وہ اپنی گفتگو کو آیات قرآنی سے مربوط کر کے پیش کرتے تھے اور دوسروں سے بھی اس کی خواہش کرتے تھے،فکرِ امارت سے ان کا جذباتی رشتہ تھا ، امارت وقضاء، اتحادِ ملت اور حقوق العباد پر ان کا خطاب بہت ہی چشم کشا ہوتا تھا، اگر تصنیف وتالیف کی طرف ان کی توجہ

مرکوز ہوتی تو کتنی ہی کتابیں ان کے قلم سے منظر عام پر آ گئی ہوتیں؛ لیکن انھوں نے دعوت واصلاح اور قضاء وفصل خصومات پر زیادہ توجہ دی، ان کو نزاعات کے حل کرنے کا بڑا ملکہ حاصل تھا، میں نے بھی اپنے خاندانی نزاعات ان کے ذریعہ حل کرائے، ''بینک سے متعلق چند مسائل، رہنمائے قاضی، مکاتیب رحمانی (حضرت مولانا سید منت اللہ رحمانیؒ)'' اور مختلف مختصر اور متوسط کتابیں ان کے قلم سے منظر عام پر آ چکی ہیں، مولانا کے حکم سے ان کے بعض رسائل پر تعارفی کلمات لکھنے کی بھی سعادت حاصل ہوئی ہے، کئی کتابیں غیر مطبوعہ شکل میں ہیں، اللہ کرے وہ جلد زیور طبع سے آراستہ ہو، ان کا سب سے اہم کام ''ادلة الحنفية'' ہے، جس کی پہلی جلد پاکستان کے مشہور عالم مولانا محمد بن عبداللہ مسلم بہلویؒ کے قلم سے ہے، مصنف نے اس کتاب میں علامہ شوق نیمویؒ کی ''آثار السنن'' اور حضرت مولانا ظفر احمد عثمانیؒ کی ''اعلاء السنن'' اور دوسری کتابوں سے استفادہ کرتے ہوئے حنفیہ کے حدیثی مستدلات کو جمع کیا ہے، اس جلد میں عبادات پر گفتگو کی گئی ہے، معاملات اور دوسرے ابواب پر مصنف کام نہیں کر پائے تھے، مولانا نے اپنے لائق برادر زادہ مولانا رحمت اللہ ندوی کی گزارش پر دو جلدوں میں اس کا تکملہ لکھا ہے، جس کی پہلی جلد مولانا رحمت اللہ ندوی کی تعلیق کے ساتھ دار القلم دمشق سے چھپ چکی ہے، یہ کتاب حدیث وفقہ سے مولانا کی خصوصی مناسبت پر شاہد ہے۔

اپنی خلوت نشینی اور عزلت گزینی کے باوجود وہ ملت کی بہت سی تنظیموں میں ذمہ دارانہ حیثیت سے شامل تھے، وہ امارت شرعیہ بہار واڑیسہ، جھارکھنڈ، آل انڈیا مسلم پرسنل لا بورڈ، اسلامک فقہ اکیڈمی انڈیا کے رکن اور کتنے ہی مدارس کے صدر اور سرپرست تھے، مولانا ۱۹۳۷ء میں ''مادھو پور پوسٹ انگواں ضلع مظفر پور'' میں پیدا ہوئے، آپ کے والد ماجد کا اسم گرامی محمد معین الحق مرحوم تھا، بیمار تو وہ ادھر کافی عرصہ سے تھے؛ لیکن کچھ دنوں سے علالت بڑھتی جا رہی تھی، اسی دوران فالج کے بھی شکار ہوئے اور بالآخر علم وفضل کا یہ چراغ ۱۲ر محرم الحرام ۱۴۴۲ھ مطابق یکم ستمبر ۲۰۲۰ء کو ۳ر بجے دن میں بجھ گیا اور وہ ۸۳ر سال عمر مستعار پانے کے بعد جان آفریں کے حضور پہنچ گئے، رحمہ اللہ رحمۃ واسعہ، وہ اپنے بڑوں کے بھی محبوب تھے، اپنے چھوٹوں کے درمیان بھی ہر دلعزیز تھے اور یقین ہے کہ عالم بقاء میں بھی انھیں خالق کائنات کی محبوبیت حاصل ہوئی ہوگی، اللہ تعالیٰ بال بال مغفرت فرمائے اور اُمت میں ان کی مثالیں پیدا فرمادے۔

• • •